U1010444

我国改革开放40年
立法成就概述

WOGUO GAIGE KAIFANG 40NIAN
LIFA CHENGJIU GAISHU

全国人大常委会法制工作委员会研究室　编

法律出版社 | LAW PRESS

本书编写人员

（以姓氏笔画为序）

王历磊　王爱立　王超英　王瑞贺　母光栋
达　吉　曲　楠　朱　涛　朱书龙　刘　斌
刘运龙　刘泽巍　刘俊臣　刘海涛　闫　然
许永安　许安标　孙镇平　李　宁　李克锋
李恩正　李慎秋　杨合庆　沈春耀　张　勇
张义健　张桂龙　陈远鑫　陈国刚　武　增
罗焕星　岳仲明　郑淑娜　胡　健　侯晓光
施春风　贺佐琪　袁　杰　徐潇枫　高　飞
郭林茂　黄　永　黄　薇　黄宇菲　黄海华
梁　鹰　童卫东　蔡人俊　臧铁伟

出版说明

2018年是改革开放40周年。40年来，在党中央的坚强领导下，我国的立法工作立足中国特色社会主义事业伟大实践，坚持从国情和实际出发，形成并不断完善中国特色社会主义法律体系，取得辉煌成就，为深入推进国家治理体系和治理能力现代化、深入推进改革开放和社会主义现代化建设提供了坚强有力的法治保障。

在改革开放40周年之际，全国人大常委会法工委举全委之力，聚焦改革开放40周年法治建设成就特别是立法成就，开展理论研究，形成一批研究成果。这些研究成果充分展示了改革开放40年来我们党领导人民在社会主义法治建设中取得的历史性成就，深入总结新时期法治建设的特点、经验，特别是回顾阐释党的十八大以来，以习近平同志为核心的党中央推进全面依法治国取得的新的重大成就和创新成果。

我们将这批研究成果汇集出版，希望能为读者全面了解改革开放以来我国立法发展进程和成就提供有益帮助。

全国人大常委会法制工作委员会研究室

2019年4月1日

目 录

改革开放40年党领导立法的创新实践

中国共产党领导是中国特色社会主义最本质的特征，是改革开放40年来伟大实践的历史总结，已载入党的十九大修改的《中国共产党章程》和2018年宪法修正案。以党的总规矩和国家根本法作出规定，有利于增强全党和全国各族人民对中国共产党执政的认识，有利于维护和巩固党的执政地位，有利于发挥党的领导核心作用，有利于全党全国人民思想上统一、政治上团结、行动上一致，确保党总览全局、协调各方，在实现"两个一百年"奋斗目标和中华民族伟大复兴征程上，为做好党和国家各项工作提供根本保证。

在当代中国，中国共产党是最高政治领导力量。坚持党领导立法，是中国特色社会主义制度的一大优势，是党依法执政、依法治国的根本政治要求。把党的领导贯彻到依法治国全过程和各方面，是我国社会主义法治建设的一条基本经验。改革开放40年来，我国立法工作取得了历史性成就，归根结底在于坚持党的领导，在于我们党团结、带领中国人民坚持和发展中国特色社会主义，开辟了中国特色社会主义法治道路，形成了中国特色社会主义法治理论体系，形成和发展了中国特色社会主义法律体系以确立、巩固中国特色社会主义制度，发展了中国特色社会主义法治文化。

习近平总书记指出，党和法的关系是一个根本问题，法是党的主张和人民意愿的统一体现。坚持党领导立法，就是坚持一切立法工作由党统领，以实现党的宗旨和使命。党领导改革开放40年的立法史，是形成并不断完善以宪法为核心、与国家治理体系和治理能力相适应的中国特色社会主义法律体系，开辟中国特色社会主义法治道路的创业史；是发挥立法服务保障和引领推动改革开放、坚持和发展中国特色社会主义的发展史；是党不忘初心、牢记使命，实现人民对美好生活向往的奋斗史。党领导立法取得理论创新、制度创新和实践创新累累硕果。

一、坚持党领导立法是无产阶级政党的政治责任

（一）坚持党领导立法，确保立法为无产阶级政权服务

革命的根本问题是政权问题。无产阶级政党掌握立法权，是为了维护和巩固革命政权需要。这是马克思主义国家政权学说的重要内容，是无产阶级政党的建政原则。《共产党宣言》中指出，共产党人的历史使命是推翻资产阶级统治，消灭私有制，实现社会主义并逐步过渡到共产主义。共产党人要实现历史使命，必须掌握立法权。恩格斯指出，“一个积极的社会主义政党，如同一般任何政党那样，不提出这样的要求是不可能的。从某一阶级的共同利益中产生的要求，只有通过下述办法才能实现，即由这一阶级夺取政权，并用法律的形式赋予这些要求以普遍的效力”。列宁的革命经验是，“工人阶级夺取政权之后，像任何阶级一样，要通过改变同所有制的关系和实行新宪法来掌握和保持政权，巩固政权”。

中国共产党一大就确立了党的历史使命和责任，即推翻资本家阶级的政权，承认无产阶级专政，由劳动阶级重建国家，消灭资本家私有制，没收机器、土地、厂房和半成品等生产资料，归社会公有。为实现这一目的，我们党在大革命、土地革命直到解放战争时期，始终领导革命政

权建立属于自己的革命法制。在新中国成立前夕，党中央发布的《关于废除国民党的六法全书与确立解放区的司法原则的指示》，中国人民政治协商会议第一次会议通过的具有临时宪法性质的《共同纲领》，先后宣布废除国民党的伪宪法和伪法统，废除国民党反动政府一切压迫人民的法律、法令和司法制度，制定保护人民的法律、法令，建立人民司法制度。这为彻底推翻反动政权提供了法律依据，为新中国国家政权建设提供了法制保障。1954年宪法颁布实施，以国家根本法的形式确立了中国共产党的执政地位、在国家政治和社会生活中的领导地位、在宪法秩序中的合法地位，同时把人民民主和社会主义原则固定下来。党的八大进一步强调“我们必须进一步加强人民民主的法制，巩固社会主义建设的秩序。国家必须根据需要，逐步地系统地制定完备的法律”。新中国成立初期的制宪立法，对建立和巩固我国社会主义制度和人民民主专政的国家政权发挥了至关重要的作用。

改革开放新时期，立法在党的领导下，推动了社会主义制度更加成熟、更加定型。以党的十一届三中全会为标志，我们党深刻总结“文化大革命”历史教训，毅然决然实现从“以阶级斗争为纲”向“以经济建设为中心”的历史转折，实现从“人治”向“法制”的历史转折。邓小平同志强调“制度是决定因素”，“领导制度、组织制度问题更带有根本性、全局性、稳定性和长期性。这种制度问题，关系到党和国家是否改变颜色，必须引起全党的高度重视”。“要认真建立社会主义的民主制度和社会主义法制。只有这样，才能解决问题”。1982年宪法将“四项基本原则”作为一项根本性的制度载入国家根本法，夯实了中国特色社会主义制度根基，进一步巩固了改革开放新时期国家政权，保障了中国特色社会主义建设。

党的十八大以来，以习近平同志为核心的党中央励精图治，统筹推进“五位一体”总体布局和协调推进“四个全面”战略布局，推动改革开放向更宽的领域、更深的层次拓展。党的十八届三中、四中全会先后明确了全面深化改革、全面依法治国的总目标。对于实现总目标，习近平总书记指出，“摆在我们面前的一项重大历史任务，就是推动中国特色社会主义制度更加成熟更加定型，为党和国家事业发展、为人民幸福安康、为社会和谐稳定、为国家长治久安提供一整套更完备、更稳定、更管用的制度体系”。这一整套制度体系，集中体现为建设中国特色社会主义法治体系，实现国家治理体系和治理能力现代化。习近平总书记在总体国家安全观中强调，以政治安全为根本。政治安全的核心是政权安全和制度安全。政权安全靠制度安全来保障，制度安全靠党规国法贯彻落实党中央的集中统一领导来确保正确的政治方向。我们坚信，在以习近平同志为核心的党中央集中统一领导下，到2020年一定能够实现“形成系统完备、科学规范、运行有效的制度体系，使各方面制度更加成熟更加定型”的奋斗目标。

（二）坚持党领导立法，确保立法为人民幸福、为中华民族伟大复兴服务

习近平总书记指出：“中国共产党人的初心和使命，就是为中国人民谋幸福，为中华民族谋复兴。”中国近代以来，各种政治力量角逐的历史证明，没有共产党就没有新中国。只有中国共产党是实心实意担负实现人民幸福、国家富强、民族复兴历史重任的政治力量。

全心全意为人民服务是中国共产党的根本宗旨，立法为民是党领导立法的根本价值取向和奋斗目标。中国共产党植根于人民、来源于人民，是人民的组成部分，代表最广大人民的根本利益。正如毛泽东同志所说，“共产党是为民族、为人民谋利益的政党，它本身绝无私利可图”“因此他们就能获得广大人民群众的衷心拥护，这就是他们的事业必然获得胜利的根据”。因此，只有坚持党领导立法，才能保证立法始终为人民服务、为中华民族伟大复兴服务，始终以实现人民群众对美好生活的向往

作为奋斗目标，始终以实现好、维护好、发展好最广大人民根本利益为最高标准，通过完备的法律制度让改革发展成果更多更公平惠及全体人民。

中国共产党是中国特色社会主义事业的领导核心，党领导立法有深厚的力量根基。正如党的十五大报告所指出的，“中国共产党是全国各族人民的领导核心。党的领导地位是由党的工人阶级先锋队性质决定的，是经过长期斗争考验形成的。在中国，从来没有任何一个政治组织像我们党这样集中了那么多先进分子，组织得那么严密和广泛，为中华民族作出了那么多牺牲，同人民保持着密切的联系，在前进中善于总结经验、郑重对待自己的失误，以形成并坚持正确的理论和路线”。在中国，正是有中国共产党的领导，我们的各项事业才能够披荆斩棘、砥砺奋进，历经磨难、越挫越奋，始终向着实现中华民族伟大复兴的目标奋勇前进。党的领导核心地位不是自封的，而是历史和人民的选择。党的领导坚如磐石，根本的伟力在于人民。回首1945年党的七大，那个时候毛泽东同志就断言：“不论什么政党或社会集团，也不论是中国人或外国人，在有关中国的问题上，如果采取不尊重中国共产党的意见的态度，那是极其错误而且必然要失败的……不是别的，就是因为我们的意见，符合于最广大的中国人民的利益，中国共产党是中国人民的最忠实的代言人，谁要是不尊重中国共产党，谁就是在实际上不尊重最广大的中国人民，谁就一定要失败。”

在当代中国，中国共产党是最高政治领导力量，是中国特色社会主义事业的坚强领导核心。坚持党领导立法，才能保证立法实现党的主张和人民意志的有机统一，才能保证立法得到最广大人民的拥护、遵守和执行，才能成为人人捍卫的不可侵犯的力量。改革开放40年来，正是坚定不移地坚持党领导立法，我国法治建设才实现了从“无法无天”到“有法可依”，从“有法可依、有法必依”到“有法可依、有法必依、执法必严、违法必究”，从“法制”到“法治”，从“科学执政、民主执政”到“科学执政、民主执政、依法执政”，从“依法治国”到“依法治国和以德治国相结合”，从形成“中国特色社会主义法律体系”到建设“中国特色社会主义法治体系”等历史性转变，为党领导中国人民实现从站起来、富起来到强起来的三次伟大飞跃提供了坚强法治保障。站在新时代的历史起点上，中华民族伟大复兴已经门楣在望。

（三）坚持党领导立法，确保立法为党治国理政服务

习近平总书记指出，“法治是治国理政的基本方式”。这是改革开放40年来，我们党从长期依法治国、依法执政实践中得出的基本结论和基本经验，其核心要义是“党的领导和社会主义法治是一致的，社会主义法治必须坚持党的领导，党的领导必须依靠社会主义法治”“新形势下，我们党要履行好执政兴国的重大职责，必须依据党章从严治党、依据宪法治国理政；党领导人民制定宪法和法律，党领导人民执行宪法和法律，党自身必须在宪法和法律范围内活动，真正做到党领导立法、保证执法、支持司法、带头守法”。“依法治国是我们党提出来的，把依法治国上升为党领导人民治理国家的基本方略也是我们党提出来的，而且党一直带领人民在实践中推进依法治国。”党的十八届四中全会决定指出，建设中国特色社会主义法治体系，必须坚持立法先行，发挥立法的引领和推动作用。这是我们党第一次在党的全会文件中确立了立法在治国理政中的先导作用、基础作用和保障作用，进而确立了全面依法治国对全面建成小康社会、全面深化改革、全面从严治党的战略支撑地位，对于党实现对国家和社会事务的全面领导，具有重要意义。

坚持党领导立法，是党加强执政能力建设的高度政治自觉。党的十五大报告提出，依法治国，建设社会主义法治国家；强调依法治国是党领导人民治理国家的基本方略。党的十六大报告提出，发展社会主义民主政治，最根本的是要把坚持党的领导、人民当家作主和依法治国有机

统一起来。党的十七大报告强调要全面落实依法治国基本方略，加快建设社会主义法治国家。党的十八大以来，以习近平同志为核心的党中央在全面实施依法治国基本方略接续奋斗中，强调更加注重发挥法治在国家治理和社会管理中的重要作用。对此，习近平总书记指出，“全面推进依法治国，是我们党在治国理政上的自我完善、自我提高，不是在别人压力下做的”，“全面推进依法治国，要有利于加强和改善党的领导，有利于巩固党的执政地位、完成党的执政使命，决不是要削弱党的领导”。

党对依法执政认识的深化，凸显出党领导立法不能缺位。习近平总书记指出，增强依法执政意识，坚持以法治的理念、法治的体制、法治的程序开展工作，改进党的领导方式和执政方式；并强调，要坚持党总览全局、协调各方的领导核心作用，坚持依法治国基本方略和依法执政基本方式，善于使党的主张通过法定程序成为国家意志，善于使党组织推荐的人选通过法定程序成为国家政权机关的领导人员，善于通过国家政权机关实施党对国家和社会的领导，善于运用民主集中制原则维护党和国家权威、维护全党全国团结统一。从立法角度强调，党领导立法，领导人民制定宪法和法律，通过制定完备的法律保证宪法实施，不断推进各项治国理政活动的制度化、法律化；要适应时代变化，既改革不适应实践发展要求的法律法规，又不断谋划制定新的法律法规，使各方面制度更加科学、更加完善，实现党、国家、社会各项事务治理制度化、规范化、程序化。人民代表大会制度是我国的根本政治制度，是党领导人民治国理政的有效载体和实现形式，是坚持党的领导、人民当家作主、依法治国有机统一的根本政治制度安排。在毫不动摇坚持党的全面领导下，通过人民代表大会制度保证和发展人民当家作主，使党的主张通过法定程序成为国家意志、形成法律，依照人民代表大会及其常委会制定的法律来开展和推进国家各项事业和各项工作，保证党的路线方针政策和决策部署的全面贯彻与有效执行。

二、立法在党的领导下取得历史性成就

改革开放以来的立法，最鲜明的时代特点，就是在党的领导下，紧紧围绕改革开放、坚持和发展中国特色社会主义，发挥立法的服务保障和引领推动作用，以党的旗帜为旗帜，以党的意志为意志，以党的决定为决定，一边破除阻碍改革开放的体制机制和制度，一边调适和确立发展中国特色社会主义的新制度，有计划、有步骤、有重点推进立法，逐步形成并不断完善以宪法为核心、与国家治理体系和治理能力现代化相适应的中国特色社会主义法律体系，向着建设中国特色社会主义法治体系的目标奋勇前进。

（一）党和国家指导思想的与时俱进，发展完善了中国特色社会主义法治理论

科学的理论是行动指南。习近平总书记指出，没有科学的法治理论，就不会有正确的法治实践。改革开放以来，中国共产党人立足中国实际，开辟了中国特色社会主义伟大事业，这是改革开放以来党的全部理论和实践的主题。在这场亘古未有的伟大实践中，我们党依靠集体智慧，先后创立了邓小平理论，形成了“三个代表”重要思想，形成了科学发展观，创立了习近平新时代中国特色社会主义思想，在继往开来中形成和发展了中国特色社会主义理论体系，指引党和国家各项事业发生了历史性变革、取得了历史性成就。在渐次形成马克思主义中国化的理论成果中，与时俱进地形成和发展了中国特色社会主义法治理论。习近平总书记指出，“中国特色社会主义法治理论是中国特色社会主义法治体系的理论指导和学理支撑，是全面推进依法治国的行动指南”。

党的十八大以来，以习近平同志为核心的党中央坚持全面依法治国，

厉行法治，开创了中国特色社会主义法治道路，明确了建设中国特色社会主义法治体系、建设社会主义法治国家的目标任务和举措要求，丰富和发展了中国特色社会主义法治理论，为新时代法治中国建设指明了正确方向。党的十九大把“全面依法治国”作为新时代坚持和发展中国特色社会主义的基本方略之一。在中央全面依法治国委员会第一次会议上，习近平总书记系统阐述了依法治国新理念新思想新战略，为当代中国法治文明发展作出了原创性贡献。归结起来就是“十个坚持”，即坚持加强党对依法治国的领导；坚持人民主体地位；坚持中国特色社会主义法治道路；坚持建设中国特色社会主义法治体系；坚持依法治国、依法执政、依法行政共同推进，法治国家、法治政府、法治社会一体建设；坚持依宪治国、依宪执政；坚持全面推进科学立法、严格执法、公正司法、全民守法；坚持处理好全面依法治国的辩证关系；坚持建设德才兼备的高素质法治工作队伍；坚持抓住领导干部这个“关键少数”。

习近平总书记在深刻阐述全面依法治国新理念、新思想、新战略的同时，还对立法工作提出了一系列新要求，主要有：

一是关于完善宪法和加强宪法实施。（1）我们党高度重视发挥宪法在治国理政中的重要作用，坚定维护宪法尊严和权威，推动宪法完善和发展，这是我国宪法保持生机活力的根本原因所在。（2）修改宪法，是事关全局的重大政治活动和重大立法活动，必须在中共中央集中统一领导下进行。（3）宪法是人民的宪法，宪法修改要广察民情、广纳民意、广聚民智，充分体现人民的意志。（4）宪法修改，既要顺应党和人民事业发展要求，又要遵循宪法法律发展规律。（5）要以宪法为最高法律规范，继续完善以宪法为统帅的中国特色社会主义法律体系，把国家各项事业和各项工作纳入法制轨道，实行有法可依、有法必依、执法必严、违法必究，维护社会公平正义，实现国家和社会生活制度化、法制化。（6）通过完备的法律推动宪法实施，保证宪法确立的制度和原则得到落实。

二是关于发挥人大及其常委会在立法工作中的主导作用。要健全立法起草、论证、协调、审议机制；要完善立法规划，突出立法重点；要加强重点领域立法，及时反映党和国家事业发展要求、人民群众关切期待。

三是关于立法的重要论述。要坚持立法先行，坚持立改废释并举，加快完善法律、行政法规、地方性法规体系；要抓住提高立法质量这个关键，推进科学立法、民主立法、依法立法，扩大公众有序参与；要坚持问题导向，提高立法的针对性、及时性、系统性、可操作性，发挥立法的引领和推动作用；要实现立法和改革决策相衔接，做到重大改革于法有据、立法主动适应改革发展需要；要尊重和体现规律的要求，努力使每一项立法都符合宪法精神、反映人民意愿、得到人民拥护，以良法促进发展、保障善治。

（二）适应法治建设新发展新需要，不断完善立法体制

1954年宪法规定，全国人大是行使国家立法权的唯一机关，有权修改宪法、制定法律；全国人大常委会有权解释法律、制定法令；国务院根据宪法、法律和法令，规定行政措施，发布决议和命令。在地方，只有民族自治地方有权制定自治条例、单行条例。

1979年五届全国人大二次会议以来多次修改地方组织法，特别是通过1982年修改宪法、2000年制定立法法，基本确立了我国现行统一而又分层次的立法体制。宪法和立法法等法律规定全国人大及其常委会行使国家立法权。国务院根据宪法和法律，制定行政法规。省级和较大的市地方人大及其常委会享有地方性法规制定权，省级人民政府、较大的市人民政府享有规章制定权。自治区、自治州、自治县的人大有权依照当地民族的政治、经济和文化的特点，制定自治条例和单行条例并经批准生效。经济特区所在地的省、市的人大及其常委会根据全国人大的授权

决定，可以制定经济特区法规，在经济特区范围内实施。国务院各部、委员会、中国人民银行、审计署和具有行政管理职能的直属机构，可以根据法律和国务院的行政法规、决定、命令，在本部门的权限范围内，制定规章。立法法的制定，使新中国成立以来有了专门的“管立法的法”。这部法律在总结实践经验基础上，对我国的立法体制作了全面规定和进一步完善，使法律、法规以及规章的制定更加规范化、制度化。

党的十八大以来，随着全面依法治国步伐的加快，立法体制也得到深刻调整。按照党的十八届三中、四中全会决定要求，2015 年修改了立法法，明确落实税收法定原则，在全国人大及其常委会的专属立法权中专设税收一项。赋予所有设区的市地方立法权，明确设区的市人大及其常委会在不同宪法、法律、行政法规和本省、自治区的地方性法规相抵触的前提下，可以对城乡建设与管理、环境保护、历史文化保护等方面的事项制定地方性法规，报省、自治区人大常委会批准后施行。这是我国立法体制的重大发展，使我国设区的市级地方立法主体在原有基础上又新增加了 274 个（目前因地方行政区划调整又有变化）。2018 年 3 月，十三届全国人大一次会议通过的宪法修正案，增加了有关设区的市制定地方性法规的规定，为设区的市开展地方立法工作提供了宪法依据。这次修改立法法还明确，有权制定地方政府规章的主体为省、自治区、直辖市和设区的市、自治州的人民政府。

立法体制的发展完善，是适应建设中国特色社会主义法治体系，全方位健全立法主体立法行为的重大举措，必将有益于法治中国的长远建设发展。

（三）顺应改革开放深入发展，不断提升法治建设目标

改革开放之初，由于“文化大革命”对法治的破坏，新时期法治建设几乎是在“零起点”上起步的。党的十一届三中全会提出，“从现在

起，应当把立法工作摆到全国人民代表大会及其常务委员会的重要议程上来”。当时，法制建设目标并不高，首要解决的是“有没有”的问题，根本谈不上“好不好”的问题。因此，邓小平同志提出的立法目标是要实现“有法可依”；在实现方法上提出，“法律条文开始可以粗一点，逐步完善。有的法规地方可以先试搞，然后经过总结提高，制定全国通行的法律。修改补充法律，成熟一条就修改补充一条，不要等待‘成套设备’。总之，有比没有好，快搞比慢搞好”“法制要在执行中间逐步完备起来，不能等”。为了保证立法政治方向正确，邓小平同志强调，社会主义道路，人民民主专政，党的领导，马列主义、毛泽东思想，这四项基本原则必须坚持，绝对不允许任何人加以动摇，并且要用适当的法律形式加以确定。“四项基本原则”载入1982年宪法，成为我国宪法和整个国家制度的根基。

我们党是勇于创新实践的党，中国特色社会主义事业每前进一步，法治建设目标就提升一步。党的十二大报告提出，“今后，我们党要领导人民继续制定和完备各种法律”。同年，五届全国人大五次会议提出“逐步建立有中国特色的独立的法律体系”。适应经济体制改革需要，党的十三大报告提出，加快建立和培育社会主义市场体系，抓紧建立完备的经济法规体系。党的十四大报告强调“加强立法工作，特别是抓紧制定与完善保障改革开放、加强宏观经济管理、规范微观经济行为的法律和法规，这是建设社会主义市场经济体制的迫切要求”。之后，党的十四届三中全会作出《中共中央关于建立社会主义市场经济体制若干问题的决定》，提出“本世纪末初步建立社会主义市场经济的法律体系”的任务目标。党的十五大报告提出依法治国，建设社会主义法治国家，“到2010年形成有中国特色的社会主义法律体系”，并要求“在党的领导下有步骤、有秩序地推进”。“关键在于坚持、加强和改善党的领导”。党的十六大、十七大重申了十五大的法治建设目标，并提出“全面落实依法治国方略，加快建设社会主义法治国家”。2011年十一届全国人大四次会议宣布中国特色社会主义法律体系形成，为新中国法治建设矗立了新的里程碑。

党的十八大以来，以习近平同志为核心的党中央从推进实现国家治理体系和治理能力现代化的战略高度，从形成更加成熟更加定型的制度体系出发，在已经形成中国特色社会主义法律体系的基础上，深谋远虑地规划实现中华民族伟大复兴的法治建设目标，史无前例地专门召开中央全会，部署全面依法治国战略，推动“中国特色社会主义法律体系”向更高层次更高阶段的“中国特色社会主义法治体系”迈进。党的十九大以习近平新时代中国特色社会主义思想为指导，系统部署全面依法治国基本方略，强调“必须把党的领导贯彻落实到依法治国全过程和各方面，坚定不移走中国特色社会主义法治道路，完善以宪法为核心的中国特色社会主义法律体系，建设中国特色社会主义法治体系，建设社会主义法治国家，发展中国特色社会主义法治理论，坚持依法治国、依法执政、依法行政共同推进，坚持法治国家、法治政府、法治社会一体建设，坚持依法治国和以德治国相结合，依法治国和依规治党有机统一”，从而为新时代起点上的法治中国建设指明了航向。

改革开放 40 年来，我国立法取得历史性成就。在党中央的坚强领导下，我国对 1978 年宪法第四十五条规定作出修改，公布施行 1982 年宪法，通过 1988 年、1993 年、1999 年、2004 年、2018 年 5 个宪法修正案，使我国宪法在保持稳定性和权威性的基础上紧跟时代前进步伐，不断与时俱进。与完善实施宪法相呼应，改革开放以来（截至 2018 年 12 月底），全国人大及其常委会制定修改法律 627 件次，通过法律解释 25 件次，通过有关法律问题和重大问题的决定 257 件次，共计 915 件次；现行有效的法律为 271 部。此外，还有 700 多部行政法规、12000 多部地方性法规，以宪法为核心的中国特色社会主义法律体系日趋完善。

三、坚持党领导立法的核心要义不断发展

（一）坚持党领导立法的内涵

改革开放以来，坚持和改善党的领导一直是我们党高度重视、实践探索的重大课题，如何在立法工作中坚持和加强党的领导是其中的重要方面。坚持党对立法工作的领导内涵不断发展。

20世纪80年代，党的十二大报告提出，党的领导主要是思想政治和方针政策的领导，“集中精力研究制定重要的政策，检查政策的执行，加强对党内外干部和群众的思想政治工作”。党的十三大报告系统阐释为：“党的领导是政治领导，即政治原则、政治方向、重大决策的领导和向国家政权机关推荐重要干部。党对国家事务实行政治领导的主要方式是：使党的主张经过法定程序变成国家意志，通过党组织的活动和党员的模范作用带动广大人民群众，实现党的路线、方针、政策。”

进入21世纪的前十年，党的十六大报告提出，“党的领导主要是政治、思想和组织领导，通过制定大政方针，提出立法建议，推荐重要干部，进行思想宣传，发挥党组织和党员的作用，坚持依法执政，实施党对国家和社会的领导”。2004年《中共中央关于加强党的执政能力建设的决定》指出，“提出和运用正确的理论、路线、方针、政策和策略，领导制定和实施宪法和法律”是加强党的执政能力建设的重要内容。

党的十八大以来，特别是十八届四中全会的召开，首次以中央全会决定的形式对党领导依法治国作出阐述，必须加强和改进党对法治工作的领导，把党的领导贯彻到依法治国全过程和各方面，并提出要健全党领导依法治国的制度和工作机制，完善保证党确定依法治国方针政策和决策部署的工作机制与程序。需要说明的是，1991年、2016年党中央出台的关于加强党领导立法工作的文件都明确提出，党对立法工作的领导

主要实行政治即方针政策的领导。党的十八届四中全会决定提出健全完善党对全面依法治国领导这一重大命题，意味着党领导立法的体制机制将发生新的变化。

党的十九大，以习近平同志为核心的党中央提出了新时代党的建设总要求，强调“党是最高政治领导力量”，“坚持和加强党的全面领导”，突出政治建设在党的建设中的重要地位。为此，党的十九大修改党章，将原来规定的“党的领导主要是政治、思想、组织的领导”，改写为“中国共产党的领导是中国特色社会主义最本质的特征，是中国特色社会主义制度的最大优势。党政军民学，东西南北中，党是领导一切的”。2018年6月29日，习近平总书记在中共中央政治局第六次集体学习时强调，党的政治建设是党的根本性建设，要把党的政治建设摆在首位，以党的政治建设为统领，提出要推动全党把坚持正确政治方向贯彻到谋划重大战略、制定重大政策、部署重大任务、推进重大工作的实践中去。

（二）坚持党对立法工作的全面领导

坚持党对立法工作的全面领导，就是要求立法必须坚持贯彻党的政治路线、群众路线、思想路线、组织路线，确保立法工作在政治方向、政治立场、政治原则、政治道路上同以习近平同志为核心的党中央保持高度一致。

一是坚持党的政治路线。即坚持党的基本理论、基本路线、基本方略不动摇。

党的基本理论既指中国特色社会主义理论体系，又指党和国家的指导思想。立法工作必须坚决贯彻党的基本理论，就是坚持以党和国家的指导思想为统领和指引。在当下，就是坚持以习近平新时代中国特色社会主义思想为指导。

党的基本路线又称为党在社会主义初级阶段的基本路线，即以经济建设为中心，坚持四项基本原则，坚持改革开放。邓小平同志强调“基本路线要管一百年，动摇不得。只有坚持这条路线，人民才会相信你，拥护你”。进入新时代，党的十九大报告重申，“要牢牢把握社会主义初级阶段这个基本国情，牢牢立足社会主义初级阶段这个最大实际，牢牢坚持党的基本路线这个党和国家的生命线、人民的幸福线”。

党的基本方略是新时代坚持和发展中国特色社会主义的行动纲领，即“十四个坚持”，包括坚持党对一切工作的领导、坚持以人民为中心、坚持全面深化改革、坚持新发展理念、坚持人民当家作主、坚持全面依法治国、坚持社会主义核心价值体系、坚持在发展中保障和改善民生、坚持人与自然和谐共生、坚持总体国家安全观、坚持党对人民军队的绝对领导、坚持“一国两制”和促进祖国统一、坚持推动构建人类命运共同体、坚持全面从严治党。

二是坚持党的群众路线。就是一切为了群众，一切依靠群众，从群众中来，到群众中去。人民立场是党的根本政治立场。贯彻党的群众路线，必须坚持全心全意为人民服务，牢固树立人民群众是历史创造者的历史唯物主义观点，坚持为了人民、依靠人民、造福人民、保护人民，以保障人民根本权益为出发点和落脚点；必须坚持人民代表大会制度；通过制定完备的法律制度保证人民在党的领导下，依法通过各种途径和形式管理国家事务，管理经济文化事业，管理社会事务，真正成为国家的主人。

三是坚持党的思想路线。就是一切从实际出发，理论联系实际，实事求是，在实践中检验真理和发展真理。思想路线是党制定和执行政治路线的基础。坚持党的思想路线，就是坚持辩证唯物主义的思想方法和工作方法，既反对各种否定马克思主义的错误倾向，又破除对马克思主义的教条式理解，重在大兴调查研究之风。

四是坚持党的组织路线。即党在一定是历史时期根据政治路线的需要制定的关于组织工作总的原则和方针，包括党的组织原则、组织制度、组织纪律、干部政策、干部制度、干部路线、干部标准、基层组织建设的要求和党员标准等，其中最重要的是干部队伍和各级领导班子建设，特别是培养和选拔接班人。在当下，就是要贯彻新时代党的组织路线，建设忠诚干净担当的高素质干部队伍。

（三）坚持党中央对立法工作的集中统一领导

“事在四方，要在中央”。坚持党的全面领导，核心和首要的是坚持党中央的集中统一领导，坚决做到“两个维护”。落实到立法上，就是要坚持党中央对立法工作的集中统一领导。

坚持党中央集中统一领导，坚决维护党中央权威、保证全党令行禁止，是党和国家前途命运所系，是全国各族人民根本利益所在。1980年党的十一届五中全会制定《关于党内政治生活的若干准则》，强调“维护党的集中统一”，“个人服从组织，少数服从多数，下级服从上级，全党服从中央”的原则。2016年党的十八届六中全会制定《关于新形势下党内政治生活的若干准则》再次予以重申。2018年习近平总书记在中央政治局第六次集体学习时强调，坚持党的政治领导，最重要的是坚持党中央权威和集中统一领导。这是贯彻执行党的路线、方针、政策的根本保证。必须牢固树立政治意识、大局意识、核心意识、看齐意识，自觉在思想上政治上行动上同党中央保持高度一致。涉及全党全国性的重大方针政策问题，只有党中央有权作出决定和解释。各部门各地区各方面的党组织都要不折不扣执行党中央决策部署。在立法工作中，坚持由党中央作出重大立法决策，一经决定，各方面坚决执行，坚决维护党中央权威。

坚持党中央对立法工作的集中统一领导，就要严格执行请示报告制度。这是党章党规要求，也是组织纪律。包括党中央听取全国人大常委会党组工作报告、重要法律案请示报告、重要立法工作请示报告等。严格执行请示报告制度，及时、全面地向党中央反映立法工作中的情况和问题，有利于及时从党中央那里获得支持认可，推动解决重大争议和立法工作顺利进行；有利于反映人大代表和人民群众对于立法的意愿与呼声、丰富党中央倾听群众意见的渠道；有利于保证党的领导贯穿立法的全过程、各方面，促进实现党的领导、人民当家作主、依法治国有机统一、真正打通。

四、坚持党领导立法的形式日益丰富

改革开放前，党领导立法一直没有形成制度文件。1979 年彭真同志起草《关于草拟或修改法律、法规应先将问题和意见报经中央批准的请示报告》，确立了立法工作中的请示报告制度。1991 年，党中央在总结经验的基础上专门就党领导立法出台文件，主要提出以下几种领导方式，即确定立法工作的方针和重要法律的指导思想与原则；审定全国人大常委会立法规划和计划；向立法机关提出将党的实践正确、长期适用的方针政策转化为法律的建议（修改宪法、制定法律的建议）；决定立法工作中需要由中央确定的重大方针政策问题。

党的十八届四中全会首次以中央全会决定的形式，明确一系列健全党领导依法治国的制度和工作机制，包括“凡立法涉及重大体制和重大政策调整的，必须报党中央讨论决定。党中央向全国人大提出宪法修改建议，依照宪法规定的程序进行宪法修改。法律制定和修改的重大问题由全国人大常委会党组向党中央报告”等。2016 年党中央出台的关于加强党领导立法工作的文件，对加强党领导立法明确了以下几种形式：提出宪法修改、解释建议，确立立法方针战略，审定立法规划计划，提出立法建议，讨论决定立法涉及的重大体制和重大政策调整、协调解决重大立法争议。

坚持党中央对立法工作的集中统一领导，主要形式有：

一是习近平总书记和党中央直接交办立法任务。党的十八大以来，习近平总书记和党中央就某一立法事项直接作出指示批示，要求全国人大常委会党组和工作机构研究如何通过立法来解决问题，由全国人大专门委员会或者工作委员会直接起草或者牵头组织起草法律草案，并向党中央报告具体方案和内容。如制定国歌法、英雄烈士保护法等。

二是党的会议决议、文件等部署的立法工作。包括中国共产党的全国代表大会、中央委员会全体会议、中央政治局会议、中央政治局常委会会议、中央全面依法治国委员会等重要会议的决议、报告、文件，党中央关于某方面工作作出具体部署的文件等涉及的立法工作。党的全国代表大会和由它选举产生的中央委员会是党的最高领导机关。党中央对立法高度重视，重大立法事项都通过全国党代会和中央全会作出部署。据统计，党的十一届三中全会以来，党召开了8次全国代表大会、60次中央全会，绝大多数会议与立法工作有关。

三是党中央直接提出修宪建议和立法建议。我国宪法以国家根本法的形式，确立了中国特色社会主义道路、中国特色社会主义理论体系、中国特色社会主义制度的发展成果，反映了我国各族人民的共同意志和根本利益，成为历史新时期党和国家的中心工作、基本原则、重大方针、重要政策在国家法制上的最高体现。坚持依法治国首先要坚持依宪治国，坚持依法执政首先要坚持依宪执政。从颁布实施1982年宪法和其后5次修宪，都是由中共中央组织起草，向全国人大提出修改建议，这已经成为宪法惯例。

四是审定批准全国人大常委会立法规划、批准重要立法项目。批准立法规划是党中央加强对立法工作集中统一领导的重要抓手和实施平台。立法规划在性质上首先是一个党中央制定的党内文件，是党中央对一届任期全国人大及其常委会立法工作的总体部署、安排和要求。从八届全国人大常委会以来，按届编制立法规划，报党中央批准后印发执行。对于立法项目决策来说，立法规划是批量性的，一届全国人大常委会立法规划所列项目少则50~60件，多则超过百件，如十三届全国人大常委会立法规划就有116件。

五是党中央听取有关方面关于重要立法事项的请示报告。包括党中央听取人大常委会党组工作报告、重要法律案请示报告、重要立法工作请示报告等。习近平总书记强调，“请示报告制度是我们党的一项重要制度，是执行党的民主集中制的有效工作机制，也是组织纪律的一个重要方面”。改革开放以来，立法工作始终坚持向党中央请示报告制度。党的十八大以来，全国人大常委会、国务院、全国政协、最高人民法院、最高人民检察院党组向党中央报告工作，习近平总书记连续多年主持中央政治局常委会会议听取全国人大常委会党组工作汇报；习近平总书记多次主持中央政治局常委会会议研究立法工作中的重大问题和重要事项，审议全国人大常委会党组关于重要法律草案和立法工作请示汇报，就立法工作一系列重要问题作出决策部署，并已形成制度性安排。十三届全国人民代表大会以来，全国人大常委会党组就重要法律草案和立法工作向党中央请示十几次，根据党中央决策，依法按程序做好相关工作。

六是制定党内规范性文件对党领导立法工作作出规范。1979年，彭真同志向党中央提出关于草拟或修改法律、法规应先将问题和意见报经中央批准的请示报告，后印发中央国家机关执行，这是党领导立法工作制度化、规范化的发端。1991年党中央制定党领导国家立法的文件，主要是加强对国家立法的领导。2016年党中央出台关于加强党领导立法工作的文件，则从党中央领导全国立法工作，扩展到有立法权地方的党委领导本地区立法工作，为新时代更好地把党的领导贯彻到立法工作的全过程和各方面提供了坚实基础和基本规矩。

七是党中央加强对立法工作的组织领导和督察落实。党的十八大以来，党中央将党的十八届三中、四中、五中全会决定和十九大报告中提出的立法任务进行分解，确定牵头单位和参加单位，明确时间表，对落实情况进行督办。中央全面依法治国委员会成立后，加强了对宪法实施、立法任务落实等方面的督察。对习近平总书记重要批示指示落实情况进行督办督察。

八是加强党中央对立法工作的组织领导和队伍建设。其一，设立中央全面依法治国委员会，加强对全面依法治国的集中统一领导，统筹推进全面依法治国工作。这是我们党历史上第一次设立这样的机构。就立法工作而言，中央全面依法治国委员会统筹协调立法规划、督促立法项目落实和审议具体法律草案。2018年，人民法院组织法修订草案、人民检察院组织法修订草案报经中央全面依法治国委员会第一次会议进行了书面审议。其二，加强党组建设和领导。2015年中央政治局会议审议通过《中国共产党党组工作条例（试行）》。据此，经批准，2016年10月全国人大常委会党组决定在全国人大各专门委员会设立了分党组，担负着在立法工作中“把方向、管大局、保落实”的重要职责。其三，加强对人大常委会组成人员、专门委员会组成人员的优化调配。根据党的十九届三中全会《深化党和国家机构改革方案》，组建全国人大社会建设委员会，将全国人大“法律委员会”更名为“宪法和法律委员会”，全国人大“内务司法委员会”更名为“监察和司法委员会”，完善了人大专门委员会设置；选配9名全国人大常委会专职委员，优化人大常委会和专门委员会组成人员结构。其四，加强法治工作队伍建设。党的十八届四中全会决定强调，着力建设一支忠于党、忠于国家、忠于人民、忠于法律的社会主义法治工作队伍。这为新时代立法工作队伍建设指明了方向。

五、坚持党领导立法的经验启示

加强和完善党领导立法工作，是坚持依宪执政、依法执政，推进国家治理体系和治理能力现代化的必然要求，是贯彻习近平新时代中国特色社会主义思想、全面加强和改进立法工作的重要举措。改革开放40年来，坚持党领导立法取得了宝贵经验，弥足珍贵，必须倍加珍惜、继承弘扬。

（一）坚持以政治建设为统领，加强党对立法工作的集中统一领导

一是旗帜鲜明讲政治，把政治建设放在首位。坚持以习近平新时代中国特色社会主义思想为指导，贯彻习近平总书记关于全面依法治国新理念新思想新战略，特别是关于立法工作重要讲话精神，坚持党中央对立法工作的集中统一领导，树牢“四个意识”，坚定“四个自信”，做到“四个服从”，坚决维护习近平总书记的核心地位，坚决维护党中央权威和集中统一领导。自觉向习近平总书记看齐、向以习近平同志为核心的党中央看齐、向党的理论和路线方针政策看齐、向党中央的决策部署看齐，把贯彻落实好习近平总书记重要批示指示精神作为首要的政治原则、政治纪律和政治规矩，作为义不容辞的政治责任，通过立法等多种形式，确保习近平总书记重要批示指示精神落到实处，确保习近平总书记重要批示、指示精神“定于一尊”“一锤定音”的崇高地位，确保党中央政令畅通。

二是坚决贯彻党的基本理论、基本路线、基本方略。坚持与时俱进用马克思主义中国化最新理论成果武装头脑，准确把握新时代新立法要求，发挥立法的引领和推动作用，推动在更高层次、更高水平、更高质量上完善以宪法为核心的中国特色社会主义法律体系。牢牢把握党的基本路线这一条“党和国家的生命线、人民的幸福线”，紧紧围绕经济建设这个中心，立足我国仍处于并将长期处于社会主义初级阶段的基本国情，紧紧抓住我国社会主要矛盾的变化，坚持以问题为导向，以良法促发展保善治，为统筹推进“五位一体”总体布局和协调推进“四个全面”战略布局提供坚实法治保障。

三是发挥党领导立法工作的政治优势。准确把握党领导立法的精神实质和丰富内涵，加强党对立法工作的战略指引，确保党的路线方针政策和党中央的决策部署及时转化成国家法律，成为国家和全社会一体遵

循的基本规范。继续丰富和发展党领导立法工作的理论创新、实践创新和制度创新，在高起点上推进党对立法工作的领导。

（二）贯彻党的群众路线，站稳人民立场

一是坚持立法为民，以完备的法律保障和增进人民群众福祉。坚持国家的一切权力属于人民，坚持法律面前一律平等，保证人民依法享有广泛的权利和自由、承担应尽的义务，维护社会公平正义。落实宪法“尊重和保障人权”原则，完善体现权利公平、机会公平、规则公平的法律制度，保障公民人身权、财产权、基本政治权利等各项权利不受侵犯，保障公民经济、文化、社会等方面权利得到落实，实现公民权利保障法治化。正确处理权利与权力、权利与义务、权力与责任的关系，统筹兼顾不同方面的利益，从法律制度上更好体现发展为了人民、发展依靠人民、发展成果由人民共享。

二是贯彻党的群众路线，大兴调查研究之风。坚持立法为了人民、依靠人民，真正深入实际、深入基层、深入一线开展调查研究，充分发扬民主，广泛汇聚民智，努力做到民有所呼、我有所应，做到在法律制度上体现党中央的决策部署和人民群众意愿的有机统一。

三是充分利用人民代表密切联系人民的优势，发挥好人民代表在立法工作中的重要作用。注重发挥、支持和保障人民代表把人民群众最关心、最迫切的愿望呼声反映出来，把基层实践中的成功经验和做法总结出来。采取更多的措施和办法，使人民代表更多地、更频繁地参与到立法工作中来，进而汲取更多人民群众的智慧，真正发挥出桥梁和纽带作用。

（三）严格执行党领导立法工作的制度要求，增强党领导立法的权威性和实效性

一是严格执行党中央关于加强党领导立法工作的制度要求。严格落

实宪法和法律关于依法立法的有关规定，按照法定权限和程序，慎重稳妥做好宪法有关工作，维护宪法权威。认真落实中央全面依法治国委员会对立法及立法相关工作的督察部署，及时向中央有关方面报告落实督办、督察事项有关情况，按照中央要求抓好后续工作落实。

二是严格执行重大立法事项和立法重要问题向党中央请示报告制度。在做好党中央要求报告的“规定动作”外，要以高度的政治自觉做好请示报告“自选动作”。关键是抓好党中央对请示报告批示指示精神的贯彻落实，真正把党中央的意图有效地体现在法律上。认真落实中央全面依法治国委员会关于立法工作的部署，按照要求做好请示报告工作。

三是保障党总览全局、协调各方作用的发挥。正确处理好党的领导与人大主导的关系、党的领导与政府依托的关系、党的领导与各方参与的关系。发挥人大及其常委会在立法工作中的主导作用，以坚强有力地举措维护党对立法工作的领导。

（四）贯彻党的组织路线，推进高素质专业化的立法工作队伍建设

一是以政治建设为统领，确保立法正确的正确方向。加强思想理论武装，不断增强坚持党领导立法的思想和行动自觉。强化“不忘初心，牢记使命”专题教育成效，培养立法工作人员具有坚定的理想信念，优秀的政治品质，敢于攻坚克难的政治担当，勇于挑战困难的斗争精神，永葆共产党人政治本色。

二是以新时代的标准，建设高素质专业化立法工作队伍。贯彻新时代党的组织路线，选好用好立法干部和立法人才，强化立法队伍建设。培养干部学习能力，放手干部到艰苦一线岗位磨炼，增长业务本领和政治才干。加强干部交流，始终保持立法队伍旺盛的斗志和用之不竭的人才来源。

三是落实全面从严治党要求，用铁的纪律锻造立法队伍。持之以恒强化政治纪律和政治规矩教育，打牢“守底线”的思想行动自觉。坚决贯彻执行中央八项规定及其实施细则精神，持续“反四风”、树新风。严肃执纪问责，始终保持立法队伍先进性和纯洁性。紧紧抓住“关键少数”，营造风清气正的政治生态。

习近平总书记强调，“坚持党的领导关乎国家前途、民族命运、人民幸福。在坚持党的领导这个重大政治原则问题上，脑子要特别清醒、眼睛要特别明亮、立场要特别坚定，决不能有任何含糊和动摇”。新时代坚持和发展中国特色社会主义，必须坚决维护习近平总书记的核心地位，必须坚决维护党中央的权威和集中统一领导，必须坚持以习近平新时代中国特色社会主义思想为指导，坚定不移走中国特色社会主义法治道路，坚定不移坚持党中央对立法工作的集中统一领导，坚定不移发挥党领导立法的政治优势和制度优势，不断提高立法质量、加快立法工作步伐，不断推进与国家治理体系和治理能力现代化相适应的、以宪法为核心的中国特色社会主义法律体系更加成熟更加定型，为实现全面建成小康社会和中华民族伟大复兴提供坚强的法治保障。

中国特色社会主义法律体系的形成和完善

习近平总书记在党的十八届四中全会上指出："新中国成立以来特别是改革开放以来，经过长期努力，我国形成了中国特色社会主义法律体系，国家生活和社会生活各方面总体上实现了有法可依，这是一个了不起的重大成就。"改革开放40年来，立法工作走过了极不平凡的历史进程，取得了举世瞩目的巨大成就。截至2018年12月底，我国现行有效法律271件，收入《中华人民共和国法律汇编》（2018年版）的有关法律问题和重大问题的决定119件，行政法规759件，地方性法规12000余件。以宪法为统帅，以宪法相关法、民法商法、经济法、行政法、社会法、刑法、诉讼和非诉讼程序法等多个法律部门的法律为主干，由法律、行政法规、地方性法规等多个层次的法律规范构成的中国特色社会主义法律体系已经形成并不断完善，为改革开放和社会主义现代化建设提供了坚实的法制保障。在纪念改革开放40周年之际，全面回顾、深入研究中国特色社会主义法律体系形成和完善的历程、背景、特点、成就，对于进一步加强和改进立法工作，不断完善以宪法为核心的中国特色社会主义法律体系具有重要意义。

一、法律体系形成和完善的历程

法律体系形成和完善的历程，也正是改革开放40年的立法史，大体经历了以下四个阶段。

第一个阶段，即第一个 10 年，也就是 20 世纪 70 年代末到 80 年代末。抓紧制定有关国家制度和改革开放方面的法律，是这一阶段立法工作的重心。

改革开放初期，适应维护安定团结的政治局面和进行社会主义现代化建设的迫切需要，邓小平同志强调，当务之急是加强立法，“现在的问题是法律很不完备，很多法律还没有制定出来。所以，应该集中力量制定刑法、民法、诉讼法和其他各种必要的法律”。在这一思想的指导下，立法工作全面恢复并迅速发展。这个阶段的立法工作大体贯穿两条主线，一是全面修改宪法和制定有关国家机构、刑事、民事方面的基本法律。1979 年 7 月，五届全国人大二次会议通过地方组织法、选举法、人民法院组织法、人民检察院组织法、刑法、刑事诉讼法、中外合资经营企业法 7 部法律，标志着我国立法工作在中断 20 多年后取得重大突破，迈出了健全社会主义法制的决定性步伐。1984 年制定民族区域自治法，确立了民族区域自治的一系列重要制度。1986 年制定作为民事基本法律的民法通则，其后又制定了商标法、专利法等一系列民商事方面的单行法律。继刑事诉讼法之后，民事诉讼法（试行）、行政诉讼法也相继制定出来，三大基本诉讼法律制度得以建立。1989 年制定环境保护法，建立环境保护领域基本法律制度。此外，有关保障公民和法人合法权益、维护社会秩序等一些急需的、重要的法律也相继出台。这些法律的出台，从根本上改变了许多重要领域无法可依的局面，为“文革”结束后迅速恢复重建国家和社会秩序、促进经济建设和社会发展提供了有力的法制保障。二是制定有关改革开放方面的法律。1979 年制定中外合资经营企业法，之后又于 1986 年、1988 年相继制定外资企业法、中外合作经营企业法，构建起比较全面的对外开放法律框架，为实施以引进外资为主的对外开放战略提供了重要法律支撑。与此同时，有关经济体制改革方面的一些法律法规也先后制定出来，为推动改革开放顺利进行提供了重要法制保障。

第二个阶段，即第二个10年，也就是20世纪90年代。大力加强经济领域立法，是这一阶段立法工作的显著特点。

1992年小平同志视察南方发表重要讲话以后，党的十四大确立了建立社会主义市场经济体制目标，改革开放和社会主义现代化建设进入新的发展阶段。立法工作也进入一个新阶段。党的十四大提出，“高度重视法制建设。加强立法工作，特别是抓紧制定与完善保障改革开放、加强宏观经济管理、规范微观经济行为的法律和法规，这是建立社会主义市场经济体制的迫切要求”。党的十四届三中全会进一步提出，“社会主义市场经济体制的建立和完善，必须有完备的法制来规范和保障。要高度重视法制建设，做到改革开放与法制建设的统一，学会运用法律手段管理经济”，要“遵循宪法规定的原则，加快经济立法，进一步完善民商法律、刑事法律、有关国家机构和行政管理方面的法律，本世纪末初步建立适应社会主义市场经济的法律体系”。全国人大及其常委会适应建立和完善社会主义市场经济体制的需要，抓紧出台有关市场经济方面的法律制度，在规范市场主体和行为、确立市场规则、维护市场秩序、完善宏观调控、促进对外开放、振兴基础产业和支柱产业等方面，制定公司法、合同法、担保法、证券法、反不正当竞争法、合伙企业法、商业银行法、劳动法、对外贸易法等一大批符合社会主义市场经济要求的法律。与此同时，国家赔偿法、行政处罚法、行政复议法、教育法等一批重要法律也相继出台，刑事诉讼法、民事诉讼法作了重新修订，特别是1997年对1979年刑法进行全面修订，形成了统一的、比较完备的刑法典。此外，这一阶段还根据宪法先后制定香港基本法、澳门基本法，为我国1997年和1999年先后恢复对香港、澳门行使主权提供了法制保障。

随着市场经济体制改革的深入、对外开放水平的提高、民主法制建设的推进和各项社会事业的发展，1997年党的十五大把邓小平理论确立为党的指导思想，确立了依法治国、建设社会主义法治国家的基本方略，提出“到二〇一〇年形成有中国特色社会主义法律体系”的目标和任务。2000年制定立法法，我国立法体制进一步完善，立法活动进一步规范，为形成法律体系筑牢制度基础。依法治国的确立和法律体系目标的提出，是建立在改革开放以来我国民主法制建设取得巨大成就的基础之上的，同时也为今后我国民主法制建设包括立法工作指明了方向。从那以后，我国立法工作开启了全面构建中国特色社会主义法律体系的新征途。

第三个阶段，即第三个10年，也就是进入21世纪以来一直到2010年中国特色社会主义法律体系形成。确保如期形成法律体系，是这一阶段立法工作的主要任务。

2002年，党的十六大把“三个代表”重要思想确立为党的指导思想，提出了在21世纪头20年全面建设小康社会的奋斗目标，并把“社会主义民主更加完善，社会主义法制更加完备，依法治国基本方略得到全面落实”作为全面建设小康社会的目标之一，要求“适应社会主义市场经济发展、社会全面进步和加入世贸组织的新形势，加强立法工作，提高立法质量，到二〇一〇年形成中国特色社会主义法律体系”。2003年10月，党的十六届三中全会提出了树立和落实全面发展、协调发展和可持续发展的科学发展观的重要思想，对立法工作提出了推动科学发展、促进社会和谐的任务。党的十七大把科学发展观确立为党的指导思想，进一步提出了“坚持科学立法、民主立法，完善中国特色社会主义法律体系”的要求。十届全国人大及其常委会高举中国特色社会主义伟大旗帜，深入贯彻落实科学发展观，确定了以形成中国特色社会主义法律体系为目标、以提高立法质量为重点的立法工作思路，抓紧制定在中国特色社会主义法律体系中起支架作用、现实生活迫切需要、立法条件比较成熟的法律。出台监督法、反分裂国家法、公务员法、行政许可法、物权法、企业破产法、企业所得税法等一大批重要法律，修改公司法、证券法等一批法律，进一步完善市场经济法律制度。与此同时，着力加强社会领域立法，先后制定劳动合同法、就业促进法、劳动争议调解仲裁法、食品安全法等，修改义务教育法、妇女权益保障法、未成年人保护法、残疾人保障法等，为促进社会和谐提供法制保障。此外，还制定和修改了一大批加强社会管理、维护社会秩序、保护环境资源、打击刑事犯罪等方面的法律。至十届全国人大任期届满，以宪法为核心的中国特色社会主义法律体系基本形成。

在此基础上，十一届全国人大及其常委会紧紧围绕到2010年形成中国特色社会主义法律体系的目标，抓紧制定在法律体系中起支架作用的法律，及时修改与经济社会发展不相适应的法律，集中开展法律清理工作，督促有关方面清理行政法规和地方性法规、制定法律配套法规。到2010年年底，涵盖社会关系各个方面的法律部门已经齐全，各法律部门中基本的、主要的法律已经制定，相应的行政法规和地方性法规比较完备，法律体系内部总体做到科学、和谐、统一。在党中央领导下，经过各方面长期共同努力，一个立足中国国情和实际、适应改革开放和社会主义现代化建设需要、集中体现党和人民意志，以宪法为统帅，以宪法相关法、民法商法、行政法、经济法、社会法、刑法、诉讼与非诉讼程序法等多个法律部门的法律为主干，由法律、行政法规、地方性法规三个层次法律规范构成的中国特色社会主义法律体系如期形成，国家经济建设、政治建设、文化建设、社会建设、生态文明建设的各个方面实现有法可依。这是我国社会主义民主法制建设史上的重要里程碑，是中国特色社会主义制度走向成熟的重要标志，具有重大现实意义和深远历史意义。

第四个阶段，即第四个10年，也就是2010年中国特色社会主义法律体系形成至今。这一阶段的重点是加强重点领域立法，不断完善以宪法为核心的中国特色社会主义法律体系，立法工作锐意进取，迈出新步伐，取得新成就。

2014年9月，习近平总书记在庆祝全国人民代表大会成立60周年大会上讲到法律体系形成时指出："这是我们取得的重大成就，也是我们继续前进的新起点。形势在发展，时代在前进，法律体系必须随着时代和实践发展而不断发展。”法律体系形成后，全国人大常委会全面分析我国法治建设面临的新形势、新任务，强调中国特色社会主义法律体系是动态的、开放的、发展的，必然随着中国特色社会主义实践的发展而发展，我国立法任务依然艰巨而繁重，立法工作只能加强不能削弱；强调要在新的起点上继续加强和改进立法工作，把更多的精力放到法律的修改完善上，放到推动法律配套法规的制定修改上，同时为适应经济社会发展需要制定一些新的法律，不断完善中国特色社会主义法律体系；强调法律的生命力在于实施，法律体系的形成总体上解决了有法可依的问题，要更加注重宪法和法律的有效实施，切实做到有法必依、执法必严、违法必究，切实维护宪法和法律的权威和尊严。

特别是党的十八大以来，在以习近平同志为核心的党中央坚强领导下，全国人大及其常委会深入学习贯彻习近平新时代中国特色社会主义思想，坚持党中央对立法工作的集中统一领导，围绕贯彻落实党中央决策部署，坚持立法先行，发挥立法的引领和推动作用，发挥人大及其常委会在立法工作中的主导作用，紧紧抓住事关改革发展稳定的重大立法项目加快立法步伐，深入推进科学立法、民主立法、依法立法，一批重要法律和有关法律问题的决定相继出台，以宪法为核心的中国特色社会主义法律体系不断完善。我国立法工作开辟新局面、迈出新步伐、取得新进展，呈现出数量多、分量重、节奏快的新特点，开启了新时代立法工作新篇章。

一是健全保证宪法实施的法律制度。设立国家宪法日，加强宪法宣传教育，大力弘扬宪法精神。建立宪法宣誓制度，规定国家工作人员就职时公开进行宪法宣誓，庄严承诺忠于宪法、忠于祖国、忠于人民。实施宪法规定的特赦制度，在中国人民抗日战争暨世界反法西斯战争胜利70周年之际，作出对部分服刑罪犯实行特赦的决定。制定国家勋章和国家荣誉称号法，落实宪法规定的国家功勋荣誉表彰制度。制定国歌法，同此前已经施行的国旗法、国徽法一道，维护宪法确立的国家重要象征和标志的尊严。

二是聚焦重点领域立法，加快形成完备的法律规范体系。国家安全立法取得重要进展，先后制定国家安全法、反间谍法、反恐怖主义法、网络安全法、国防交通法、深海海底区域资源勘探开发法、核安全法等，根据实践需要及时修订刑法，为维护国家核心利益和其他重大利益提供坚实法制保障。制定民法总则，完成民法典开篇之作，为编纂一部具有中国特色、体现时代精神、反映人民意愿的民法典打下坚实基础。目前，民法典各分编的编纂工作正在扎实推进。生态环境保护立法不断推进，修改环境保护法、大气污染防治法、海洋环境保护法、水污染防治法等，建立生态环境和资源保护公益诉讼制度，构建最严格的生态环境保护法律制度。文化领域立法取得重要突破，制定了公共文化服务保障法、电影产业促进法、公共图书馆法，加快建立健全有利于激发文化创造活力、保障人民基本文化权益的文化法律制度。社会和民生领域立法大大加强，制定了慈善法、反家庭暴力法、特种设备安全法、中医药法等法律，修改了食品安全法、人口与计划生育法、红十字会法、民办教育促进法等法律，保障人民群众的合法权益。

三是立法主动适应改革和经济社会发展需要，增强改革的法治穿透力。第一，落实改革要求需要立新法的，及时推动制定法律或者作出相关决定。比如，贯彻党中央关于深化国家监察体制改革的重大决策部署，先后作出在北京市、山西省、浙江省开展改革试点和在全国各地推开的决定，为改革试点工作有序推进提供法律支持；及时修改宪法，增加有关监察委员会的各项规定；制定监察法，创新和完善国家监察制度，以法治思维和法治方式开展反腐败工作。第二，适时修改或废止不适应改革要求的法律。比如，为适应改革需要，对相关法律不适应改革需要的个别条款，采取统筹修改法律的方式一并作出修改，共审议通过 16 个统筹修改法律的决定，涉及修改法律 101 件次，持续推进行政审批、职业资格认定、国务院机构改革等方面改革，激发市场和社会活力。第三，实践条件还不成熟、需要先行先试的，及时作出授权决定。全国人大常委会依照法定程序作出了 22 项授权决定和改革决定，涉及自由贸易试验区、行政审批制度改革、农村集体土地使用权制度改革、金融体制改革、司法体制改革等方面，授权有关方面暂时调整法律实施或者开展有关试点工作，确保有关改革试点在法治框架内依法有序推进。此外，全国人大常委会还坚持依法治国和以德治国相结合，高度重视把社会主义核心价值观转化为法律精神和原则。在民法总则、刑法修正案（九）、反家庭暴力法、公共文化服务保障法、电影产业促进法、国歌法等法律中，充分体现我国优秀文化传统和伦理道德，将社会主义核心价值观融入立法。

四是深入推进科学立法、民主立法、依法立法，不断提高立法质量。加强立法组织协调，充分发挥人大及其常委会在立法工作中的主导作用。自 2015 年起，连续 4 年提请全国人民代表大会审议重要法律案。建立全国人大专门委员会、常委会工作机构组织起草重要法律草案制度，组织起草或提请审议法律案 70 余件次。充分发挥立法机关在表达、平衡、调整社会利益方面的作用，最大限度地凝聚立法共识。出台立法项目征集论证、立法重大利益调整论证咨询、重要立法事项引入第三方评估等工作规范。健全立法专家顾问制度，建立基层立法联系点制度，明确常委会初次审议和继续审议的法律草案都及时向社会公布征求意见，共公布法律草案 80 余件次。从十二届全国人大常委会通过的第一部法律开始，建立并实施法律案通过前评估制度，使立法更加科学缜密，确保法律规定立得住、行得通、真管用。

五是积极推进规范性文件备案审查工作，维护社会主义法制统一。落实备案审查衔接联动机制，制定备案审查工作规程，建立全国统一的备案审查信息平台，实行有件必备、有备必审、有错必纠。首次听取审议备案审查工作情况报告。共接受报送备案的规范性文件 4778 件，对

188 件行政法规和司法解释逐一进行主动审查，对地方性法规有重点地开展专项审查，认真研究公民、组织提出的 1527 件审查建议，对审查中发现与法律相抵触或不适当的问题，督促制定机关予以纠正，保证中央令行禁止，保障宪法法律实施，维护国家法制统一。

党的十九大明确提出了“两个一百年”奋斗目标，作出了“两步走”战略部署。本届全国人大及其常委会任期，正处于实现“两个一百年”奋斗目标的历史交汇期，责任重大，使命光荣。2018 年 8 月，党中央转发了中共全国人大常委会党组关于十三届全国人大常委会立法规划的请示，并批准了这个规划。9 月 7 日，全国人大常委会召开立法工作会议，栗战书委员长出席并发表讲话，强调要以习近平新时代中国特色社会主义思想为指导，深入贯彻落实习近平总书记关于全面依法治国的新理念、新思想、新战略，准确把握做好新时代立法工作的基本要求，全面落实立法规划，齐心协力、担当作为，书写新时代立法工作新篇章。十三届全国人大常委会坚持党的领导、人民当家作主、依法治国有机统一，紧紧扣住贯彻落实党中央重大决策部署，紧紧扣住回应人民群众重大关切，紧紧扣住厉行法治、推进全面依法治国，加快立法工作步伐，推动立法工作取得良好开局。

二、法律体系形成和完善的背景

中国特色社会主义法律体系是随着建设中国特色社会主义的历史进程而不断推进的。从我国自身情况来看，新中国一诞生就确立了适合中国国情的政治制度，迅速恢复了国民经济并开展了有计划的经济建设，基本完成了对生产资料私有制的社会主义改造，有步骤地实现了从新民主主义到社会主义的转变，社会生产力得到极大的解放。但是，由于后来国家工作指导思想上“左”的倾向，党提出的一系列方针没能一贯坚持，特别是“文化大革命”，使党、国家和人民遭到严重挫折和损失，国民经济被推向崩溃的边缘。邓小平同志曾经说，“文化大革命”结束时，“就整个政治局面来说，是一个混乱状态；就整个经济情况来说，实际上是处于缓慢发展和停滞状态”。[1] 因此，必须通过改革开放，增强我国社会主义的生机活力，解放和发展社会生产力，改善人民生活。

从外部环境来看，20 世纪 70 年代世界范围内蓬勃兴起的新科技革命推动世界经济以更快的速度向前发展，我国经济实力、科技实力与国际先进水平的差距明显拉大，面临着巨大的国际竞争压力。我们必须变闭关锁国为全面开放，积极融入经济全球化，以此来壮大和发展自己。与此同时，当时国际政治格局的主流由对抗转向缓和，和平与发展成为世界两大主题，东西方国家由相互封闭转为相互开放、相互遏制，不同意识形态由相互排斥转变为相互渗透、互相竞争。邓小平同志高瞻远瞩，审时度势，正确提出和平与发展是世界主流的判断，中国面临着一个千载难逢的较长时间的战略机遇期。

在这样的历史背景下，1978 年党的十一届三中全会纠正了过去的“左”倾错误，实现了历史的伟大转折，确立了“一个中心、两个基本点”的基本路线，提出了一系列新的方针政策，由此开创了改革开放的历史新时期。我们把农村经济体制改革作为突破口，建立起以家庭承包经营为基础、统分结合的双层经营体制，促使农业生产向专业化、商品化、现代化方向发展，社会生产力得到极大解放和发展，为实现我国从传统农业社会向现代工业社会转型奠定了基础。以此为起点，从农村到城市，从试点国有企业改革到推行现代企业制度，从建立经济特区到实行全方位开放，迅速展开了全面推进改革开放的伟大进程。

可以说，正是改革开放的命运，决定了中国特色社会主义法律体系的命运。改革开放之初，邓小平同志就强调，“应该集中力量制定刑法、民法、诉讼法和其他各种必要的法律，例如工厂法、人民公社法、森林

---

[1] 《邓小平文选》（第三卷），人民出版社 1994 年版，第 264 页。

法、草原法、环境保护法、劳动法、外国人投资法等，经过一定的民主程序讨论通过，并且加强检察机关和司法机关，做到有法可依，有法必依，执法必严，违法必究。国家和企业、企业和企业、企业和个人等等之间的关系，也要用法律的形式来确定；它们之间的矛盾，也有不少要通过法律来解决”。[1] 1979 年，他又说，“要接着制定一系列的法律。我们的民法还没有，要制定；经济方面的很多法律，如工厂法等，也要制定。我们的法律是太少了，成百个法律总要有的，这方面有很多工作要做，现在只是开端。民主要坚持下去，法制要坚持下去。这好像两只手，任何一只手削弱都不行”。[2] 这实际上就提出了建设法律体系的思想，表明 1978 年年底以后，党和国家在强调加强社会主义民主法制建设时，已经初步提出了法律体系的问题。从那以后，随着我国改革开放的不断推进，以及社会主义民主法治的日益发展，我们党和国家对法律体系的认识也在不断深化。1997 年党的十五大，我们党明确提出到 2010 年形成中国特色社会主义法律体系的立法工作总目标。2007 年党的十七大，我们党又提出完善中国特色社会主义法律体系的新任务。由此可见，“中国特色社会主义法律体系”的提出和形成，是一个渐进过程，是与推进改革开放和加强社会主义民主法制建设相伴随的，是我们党对执政规律科学认识与总结的成果，是经济社会发展的内在要求和必然结果，是中国特色社会主义建设事业的重要组成部分。

三、法律体系形成和完善的条件

形成和完善中国特色社会主义法律体系的条件主要是：

第一，中国共产党的坚强领导，为形成和完善这个法律体系提供了政治保证。中国共产党的坚强领导，几代中央领导集体对历史经验教训

---

〔1〕《邓小平文选》(第二卷)，人民出版社 1994 年版，第 146 ~ 147 页。

〔2〕《邓小平文选》(第二卷)，人民出版社 1994 年版，第 189 页。

的深刻总结，从中国国情出发推进社会主义民主法制建设的正确决策，为形成这个法律体系提供了政治保证。从我们党的发展历程来看，正如江泽民同志深刻指出的，中国共产党历经革命、建设和改革的长期奋斗，发生了两大变化：一是已经从领导人民为夺取全国政权而奋斗的党，成为领导人民掌握全国政权并长期执政的党；二是已经从受到外部封锁和实行计划经济条件下领导国家建设的党，成为对外开放和发展社会主义市场经济条件下领导国家建设的党。我们党准确把握时代特征、党的任务和执政条件，适应社会主义民主法制建设的要求，适时作出重大战略抉择，逐步提出和实践依法办事、依法治国、依法执政等执政理念，不断深化对法律体系建设的认识，对于推进法律体系形成具有全局性的重要意义。实践证明，只有在中国共产党的领导下，贯彻实施依法治国的基本方略，法律体系的形成才不会偏离正确的政治方向，才不会脱离中国自己的国情和现阶段发展实际，才能保证最广大人民的根本利益得到体现。

第二，中国特色社会主义理论体系，为形成和完善这个法律体系提供了理论指导。党的十一届三中全会后，以邓小平同志为核心的党的第二代中央领导集体，明确提出了“加强社会主义民主，健全社会主义法制”的历史性任务，确定了“有法可依，有法必依，执法必严，违法必究”的社会主义法制建设方针，形成了邓小平理论中的重要法制思想。以江泽民同志为核心的党的第三代中央领导集体，在全面推进改革开放和社会主义现代化建设进程中，在形成“三个代表”重要思想的过程中，确立了依法治国、建设社会主义法治国家的基本国策，明确提出了到2010年形成中国特色社会主义法律体系的新时期立法工作总目标。党的十六大以来，以胡锦涛同志为总书记的党中央坚持以邓小平理论和“三个代表”重要思想为指导，提出了科学发展观和构建社会主义和谐社会的重要战略思想，依法治国基本方略因此有了更为坚实的理论和实践基础。胡锦涛同志指出，要把坚持党的领导、人民当家作主、依法治国有机统一起来，不断改革和完善党的领导方式和执政方式，坚持依法执政，领导立法，带头守法，保证执法，不断推进国家经济、政治、文化、社会生活的法制化、规范化，以法治的理念、法治的体制、法治的程序保证党领导人民有效治理国家。党的十八大以来，以习近平同志为核心的党中央从关系党和国家长治久安的战略高度来定位法治、布局法治、厉行法治，把全面依法治国提到“四个全面”战略布局的新高度，推动法治中国建设发生了历史性、转折性、全局性变化，取得了重大理论创新、实践创新、制度创新成果。习近平总书记就全面依法治国提出了一系列新理念新思想新战略，明确了全面依法治国的指导思想、发展道路、依靠力量、工作布局、重点任务、重要举措，深刻回答了当代中国法治建设举什么旗、走什么路、建设什么样法治国家、怎样建设法治国家等重大问题，成为习近平新时代中国特色社会主义思想的重要组成部分，开创了全面依法治国新局面。中国特色社会主义法律体系的建设，正是在中国特色社会主义理论体系的指导下，坚实、稳步地向前推进的。

第三，中国特色社会主义建设的伟大实践，为形成和完善这个法律体系提供了实践源泉。法律来源于实践。彭真同志说过：“是法服从实际情况，还是实际情况服从法？谁是母亲，谁是儿子？实际产生法律，实际是母亲，法律、法理是儿子。”“法要有自己的独立的体系，有自己的逻辑，但要从社会实际出发，受社会实践检验。”[1] 在党的领导下，全国各族人民通过各种途径和形式，依法管理国家事务，管理经济和文化事业，管理社会事务，投身改革开放和社会主义现代化建设各项事业，为形成这个法律体系提供了实践基础。法律体系在与改革开放和现代化建设相伴而生、相互促进的过程中逐步形成。改革开放和现代化建设越向前推进，经济社会的发展变化越深刻，对健全和完善法律制度的要求就越迫切，法律体系构建所依赖的基础也就越扎实。与此同时，法律体

[1] 彭真：《论新时期的社会主义民主与法制建设》，中央文献出版社1989年版，第76页。

系注意妥善处理法律稳定性和改革变动性的关系，在及时肯定已有成功做法、巩固已有改革开放成果的同时，又充分发挥立法的引领和推动作用，确保改革决策与立法决策相协调，确保重大改革于法有据。

第四，一代代“立法人”的不懈努力，为形成和完善这个法律体系提供了人才支撑和专业支持。新中国成立60多年，特别是改革开放40年来，一代代立法工作者作为“立法人”，以对党、对人民、对历史高度负责的精神，秉持发展社会主义民主、加强社会主义法制的理想，执着追求、默默奉献，为形成和完善这个法律体系作出了不可磨灭的重要贡献。在40年来的立法实践中，我国已经形成了一支高素质的立法专业队伍，直接参与和见证了中国特色社会主义法律体系形成的历史进程和伟大成就。这支队伍也在这一伟大进程中得到了锤炼和壮大。

四、法律体系形成和完善的特点

中国特色社会主义法律体系的形成和完善，具有十分鲜明的特点。

第一，这个法律体系是伴随着改革开放，积极稳妥主动构建逐步形成和完善的。改革开放之初，百废待兴，迫切需要通过立法恢复重建国家秩序、维护安定团结政治局面、发展社会主义民主、推进改革开放。1979年，五届全国人大二次会议一次就通过了全国人民代表大会和地方各级人民代表大会选举法、地方各级人民代表大会和地方各级人民政府组织法、人民法院组织法、人民检察院组织法、刑法、刑事诉讼法、中外合资经营企业法7部涉及国家政治制度、刑事制度和对外开放方面的重要法律，拉开了我国大规模立法工作的序幕。同时，改革开放以来，西方国家几百年发展历程遇到的矛盾和问题，在我国30多年的发展过程中交织叠加、集中体现，我国立法工作面临的形势之复杂、任务之艰巨，克服的困难之多，都是前所未有的。比如，物权法的制定，政治性、政策性、专业性都很强，立法难度很大。这部法律从研究起草到通过，原民法典起草过程中的研究讨论不算，历时13年，召开了上百次座谈会和论证会，广泛听取各方面意见，反复修改，经常委会7次审议，才由代表大会审议通过。因此，面对改革发展中的种种矛盾和问题，立法工作必须妥善处理改革发展稳定的关系，积极破解立法中遇到的焦点和难点问题。我们坚持立法与改革发展相适应，对实践经验比较成熟的，加以细化，以法律形式规定下来；对实践经验尚不成熟，又需要作规定的，作出原则规定，为改革留有空间，等实践经验成熟时再作具体规定。比如，为确立企业有序退出的法律制度，1986年曾经制定适用于全民所有制企业的破产法试行。随着国有企业改革的深化和其他所有制经济的发展，全国人大常委会在认真总结经验的基础上，于2006年重新制定了适用于各种组织形式和各种所有制企业、可操作性更强的企业破产法，规范了企业破产程序，比较好地解决了破产企业优先清偿所欠职工工资和社保基金等重大问题，维护了企业职工合法权益。有的法律在制定过程中，还对改革措施的出台起到了推动作用，如社会保险法有关养老保险转移接续的制度等。

第二，这个法律体系是有目标、有计划、有重点地推进形成和完善的。适应改革开放的需要，立法工作围绕党和国家的工作重心，通过立法规划和年度立法工作计划，有计划、有重点、有步骤地展开。为了统筹制定国家急需的法律，1988年6月，全国人大法律委员会提出了关于五年立法规划的初步设想。1991年，七届全国人大常委会首次制定了立法规划，对其任期届满前一年多的立法工作，作出安排。八届全国人大常委会按照党中央提出的建立和完善社会主义市场经济体制的目标，在立法规划中，确定了一大批建立和完善社会主义市场经济体制的立法项目。从1993年年初到1997年年底，全国人大及其常委会制定的82件法律中，有关市场经济方面的法律36件，约占在此期间制定的法律的44%。九届全国人大常委会围绕党的十五大提出的形成法律体系的立法工作总目标，制定的立法规划和年度立法计划，加快了立法工作步伐。

进入21世纪后，十届、十一届、十二届、十三届全国人大常委会制定的立法规划和年度立法工作计划，重点推进适应科学发展、构建社会主义和谐社会、推动生态文明建设的法律的制定。比如，制定了可再生能源法、循环经济促进法等一批推动科学发展的法律；2007年一年内，常委会就先后通过了劳动合同法、就业促进法、劳动争议调解仲裁法3部社会建设方面的法律；党的十八大以来，修改了环境保护法、大气污染防治法、水污染防治法，出台了土壤污染防治法等一批重要的生态环保法律。

第三，这个法律体系是多层次并进，各立法主体共同努力形成和完善的。为适应改革开放的需要，我们实行了“多条腿走路”的办法，坚持法律、行政法规、地方性法规等多个层次共同推进。1982年宪法将国家立法权由1954年宪法规定的由全国人民代表大会行使，扩大到全国人大常委会，并赋予国务院制定行政法规的职权，肯定了1979年地方组织法赋予省、自治区、直辖市人大及其常委会制定地方性法规的职权。在其后修改的地方组织法中又进一步将立法权扩大至较大市的人大及其常委会。2000年通过的立法法，进一步系统明确了我国统一又分层的立法体制。多个层次的立法主体按照不同立法权限，各司其职，共同推进中国特色社会主义法律体系的构建。实践证明，“多条腿走路”的办法是行之有效的，既维护了国家法制的统一，更好地服务于党和国家的中心工作，又照顾到了各地的差异，适应了经济社会全面发展的需要；既保障了改革开放的顺利进行，又加快了法律体系建设的步伐。

五、法律体系形成和完善的成就

与改革开放和社会主义现代化建设的发展阶段相适应，随着法律体系的形成和完善，我国立法工作自身也在与时俱进、创新发展。经过初步梳理，我们认为，主要有以下七个方面的显著转变，这也是法律体系形成和完善的重要成就。

一是，立法思路从“先改革，后立法”“边改革，边立法”转向“凡属重大改革都要于法有据”。

法律的特点是“定”，是在矛盾焦点上“砍一刀”“划杠杠”，不能朝令夕改；改革的特点是“变”，要突破原有的体制和规则。如何用特点是“定”的法律去体现、适应特点是“变”的改革，是改革开放40年来立法工作不断面临和需要解决的重要课题。改革开放初期，整个国家百废待兴，社会主义市场经济体制还没有完全确立起来，不少重要方针政策和改革部署还在“摸着石头过河”。在这个历史阶段，更加强调法律的稳定性。一般而言，重大改革要先用政策来指导，经过各地方的探索和群众性的试验，在实践经验基本成熟，并在比较各种典型、全面权衡利弊的前提下，再慎重立法。因此，比较常见的是“先改革，后立法”的模式。随着改革开放的深入推进，实践在不断发展，经验在不断积累，人民群众的法治意识也在不断增强，在立法工作中更加强调立法与改革的协调推进，较多采用“边改革，边立法”的模式，即对实践经验比较成熟的、各方面认识也比较一致的，规定得具体一点，增强法律的可操作性；对实践经验尚不成熟但现实中又需要法律进行规范的，先规定得原则一些，为引导实践提供规范和保障，并为深化改革留下空间，待条件成熟后再修改补充。这一做法妥善处理了法律稳定性和实践变动性的关系，确保立法进程与改革开放和社会主义现代化建设进程相适应，为中国特色社会主义法律体系如期形成奠定了基础。

党的十八大以来，以习近平同志为核心的党中央特别强调依法执政，坚持依法治国、依法执政、依法行政共同推进，在谋划发展、深化改革、从严治党等方面，特别注重运用法治思维和法治方式加以推进，对改革与法治的关系进行了更加深刻、系统、全面的思考与探索，强调“发挥立法的引领和推动作用”，形成了“凡属重大改革都要于法有据”的重要思想。党的十八届四中全会提出，要实现立法和改革决策相衔接，做到重大改革于法有据、立法主动适应改革和经济社会发展需要；实践证明行之有效的，要及时上升为法律；实践条件还不成熟、需要先行先试的，要按照法定程序作出授权；对不适应改革要求的法律法规，要及时修改和废止。坚持立法与改革相衔接、相统一，确保重大改革于法有据，及时将改革成功经验上升为法律，也成为党的十八大以来全国人大常委会立法工作的突出特点。立法工作主动适应改革需要、充分发挥引领推动作用，变“被动”为“主动”，通过打包修改、授权试点等多种方式努力使立法决策与改革决策相结合，在法治轨道上推进改革，着力增强改革的系统性、整体性、协同性。党中央深化改革的任务和举措部署到哪里，立法工作就跟进到哪里，立法对改革的参与之深、之广，在新中国立法史上是前所未有的。

二是，立法主体从全国人大及其常委会逐步扩大到所有设区的市。

改革开放40年来，我国政治体制改革稳步推进，中央与地方关系深刻调整，立法体制也相应地不断发展。这40年，是新中国成立以来我国立法体制调整最深刻、影响最深远的历史时期。立法体制的每一次调整和完善，都是我们党在深刻总结新中国成立以来治国理政经验的基础上作出的重大决策，都是发展和完善中国特色社会主义制度、推进国家治理体系和治理能力现代化的重大举措，有效加强了国家地方政权建设，有效调动了地方参与国家治理的积极性，标志着国家治理体系与治理能力的与时俱进。

这40年，我国立法主体从全国人大及其常委会、国务院扩大到31个省（区、市），又从49个较大的市（5个经济特区）扩大到240个设区的市、30个自治州、4个不设区的地级市。1979年7月，五届全国人大二次会议修订地方组织法，确定县级以上地方人大设立常委会，同时根据发展社会主义民主、健全社会主义法制的要求，赋予省、自治区、直辖市人大及其常委会制定地方性法规的职权。这是第一次以法律形式赋予地方立法权，在改革开放新的历史起点上有力推进了人大工作。1982

年宪法确认了1979年地方组织法的规定。1982年修改地方组织法，增加规定：省会市和经国务院批准的较大的市的人大常委会可以拟定地方性法规草案。1986年，再次修改地方组织法，进一步规定省会市和经国务院批准的较大的市的人大及其常委会有权制定地方性法规报省级人大常委会批准后施行。2000年制定立法法时又增加规定，经济特区所在地的市的人大及其常委会也可以制定地方性法规。按照党中央决策部署，2015年修改立法法赋予所有设区的市地方立法权，是我国立法体制的最新发展。十三届全国人大一次会议通过的宪法修正案，增加了设区的市制定地方性法规的规定，为设区的市依法开展地方立法工作提供了宪法依据。

改革开放40年来，我国立法体制的每一次调整和完善，都是对宪法第三条第四款“中央和地方的国家机构职权的划分，遵循在中央的统一领导下，充分发挥地方的主动性、积极性的原则”的坚决落实和有效实施。立法主体范围的逐步扩大，激发了地方深化改革、扩大开放、推动发展的动力，不仅为国家立法进行了重要探索、积累了有益经验，为推动形成和完善中国特色社会主义法律体系作出积极贡献，而且大大加强和改进了地方人大工作，为坚持和完善人民代表大会制度注入了新的活力。

三是，立法理念从“有比没有好，快搞比慢搞好”转向“以提高立法质量为中心”。

改革开放初期，面临“文革”造成的无法可依的局面，“有比没有好，快搞比慢搞好”，成为当时立法工作的基本指导方针。当时立法的主要任务是尽快将各个领域急需的、主要的、基本的法律制定出来，为恢复重建国家、经济和社会秩序提供法制保障，为推动改革开放提供法律支撑。因此，不断加快立法步伐，注重立法规模、立法数量和立法速度，就不可避免地成了这个时期立法工作的显著特点。比如，十一届三中全会以后，作为法工委前身的法制委员会一成立就立即开展大规模立法活动，仅仅几个月时间就起草了一批法律草案。1979 年 7 月，五届全国人大二次会议一次就通过了 7 部法律，这么短的时间里立出 7 部法律，可见当时的立法势头之猛，也呼应了广大人民群众对法制的迫切期待。从那以后，我国立法工作进入快车道。随着改革开放的不断深入、经济社会的不断发展特别是社会主义市场经济体制的不断完善，在经历了从无到有的、暴风骤雨式的大规模立法阶段之后，无法可依的问题基本得到解决，开始更加注重立法质量、立法效益和规范化、体系化。从 1997 年党的十五大起，历次党代会都强调要不断提高立法质量。十届、十一届、十二届、十三届全国人大及其常委会都明确提出“以提高立法质量为中心”的立法工作思路，更加关注制度设计的科学性、合理性，更加关注法律之间的协调统一，也更加关注法律在实际社会生活中的实施效果。实施科学立法、民主立法、依法立法，开展法律法规清理，推动制定配套法规，进行立法前论证、立法后评估，促进法律体系的科学、统一、和谐，都是围绕提高立法质量这一中心采取的重要举措。

四是，立法重心从以经济立法为主转向注重各领域立法的均衡发展。

改革开放初期，立法的主要任务是恢复国家和社会秩序，同时推动改革开放，因此，这一阶段的立法在内容上以国家制度领域的立法和改革开放方面的立法为主。比如，1979 年 7 月五届全国人大二次会议通过的 7 部法律中，选举法、地方组织法、人民法院组织法、人民检察院组织法、刑法、刑事诉讼法 6 部法律都属于国家制度和社会秩序方面重要的基本法律。特别重要的是，1982 年还修改并颁布了新宪法，为国家制度和社会秩序的全面恢复提供了宪法依据。在推进改革开放方面，五届全国人大二次会议通过的七部法律中就包括中外合资经营企业法。之后，随着改革开放的深化，又相继制定了外资企业法、中外合作经营企业法等一系列法律，在当时极大地促进了外资的引进和利用，为打开对外开放之门提供了法律支撑。1992 年后，适应建立社会主义市场经济体制的需要，立法的重心转向经济领域，相继制定了一大批有关市场经济的法律，包括公司法、合伙企业法、个人独资企业法、证券法、保险法、人民银行法、商业银行法、合同法、反不正当竞争法、拍卖法、招标投标法等，为建立和完善社会主义市场经济体制提供了法制保障。2003年以后，适应贯彻落实科学发展观的要求，在继续完善市场经济法律制度的同时，强调社会立法和经济立法的均衡发展，立法关注的重心开始转向社会领域，相继制定了一大批关注民生的法律，包括劳动合同法、就业促进法、劳动争议调解仲裁法、食品安全法、道路交通安全法以及社会保险法等，为推动科学发展、促进社会和谐提供了法制保障。

党的十八大以来，适应推进文化体制改革、增强文化自信、满足人民群众日益增长的精神文化需求的要求，全国人大常委会下大力气推进文化立法，制定了公共文化服务保障法、电影产业促进法和公共图书馆法等，建立健全坚持社会主义先进文化前进方向、遵循文化发展规律、有利于激发文化创造活力、保障人民基本文化权益的文化法律制度，我国文化领域立法相对滞后的局面得到改善，为促进我国文化事业繁荣发展提供重要法制保障。为加强生态文明建设，推动形成人与自然和谐发展的现代化建设新格局，适应人民日益增长的优美生态环境需要，全国人大常委会作出关于全面加强生态环境保护依法推动打好污染防治攻坚战的决议，不断推进生态环境保护立法，全面修订环境保护法，相继修改大气污染防治法、水污染防治法、海洋环境保护法、野生动物保护法，建立生态环境和资源保护公益诉讼制度，正在抓紧制定土壤污染防治法等，健全最严格最严密的生态环境保护法律制度。立法重心的逐步转移和适时调整，充分体现了我国改革开放和社会主义现代化建设的历史进程，也反映出改革开放40年来我国经济社会发展的阶段性特征。

五是，立法内容从“宜粗不宜细”转向注重法律的“可执行性、可操作性”。

改革开放初期，邓小平同志提出，“现在立法的工作量很大，人力很不够，因此法律条文开始可以粗一点，逐步完善。有的法规地方可以先试搞，然后经过总结提高，制定全国通行的法律。修改补充法律，成熟一条就修改补充一条，不要等待‘成套设备’”。根据当时立法工作的实际情况，为了尽快将法律制定出来，同时为改革留下空间，改革开放初期立法强调“宜粗不宜细”，即先将法律规定得原则些，然后再逐渐细化是完全必要的。与此相适应，20 世纪 80 年代和 90 年代初制定的一些法律，条文数量比较少，条文本身比较简约，内容比较概括，规定比较原则，有的不够具体明确。随着立法工作的不断推进，这一状况逐步得到改变，开始了由简至繁、由粗至细、由原则至具体的转变，更加注重法律的可操作性。在这一过程中，合同法的出台具有标志性意义，其条文达 428 条之多。当然，要彻底完成由粗及细的转变，还需要一个较长的过程。

党的十八大以来，习近平总书记强调，要提高法律法规的及时性、系统性、针对性、有效性，增强法律法规的可执行性、可操作性。按照这一要求，全国人大及其常委会坚持问题导向，注重立法精细化，科学设定法律规范，精准设计制度，增强制度的可执行性、可操作性，努力做到法律条文能具体的尽量具体、能明确的尽量明确，确保立出来的法站得住、行得通、真管用。比如，2012 年 8 月提请全国人大常委会审议的特种设备安全法的初审草案是 8 章 65 条，但此前国务院制定的特种设备安全监察条例就有 8 章 103 条。按照初审草案，条例上升为法律后，条文却变少了，规定得比较原则，可执行性和可操作性都不够强，不符合“法律规范能具体就具体，能明确就明确”的新要求。将条例上升为法律，要从立法规律出发，法律规定必须更加明确具体，可执行可操作，绝不能一到立法层面就变得原则笼统，失去立法的意义。因此，经过深入调查研究和广泛征求意见，草案得到大幅度补充完善，最后通过的特种设备安全法可谓“脱胎换骨”，条文由原来的 65 条增加到 101 条，不仅是条文数量大幅增加，更重要的是法律规定的内容进一步具体化，增加了大量执行性、可操作性强的规定。

六是，立法形式从以制定法律为主转向立、改、废、释、编、授等多种立法手段并重。

改革开放初期，整个国家百废待兴，立法的主要任务是恢复国家和社会秩序，同时推进改革开放。前者是恢复被“文革”破坏的法制，后者是借鉴国际经验进行制度创新，基本上是在一张白纸上描绘蓝图。因此，立新法是最主要的立法手段。据统计，1979年至1989年，有五个年份没有修旧法，即1981年、1984年、1985年、1987年、1989年；其他六个年份，即1979年、1980年、1982年、1983年、1986年、1988年，修旧法的数量分别为1件、1件、2件、3件、2件、2件，与年均10件左右的立新法相比，不可同日而语。20世纪80年代末至90年代初，是经济立法的高潮期，无论是外资企业法、企业破产法（试行），还是公司法、证券法、信托法等，对于正在探索市场经济体制的中国来说，都是新生事物，既缺乏实践经验，又没有先例可循。因此，立法手段也主要是“立”，主要考虑是先把制度框架搭建起来。因此，从1989年到1992年，修旧法的数量年均不超过1件。

随着市场经济和法制建设的深入推进，从1993年起，我国立法工作中修旧法的数量开始显著上升。一方面，立法工作取得了长足进步，体现在制度上就是新法数量已达到百件；另一方面，改革的深入推进必然要求法律的修改完善。修旧法与立新法的比例，从1992年的1/9，上升到1999年的7/9。特别是2000年，修旧法的数量（9件）首次超过立新法的数量（4件）。这既有中国加入世贸组织带来法律清理任务的原因，也从一个侧面证明，立法越推进，改革越深入，修法频率就会越高。2000年以后，修法呈现数量总体上升、个别年份激增的趋势，这固然有为了确保法律体系如期形成，加强法律清理、保证法律体系内部和谐统一的因素，但更主要的原因是，改革越来越向纵深推进，甚至可以说，改革每往前推进一步，都不可避免地涉及法律的修改。总的来看，在2013年党的十八大之前，立新法、修旧法是最主要的两种立法手段，在不同的历史时期，各有侧重。其他立法手段的使用相对较少。比如，1996年出现了第一个立法解释之后，截至2013年，立法解释的总数只有16件，有9个年份的立法解释数量为0。又如，2005年出现了第一个废止法律的决定，在党的十八大前，只在法律体系形成前夕的2009年进行法律清理时作出过一个决定，废止了一部法律。

党的十八大以来，习近平总书记多次强调，要坚持立法先行，坚持立改废释并举，加快完善法律体系。从2013年开始，全国人大及其常委会既重视立新法、修旧法，又加强授权决定和法律解释工作，立、改、废、释、编、授等多种立法手段协调配合、形成合力，不仅推动了法律有效实施，维护了法制统一，而且从维度上丰富了立法形式。比如，对于法律立改废条件暂不成熟而实践又迫切需要的，通过授权方式先行先试。十二届全国人大常委会按照党中央决策部署，依照法定程序作出了21项授权和改革决定，为特定地方、领域推进改革先行先试提供法律依据和支撑。这些决定涉及国家监察体制改革、自由贸易试验区建设、行政审批制度改革、农村集体土地使用权制度改革、司法体制改革、公务员制度改革、社会保险制度改革、军官制度改革等诸多方面，保障了相关改革试点在法治框架内依法有序推进。又如，过去法律解释运用相对较少，且集中在刑法和香港、澳门特别行政区基本法领域。在2014年以前，共对1997年修订的刑法作出9个解释，分别对香港基本法和澳门基本法作出3个和1个解释，对国籍法在香港特别行政区、澳门特别行政区实施的几个问题分别各作出1个解释。十二届全国人大常委会成立之初就明确提出，要继续加强和改进立法工作，做好法律的解释等工作，切实增强法律的针对性、及时性、系统性，更好地发挥立法的引领和推动作用。五年期间，共出台法律解释9件，包括刑法有关条款的解释4件，刑事诉讼法有关条款的解释3件，民法通则和婚姻法有关姓名权条款的解释1件，香港基本法有关宣誓条款的解释1件。法律解释不仅数量增加，而且领域也拓展到诉讼法和民法领域。再如，编纂一部符合我国实际和国情的民法典，是新中国几代人的夙愿。新中国成立以后，党和国家曾先后于1954年、1962年、1979年和2001年4次组织起草民法的工作。但由于多种原因而未能取得实际成果。之后，经过多年努力，陆续制定出台了继承法、民法通则、担保法、合同法、物权法、侵权责任法、涉外民事关系法律适用法等一系列民事单行法，逐步形成了比较完整的民事法律规范体系，编纂民法典的条件已经成熟。党的十八届四中全会作出了编纂民法典的重大政治决断。按照党中央确定的“先制定民法总则、再整合编纂各分编，争取2020年形成统一的民法典”的“两步走”工作思路，2017年3月十二届全国人大五次会议审议通过民法总则，为编纂民法典打下了坚实基础。目前，民法分则各分编的编纂起草工作正在抓紧进行。可以说，编纂民法典不仅是民事立法的重要里程碑，也将是立法编纂的首次成功尝试，极大地丰富了我国的立法形式和手段，对于其他领域的法典编纂工作具有重要的示范引领意义。

七是，立法过程从有限开放转向公开透明。

从新中国成立开始，我国的立法工作就认真贯彻落实群众路线，注意从群众中来，到群众中去。比如，1954年宪法草案就曾公布并广泛征求意见，全民讨论近三个月，参加讨论的人有1.5亿多人，宪法起草委员会办公室整理的意见多达138万条。改革开放以后，全国人大常委会也曾公布1982年宪法草案、全民所有制工业企业法草案、合同法草案等重要法律草案，公开征求意见。但绝大多数的法律草案，征求意见一般局限于地方人大、专家学者及相关方面，立法公开的范围比较有限，广大社会公众一般不了解也没有渠道直接参与立法活动。

随着改革开放的不断深入、经济社会的不断发展以及社会主义民主政治的稳步推进，广大人民群众权利意识、政治参与意识不断提高，对于立法的期盼不断上升，参与立法的热情不断高涨，通过立法表达利益诉求、解决利益冲突的要求日益强烈。顺应这一历史潮流，全国人大常委会扩大立法公开的范围，将立法公开原则、公众参与原则贯穿到立法工作的各个环节、各个领域，不断扩大社会公众对立法活动的有序参与，充分保障广大人民群众的知情权、参与权、表达权和监督权，积极推进立法决策的透明化、科学化、民主化，逐步实现了立法的全方位开放。2008年4月，十一届全国人大常委会第二次委员长会议决定，常委会初次审议的法律草案一般都予以公开，向社会广泛征求意见，使法律草案公开征求意见进一步规范化、制度化、常态化，有力提升了立法的透明度和公众的参与度，受到全社会的广泛好评。经过多年努力，已经形成了立法座谈会、论证会、听证会，立法后评估以及公布法律草案征求意见等一系列“开门立法”制度，为实现全方位立法公开提供了充分保障。目前，“开门立法”已经成为立法工作的基本特征和必经程序。

党的十八大以来，“开门立法”取得新进展。有关方面先后出台立法项目征集论证、立法重大利益调整论证咨询、重要立法事项引入第三方评估等工作规范；建立并实施基层立法联系点、立法专家顾问、法律案通过前评估等制度，明确常委会初次审议和继续审议的法律草案都及时向社会公布征求意见。据统计，十二届全国人大常委会任期内，共有70件次法律草案向社会征求意见，有16万多人次提出意见43万多条，许多好的意见得到吸收采纳。全国人大常委会法工委设立四个基层立法联系点，作为立法工作听取基层群众意见的“直通车”“解剖麻雀”的典型样本和培养立法干部的重要基地。截至2018年3月，各联系点共就28部法律征集意见1205条，不少意见在立法中得到采纳和吸收，使立法更加接地气、察民情。一位基层全国人大代表动情地说：“过去觉得立法是很高大上的事，人民大会堂离自己很遥远，现在有了立法联系点，最高立法机关与基层干部群众有了直通车，老百姓的心声和期盼可以更快、更准地体现在法律条款中。”这是人民民主的生动实践，也是立法公开的重要成果。总之，不断推进立法过程的公开透明，不仅有助于立法工作深入了解民情、充分尊重民意，广泛集中民智，使立法更加结合实际、更加贴近生活、更具针对性和可操作性，解决好人民群众最关心的现实问题，而且有助于进一步激发公民参与立法的热情，消除公民对法律的陌生感，增强对法律的认同感。

六、新时代完善法律体系的几点思考

栗战书委员长强调，在改革开放40年的历史新起点上，不断完善以宪法为核心的中国特色社会主义法律体系，新时代的立法工作必须要有新气象新思路新作为。为此，提出以下几点粗浅的思考和体会，供领导和同志们参考。

一是，继续加强中国特色社会主义法律体系的理论研究。法律体系的形成和完善，是改革开放40年立法工作最重要的成就，也是贯穿40年立法工作的一条主线。形成法律体系，是党中央部署的一项硬任务，有时限要求、判断标准。完善法律体系则是一项长期任务，没有终极目标，但是与党中央到2020年全面建成小康社会、到2035年基本实现社会主义现代化、到21世纪中叶建成富强民主文明和谐美丽的社会主义现代化强国的战略安排相适应，必然会对法律体系提出新要求、新任务。因此，加强理论研究，提前谋划不同历史阶段完善法律体系的目标任务，推动形成与国家治理体系和治理能力现代化相适应的中国特色社会主义法律体系，十分必要和迫切。

特别是随着全面依法治国的深入推进，调整、影响国家社会生活和公民权利义务的行为规范日益呈现出复杂性、多样性、变动性。党的十八大以来，习近平总书记的重要论述和党中央的重大部署，提出了不少在国家治理和社会治理中发挥重要作用的行为规范，需要深入研究与法律体系的相互关系以及衔接配合。比如，强调坚持依法治国与依规治党相结合，需要形成完善的党内法规体系；强调建立健全中国特色社会主义军事政策制度体系，需要形成完备的军事法规；强调深化国家监察体制改革，将来可能出现一定数量的监察法规；强调依法行政和公正司法，需要确保规章和司法解释严守权限边界，特别是不能与上位法相抵触，增加公民义务、克减公民权利；强调宪法和基本法共同构成特别行政区的宪制基础，需要深入研究港澳本地立法与国家法律的关系，完善与基本法实施相关的制度和机制；强调推动国际关系法治化、构建人类命运共同体，需要深入研究国际法与国内法的关系，实现我国从国际法的“接受者”“跟跑者”向“参与者”“建设者”甚至是“引领者”转变；强调社会主义核心价值观，需要形成同法律规范相衔接、相协调、相促进的道德规范；强调创新社会治理，需要重视和发挥各类社会组织内部章程、自律规范等“软法”的重要作用。总之，完善法律体系，不可能单打独斗、独善其身，需要内外兼顾、左右协调。对于已经纳入法律体系的规范，如法律、行政法规、地方性法规，或者没有纳入法律体系但已纳入备案审查范围的规范，如规章、司法解释等，需要深入研究如何加强合宪性审查和立法监督，确保法律体系科学和谐统一。对于没有纳入法律体系的各类规范，如党内法规、军事法规、监察法规、港澳本地立法、国际条约、道德规范、自治章程等，需要深入研究如何处理好这些规范与法律体系的关系，确保相互衔接、相互补充、相互促进、相得益彰。

二是，顺应互联网、大数据、人工智能快速发展的历史潮流，深入推进科学立法、民主立法、依法立法。习近平总书记强调，以互联网为核心的新一轮科技和产业革命蓄势待发，大数据、云计算、人工智能等迅猛发展，将给人们的生产方式和生活方式带来革命性变化。不少学者疾呼，这不仅是一场技术革命，一场经济变革，也是一场国家治理的变革。立法工作要贯彻落实好习近平总书记的重要指示精神，我们体会，一方面，要按照委员长会议部署，深刻认识大数据、人工智能等颠覆性技术的“双刃剑”效应，在立法工作中增强敏锐性，下好先手棋、打好主动仗。既要直面问题、迎难而上，通过立法推动完善科技体制机制，助力攻克关键核心技术，促进科技成果转化应用，引领相关产业跨越发展，为我国赢得全球科技竞争主动权提供法律支撑；又要未雨绸缪、防患未然，预先研判、深入研究这些技术涉及的个人隐私、数据安全、知识产权、侵权责任等法律问题以及伦理道德问题，有效应对技术不确定性带来的新挑战，确保其安全、可靠、可控。

另一方面，还要把科技红利用足用好，将科学立法、民主立法、依法立法的各种举措与互联网、大数据、人工智能等现代科技手段有机结合、深度融合，降低立法成本、提升立法效率、增强立法实效。全国人大常委会法工委正在牵头建立全国统一的备案审查信息平台，有关地方也在积极探索。比如，湖北、山东、上海等省（市）人大常委会召开网上立法听证会，正反双方代表网上辩论，图文现场直播，既充分反映民意，又推动普法宣传。这是互联网融入立法工作的有益尝试。又如，南京市人大常委会通过大数据分析强化立法的针对性和实效性。特别是在《南京市轨道交通管理条例》修订过程中，面临社会公众就地铁是否禁止携带自行车、是否禁止饮食等关键条款意见分歧巨大、互不相让的复杂情况，运用网络技术手段对大量数据背后的民意诉求进行了全面梳理与分析。最后基于大数据分析，支持了大部分人明确禁车禁食的意见，同时也通过强化政府职责加强公共自行车设置、适当缩小禁食范围放宽站厅饮食要求等，兼顾少数人利益，获得立法“最大公约数”。这是大数据融入立法工作的有益尝试。再如，天津市人大常委会自2014年9月起，开始使用备案审查智能支持平台，借助人工智能发现规范性文件中存在的问题，提高备案审查的效率和准确度。据悉，这套智能平台近期可以升级到九个系统，包括提供立项管理、意见征集、文件公开、报备、审查、清理、立法资料管理、立法评估、立法大数据分析等。这是人工智能融入立法工作的有益尝试。

建议加大调研力度，深入总结互联网、大数据、人工智能融入立法工作的实践经验，探索改进法律草案向社会公开征求意见的方式方法，利用信息化手段加强对意见的收集汇总和数据分析；改进立法听证会、论证会、座谈会的召开方式，利用互联网、新媒体等技术手段，推动立法听证论证评估的小型化、简约化、常态化；加强立法决策的量化论证，提高对大数据的分析、把握和运用能力，“用数据说话、用数据决策”，构建起大数据辅助立法决策机制。

三是，综合运用立、改、废、释、编、授等多种立法手段，协同发力推动法律体系发展完善。

第一，通过法律解释明确法律规定的含义，促进法律有效实施。目前法律解释存在启动不及时、机制不完善等突出问题，一些司法解释对立法原意理解不正确或不准确。立法法第四十六条虽规定了“一府两院”、中央军委、全国人大专委会、省级人大常委会可以向全国人大常委会提出法律解释要求，但在实践中，大部分机关至今没有提出过法律解释要求。建议推动建立由有关方面提出法律解释要求的常态化机制，即对需要进一步明确法律规定的具体含义，或者法律制定后出现新情况需要明确法律适用依据的，建议有关方面及时提请全国人大常委会作出法律解释，逐步减少和控制司法解释。此外，还可以考虑从全国人大代表提出的有关议案、意见和建议中，或者从有关方面提出的法律询问中，选择对法律实施具有普遍指导性、又迫切需要明确的事项，由全国人大常委会适时主动作出法律解释。

第二，适时开展法律清理，保证法律体系内部和谐统一。改革开放以来，全国人大常委会、国务院和地方人大先后多次对法律法规进行全面清理或专项清理。建议深入总结法律法规清理工作经验，建立健全通过清理实现法律体系适时更新和自我完善的机制，探索法规清理工作长效机制，实现清理工作常态化。在制定新法时，同时研究考虑与新出台法律不一致、不协调的其他法律相关条文的修改、废止，力争做到立、改、废同步进行。不能同步进行的，在法律出台之后，也应及时对相关法律进行修改、废止，防止出现新的不一致、不协调。同时，积极推动各地方建立上位法的跟踪机制，对地方性法规中与新制定或者新修改的上位法不一致、不协调的规定，及时启动立法程序，予以修改或废止。

第三，继续有计划、有重点地稳步推进法典编纂工作。在改革开放前期的立法中，我们对同一领域的立法主要采取按具体调整对象分别制定单行法律的做法，较快较好地解决了当时多领域立法缺失的主要矛盾。但随着单行立法的逐渐增多，在有些领域也出现了各单行法的规定交叉重复，甚至不衔接、不协调的问题。十届全国人大法律委员会曾在五年工作总结中建议，着手开展法律的编纂工作，对过去出台的单行法律按照类别进行统一研究和必要整合，编纂形成若干个综合性的法典，如民法典、环境保护法典、劳动法典等。法工委2010年在关于中国特色社会主义法律体系有关问题的研究报告中也提出，适时启动环保、教育、劳动等领域法典编纂工作。建议总结民法典编纂的成功经验，对一些单行法中共同规则多、规范关联度高，适宜采用综合性立法的领域，适时启动相关法典编纂工作，在相关领域形成体例更科学、结构更严谨、内部更和谐的法律制度规范。

习近平总书记指出，改革开放以来我国法治建设的成功实践雄辩地证明，我们已经找到了一条符合中国国情、顺应时代潮流的具有中国特色的社会主义法治道路。回顾改革开放40年来的立法历程，我们深切感到，改革开放40年，是以宪法为核心的中国特色社会主义法律体系形成、发展和完善的40年，是立法决策与改革决策更加紧密衔接、持续为改革开放提供法治动力的40年，是立法体制机制不断完善、科学立法民主立法依法立法深入推进的40年，也是国家权力机关立法能力稳步提升、立法队伍不断发展壮大的40年。作为法工委的一员，深感光荣和自豪。我们要立足本职、奋发有为，努力为新时代立法工作添砖加瓦、贡献力量！

改革开放40年来我国立法体制的发展变化及实践分析

立法体制是关于立法主体、立法权限划分和立法权运行的基本制度总称。我国是一个统一的、多民族的、单一制的人民民主专政的社会主义国家，人民代表大会制度是我国的根本政治制度，中国共产党领导是中国特色社会主义最本质的特征，这些因素决定了我国的立法体制必须有利于党的领导，有利于人民当家作主，能够从我国的实际出发，合理地划分中央与地方、权力机关与行政机关的立法权限。

一、我国立法体制的发展变化

新中国成立后，我国立法体制的演变大致经过了四个阶段。

（一）第一阶段：从新中国成立到1954年宪法颁布前

在第一阶段，我国立法权力的行使具有多极化和分散化的特点。在中央层面上，享有立法权的是中国人民政治协商会议全体会议、中央人民政府委员会和政务院；在地方层面上，县以上各级人民政府或多或少都享有立法权。

1949年9月，中国人民政治协商会议第一届全体会议通过了具有临时宪法性质的《中国人民政治协商会议共同纲领》。共同纲领第十三条第二款规定，“在普选的全国人民代表大会召开以前，由中国人民政治协商会议的全体会议执行全国人民代表大会的职权，制定中华人民共和国中央人民政府组织法，选举中华人民共和国中央人民政府委员会，并付之以行使国家权力的职权”。同时，在这次会议上通过的《中华人民共和国中央人民政府组织法》对中央政府的立法权限作了规定，中央人民政府委员会制定并解释国家的法律，颁布法令，并监督其执行；规定国家的施政方针；废除或修改政务院与国家的法律、法令相抵触的决议和命令。政务院颁发决议和命令，并审查其执行。1949年12月，政务院通过《大行政区人民政府组织通则》，规定大行政区人民政府委员会有权拟定与地方政务有关之暂行法令、条例，报政务院批准或备案。1950年1月，政务院公布《省、市、县人民政府组织通则》规定，省、市、县人民政府有权拟定与省政、市政、县政有关的暂行法令、条例或单行法规，报上级人民政府批准或备案。当然，这种地方制定暂行法令、条例或单行法规的活动，与我们今天所讲的地方立法相比较，并非严格意义上的地方立法，更多属于特定历史条件下的行政权的张扬，但已具有地方立法的萌芽性质。

新中国成立初期形成这种分散立法的格局，主要是基于政权初建时期的实际需要。1949年新中国成立，百废待兴，我国面临着组建和巩固新生政权、恢复和发展国民经济、实现和保障人民当家作主的艰巨任务。由于彻底废除了国民党的伪法统，单纯依靠中央立法来迅速制定出新政权所需的大量法律法令，确立秩序，无疑是不可能的。当时全国还未全部解放，新老解放区情况十分不同，各大区需要有一定的自主立法权。尤其是新解放的地区，不论其为省级或县级，也都需要被给予这样的立法权限，以便因地制宜地实行各项改革。

（二）第二阶段：从1954年宪法颁布到1979年全国人大五届二次会议前

在第二阶段，我国的立法权限非常集中。在中央层面上，全国人民代表大会是唯一的立法机关，1955年7月后全国人大常委会代行部分立法权；在地方层面上，除民族区域自治地方外，其他地方权力机关均不享有立法权。同时，国家行政机关也没有立法权。

1954年宪法规定，“全国人民代表大会是行使国家立法权的唯一机关”。全国人大常委会有权“解释法律”和“制定法令”。但是由于全国人民代表大会不可能经常开会，每次开会的时间也不长，无法满足国家“急需制定各项法律，以适应国家建设和国家工作的要求”，尤其“在全国人民代表大会闭会期间，有些部分性质的法律，不可避免地急需常务委员会通过施行”。因此，1955年7月，一届全国人大第二次会议通过《关于授权常务委员会制定单行法规的决议》，授权常务委员会“依照宪法的精神、根据实际的需要，适时地制定部分性质的法律，即单行法规”。1959年，二届全国人大第一次会议又进一步作出决议，“为了适应社会主义改造和社会主义建设事业发展的需要，大会授权常务委员会，在全国人民代表大会闭会期间，根据情况的发展和工作需要，对现行法律中一些已经不适用的条文，适时地加以修改，作出新的规定”。但在此之后，由于“左”的指导思想干扰以及“文革”的发生，我国的民主与法制建设逐渐走向停滞，全国人大常委会除通过一些决议、决定外，没有再制定法律，1959年的这次授权实际没有得到执行。但通过这两次授权，全国人大常委会被赋予部分国家立法权，补充和发展了1954年宪法，改变了全国人大是行使国家立法权的唯一机关的规定。

按照1954年宪法规定，国务院没有立法权，只有“根据宪法、法律和法令，规定行政措施，发布决议和命令，并且审查这些决议和命令的实施情况”。在地方层面，只有“自治区、自治州、自治县的自治机关可以依照当地民族的政治、经济和文化的特点，制定自治条例和单行条例，报请全国人大常委会批准”，其他地方都没有立法权，原有的行政立法职权实际上也都被取消。

这种突出体现中央集权特征的立法权限划分，是当时我国实行高度集中的计划经济体制的政治需要和体现。中央集权的立法模式强有力地保证了中央对全国各项事业的集中统一领导，但也在相当程度上影响了地方主动性和积极性的发挥，阻碍了国家法制的发展。事实上，1954 年宪法实行一段时间后，中央就发现了这个问题。因此，1956 年毛泽东同志在《论十大关系》一文中肯定了地方立法的必要性：“取消大区，各省直属中央，这是正确的。但是由此走到取消地方的必要的独立性，结果也不那么好。我们的宪法规定，立法权集中在中央。但是在不违背中央方针的条件下，按照情况和工作需要，地方可以搞章程、条例、办法，宪法并没有约束。”〔1〕 这为以后探索赋予地方立法权提供了理论指导。

（三）第三阶段：1979 年五届全国人大二次会议以后现行立法体制的基本确立

在第三阶段，我国现行宪法和相关法律确立了统一而又分层次的现行立法体制。宪法和立法法等法律规定全国人大及其常委会行使国家立法权。国务院根据宪法和法律，制定行政法规。地方人大及其常委会制定地方性法规。自治区、自治州、自治县的人大有权依照当地民族的政治、经济和文化的特点，制定自治条例和单行条例并经批准生效。经济特区所在地的省、市的人大及其常委会根据全国人大的授权决定，可以制定经济特区法规，在经济特区范围内实施。国务院各部、委员会、中

---

〔1〕《毛泽东著作选读》（下册），人民出版社 1986 年版，第 730 ~ 731 页。

国人民银行、审计署和具有行政管理职能的直属机构，可以根据法律和国务院的行政法规、决定、命令，在本部门的权限范围内，制定规章。

1978年，中国共产党十一届三中全会召开，开启了中国改革开放和社会主义民主法制建设的历史新时期。早在1978年12月，邓小平同志在《解放思想，实事求是，团结一致向前看》一文中就提出："现在立法的工作量很大……有的法规地方可以先试搞，然后总结提高，制定全国通行的法律。"〔1〕按照这一精神，1979年7月五届全国人大二次会议通过的地方各级人民代表大会和地方各级人民政府组织法，对我国的立法体制进行了重要改革，赋予省、自治区、直辖市人大及其常委会制定和颁布地方性法规的权力，允许其"在和国家宪法、法律、政策、法令、政令不抵触的前提下，可以制订和颁布地方性法规，并报全国人民代表大会常务委员会和国务院备案"。1982年修改宪法，又在宪法层面对我国立法体制进行改革，在正文第八十九条赋予国务院制定行政法规的权力，在第九十条中赋予了国务院各部、各委员会发布规章的权力，在第一百条中确认了省、直辖市的人民代表大会及其常务委员会制定地方性法规的权力，在第一百一十六条中确认了民族自治地方的人民代表大会有制定自治条例和单行条例的权力。同年12月，五届全国人民代表大会第五次会议通过关于修改《中华人民共和国地方各级人民代表大会和地方各级人民政府组织法》的若干规定的决议，规定"省、自治区、直辖市以及省、自治区的人民政府所在地的市和经国务院批准的较大的市的人民政府，还可以根据法律和国务院的行政法规，制定规章"。至1986年修改地方组织法时，又在第七条第二款和第三十八条第二款中，分别赋予省、自治区的人民政府所在地的市和经国务院批准的较大的市的人民代表大会及其常委会制定地方性法规的权力，但需要"报省、自治区的人民代表大会常务委员会批准后施行，并由省、自治区的人民代表大会常

---

〔1〕《邓小平文选》（第2卷），人民出版社1994年版，第147页。

务委员会报全国人民代表大会常务委员会和国务院备案”。1995年2月再次修改地方组织法时，在第六十条中进一步规范了地方政府制定规章的行为，即明确“省、自治区、直辖市的人民政府可以根据法律、行政法规和本省、自治区、直辖市的地方性法规，制定规章，报国务院和本级人民代表大会常务委员会备案。省、自治区的人民政府所在地的市和经国务院批准的较大的市的人民政府，可以根据法律、行政法规和本省、自治区的地方性法规，制定规章，报国务院和省、自治区的人民代表大会常务委员会、人民政府以及本级人民代表大会常务委员会备案”。2000年立法法通过，对我国的立法体制作了全面规定和进一步完善，使法律、法规以及规章的制定更加规范化、制度化。同时，立法法对立法权限划分和授权立法作出新规定，对只能制定法律的事项作了进一步明确，还赋予经济特区所在地的市以较大的市地方立法权。至此，现行的立法体制基本确立。

建立在1982年宪法基础上的立法体制，是为“把国家的工作重点坚决转移到社会主义现代化经济建设”服务的。在这一时期，我国的立法工作取得了显著成就，中国特色社会主义法律体系初步形成。但是，随着经济社会的不断发展，这一体制也存在一个明显的短板，即它不能充分满足各个地方对立法权力资源的需求，在某种程度上遏制了地方的积极性和主动性。尽管部分“市”级的权力机关获得了制定地方性法规的权力，但由于立法权限未作划分或者划分不清，所以没能真正解决问题。因此，这一时期的授权立法比较多，1981年、1988年、1992年、1994年和1996年，全国人大和全国人大常委会先后授权广东省、福建省、海南省、深圳市、厦门市、汕头市、珠海市人大及其常委会制定所属经济特区法规的权力。2000年的立法法，更进一步从制度上作出规范，“经济特区所在地的省、市的人民代表大会及其常务委员会根据全国人民代表大会的授权决定，制定法规，在经济特区范围内实施”。

另外值得一提的是，香港和澳门分别于1997年和1999年回归，根据

“一国两制”方针，香港特别行政区基本法、澳门特别行政区基本法规定，香港和澳门两个特别行政区的立法会有权制定法律，报全国人大常委会备案。

（四）第四阶段：2015 年十二届全国人大三次会议以后现行立法体制的发展完善

进入 21 世纪，特别是党的十八大以来，全面建成小康社会进入决定性阶段，改革进入攻坚期和深水区，依法治国在党和国家工作全局中的地位更加突出、作用更加重大。为了更好地发挥中央和地方两个积极性，推进国家治理体系和治理能力现代化，全面推进依法治国，党的十八届三中、四中全会分别提出了“逐步增加有地方立法权的较大的市数量”和“明确地方立法权限和范围，依法赋予设区的市地方立法权”的改革目标任务。适应立法工作新形势、新任务的需要，十二届全国人大及其常委会认真贯彻落实党的十八大和十八届三中、四中全会精神，于 2015 年十二届全国人民代表大会第三次会议上对立法法进行了修改，进一步发展和完善了现行立法体制：一是依法赋予所有设区的市、自治州等地方立法权，明确规定设区的市、自治州的人民代表大会及其常务委员会可以对“城乡建设与管理、环境保护、历史文化保护等方面的事项”制定地方性法规，设区的市、自治州的人民政府可以根据法律、行政法规和本省、自治区、直辖市的地方性法规，制定规章。二是落实税收法定原则，完善专属立法权制度，在第八条中对“税收法定”问题专设一项，明确“税种的设立、税率的确定和税收征收管理等税收基本制度”只能由法律规定。三是进一步健全授权立法制度，实现立法和改革决策相衔接。全国人民代表大会及其常务委员会可以根据改革发展的需要，决定就行政管理等领域的特定事项授权在一定期限内在部分地方暂时调整或者暂时停止适用法律的部分规定。此外，新修改的立法法还对部门规章和地方政府规章进行了规范。2018 年的宪法修正案以根本法的形式确认了设区的市制定地方性法规的权力，在第一百条中增加了一款规定“设区的市的人民代表大会和它们的常务委员会，在不同宪法、法律、行政法规和本省、自治区的地方性法规相抵触的前提下，可以依照法律规定制定地方性法规，报本省、自治区人民代表大会常务委员会批准后施行”。

这次对现行立法体制的发展和完善，最突出和重要的就是扩大了地方立法主体的范围，赋予了设区的市地方立法权，包括依法赋予东莞市、中山市、嘉峪关市和三沙市 4 个不设区的地级市与设区的市相同的地方立法权。此外，完善了法律的专属立法事项和地方立法事项，进一步明确了立法权限的划分。这既是全面深化改革和全面推进依法治国的重要举措，也是完善我国立法体制、推进地方法治建设的重要制度安排，对于充分调动设区的市立法的积极性和主动性，加快地方法治建设步伐，发挥地方在推进国家治理体系和治理能力现代化中的重要作用，具有重要意义。

二、现行立法体制的实践效果

（一）现行立法体制的优越性

总体来看，我国现行立法体制是符合我国国情和实际需要的。如果立法权完全集中在中央，就容易助长主观主义和官僚主义，忽视地方的特殊情况，使制定的法律难以适应各地千差万别的情况，导致立法脱离实际的结果。如果地方立法权不受限制，就容易导致各地规则差异过大，这既与我国单一制国家的历史传统不符，也不利于法制的统一。只有坚持统一而分层次的立法体制，才能较好地克服和防止权力过分集中，有助于发挥中央和地方两个积极性：一是，法律的专属立法权制度，能够保证全国人大及其常委会的立法更侧重解决国家发展中带有根本性、全局性、稳定性和长期性的问题，确立起国家经济建设、政治建设、文化建设、社会建设以及生态文明建设各个方面重要的基本的法律制度，奠定国家法制的基础，也为行政法规、地方性法规的制定提供重要依据。二是，地方事务由地方立法，“不抵触”“有特色”的地方性法规既打开了地方事务无法可依的局面，也解决了各地经济社会条件差异较大的问题，一方面保证了宪法、法律和行政法规在本地区的有效实施，另一方面也为实现“绣花一样精细”的城市管理提供了法制保障。三是，在法律专属的立法事项之外，地方立法能在国家尚未制定法律或者行政法规时进行探索，发挥试验田作用，既弥补了法律空白，也可为国家立法积累经验，有助于推进依法治国。四是，除了立法机关，行政机关拥有一定的立法职权有助于尽快将法律规定的相关制度具体化，并对法律进行细化和补充，既保障了宪法和法律的实施，也推进了各级人民政府依法行政。

（二）现行立法体制实践中存在的问题

现行的立法体制虽然建立起了比较完善的制度，也取得了显著的立法成就，但在实际工作中也存在一些问题：一是缺乏全局意识和整体意识，地方保护主义和部门利益法律化问题比较普遍。一方面，地方立法囿于当地的利益，容易滋生地方保护主义，客观上造成分割市场的结果，一定程度上影响国家统一市场的建立和完善；另一方面，政府制定的行政法规和规章基本由政府有关部门负责起草，部门主导的倾向比较严重，争权诿责现象较为突出。二是越权立法时有发生。常见的一种情况是对法律、行政法规中未涉及或者虽然规范了某种行为而未设定行政处罚的，地方人大及其常委会往往会以某种行为在本地具有的社会危害性或者国家的法律法规已经过时、滞后、不能适应现实需要为理由，超越行政处罚法的规定，增设处罚的行为和行政处罚种类，或者突破处罚幅度的地方立法。例如，截至2014年5月，全国14件关于无线电管理的地方性法规中，有8个地方的无线电管理立法设定的行政处罚突破了国务院1993年制定的无线电管理条例的规定。三是重复立法难以避免。我国立法权纵向配置的一个重要特点是各级立法权限范围相互重叠，地方立法如果贪大求全，盲目追求立法政绩或条款完整性的话，难免导致小法抄大法，下位法抄上位法，甚至是照搬照抄其他省市法规的现象。法律规定得越细致，地方立法中重复的内容可能就越多。譬如，个别省的旅游法条例与旅游法相比，重复率达到了62%。四是地方立法中也偶有滥用立法权，侵害公民合法权益的现象发生。我国是一个封建传统深厚的国家，强调公民义务轻视公民权利、强调国家权力轻视公民权利的思想还比较浓厚。地方性法规，特别是地方政府规章，很长一段时间都重管理轻服务，如果还按照以前简单以强化行政手段的方式来管理社会，就容易造成减损公民、法人和其他组织权利或者增加其义务的后果。

三、现行立法体制下完善立法工作的建议

（一）要坚持党对立法工作的领导

中国共产党的领导是中国特色社会主义最本质的特征。立法工作要坚持党中央集中统一领导，牢固树立政治意识、大局意识、核心意识和看齐意识。中央层面的立法要注重贯彻党的路线方针政策和重大决策部署，确保党的主张通过法定程序成为国家意志。要充分发挥立法的引领和推动作用，坚持在法治下推进改革和在改革中完善法治相统一，做到重大改革于法有据、立法主动适应改革和经济社会发展需要。地方立法要增强全局意识，确保党中央的方针政策在本地的贯彻落实。要树立起国家和人民整体利益再小也是大、地方局部利益再大也是小的理念，坚决摒弃立法中的地方保护主义。

（二）要坚持科学立法、民主立法、依法立法

坚持科学立法，要尊重和体现规律，在立足中国国情和实际的基础上，处理好各种利益关系，科学规范权利和义务、权力与责任。坚持民主立法，通过进一步拓宽人大代表和人民群众参与立法的途径，健全立法过程中利益诉求的表达机制和协调机制，完善法律起草、审议的协调协商机制等方式，使所制定的每一部法律都符合宪法精神，反映人民意志，得到人民拥护。坚持依法立法，强调各立法主体要严格依照法定权限和程序行使立法权，不越权立法，不与上位法相悖，坚决维护国家法制统一、尊严、权威。

（三）要转变立法观念，更加尊重和保护人民权益

立法要服务于全面依法治国的需要，以良法促善治，推进国家治理体系和治理能力现代化。社会管理不能再沿用过去强化行政手段的方式，而是要以法治思维和法治方式来推进社会治理。要牢固树立立法为民的理念，坚持以人民为中心，坚持立法依靠人民、造福人民、保护人民。立法要从注重为行政主管部门“立权”，转变为“立权”和“立责”并重；从注重加强“行政管理”，转变为提供“行政服务”；从注重维护公权，转变为维护公权、规范公权、保护私权、保障人权并重。此外，地方政府也要注意，在立法法修改后，对于那些涉及设定减损公民、法人和其他组织权利或者增加其义务的规范且无上位法依据的事项，应当通过制定地方性法规来解决，而不能像从前一样，为了管理方便，自行制定地方政府规章。

（四）在立法权限内要更加注重发挥地方立法的积极性

在与上位法不抵触的前提下，要进一步发挥地方立法的积极性。要正确理解和把握“城乡建设与管理、环境保护、历史文化保护等方面的事项”，支持地方通过立法来管理地方性事务。对属于地方立法权限内的事项，中央立法要合理放权，为地方立法“留白”。要加强制度偏重顶层设计，着力解决宏观制度安排，包括基本原则、基本制度、基本标准等，至于这些基本原则、基本制度、基本标准的落实，即具体的制度措施，则交由地方立法完成。在法律责任的设定上，如行政处罚的种类、幅度等问题，中央立法也要为地方立法预留空间。此外，还应及时修改与现实情况不符的法律和行政法规，为地方立法破除障碍。地方立法则要在解决实际问题上下功夫，充分考虑本地区的实际情况，更加注重法规和规章的针对性和可操作性。

改革开放40年来我国民主政治立法的主要成就和基本经验

人民民主是社会主义的生命，发展社会主义民主政治是中国共产党始终不渝的奋斗目标。新中国成立以后，我国在中国共产党领导下实行人民民主专政的国体和人民代表大会制度的政体，实行共产党领导的多党合作和政治协商制度以及民族区域自治制度、基层群众自治制度，这些伟大实践奠定了我国民主政治发展的基础。1978年12月召开的党的十一届三中全会在深刻总结我国法制建设经验和教训的基础上提出，“为了保障人民民主，必须加强社会主义法制，使民主制度化、法律化，使这种制度和法律具有稳定性、连续性和极大的权威，做到有法可依，有法必依，执法必严，违法必究。从现在起，应当把立法工作摆到全国人民代表大会及其常务委员会的重要议程上来”。改革开放40年来，我国民主政治立法以宪法为统帅，坚持中国共产党领导，适应改革开放需要，不断推进社会主义民主政治建设的发展，有力保障了人民当家作主，有力维护了国家统一、民族团结、社会稳定，有力推动了社会主义法治国家建设进程，有力促进了改革开放和社会主义现代化建设，取得了历史性成就。

一、改革开放40年来我国民主政治立法的历程

民主政治立法是调整国家政治关系、直接保障宪法实施和国家政权运作等方面的法律规范，主要包括国家机构的产生、组织、职权和基本工作原则方面的法律，民族区域自治制度、特别行政区制度、基层群众自治制度方面的法律，维护国家主权、领土完整、国家安全、国家标志象征方面的法律，保障公民基本政治权利方面的法律。截至2018年10月底，我国民主政治方面的立法共40余部。

新中国成立以来，我国民主政治立法经历了初步建立、遭到破坏、恢复重建和全面发展的历史阶段。新中国成立初期，新中国面临着组建和巩固新生政权、恢复和发展国民经济、实现和保障人民当家作主的艰巨任务。根据政权建设的需要，从1949年到1954年第一届全国人民代表大会召开前，中国颁布实施了具有临时宪法性质的《中国人民政治协商会议共同纲领》，制定了中央人民政府组织法、人民法院暂行组织条例、最高人民检察署暂行组织条例、全国人民代表大会和地方各级人民代表大会选举法以及有关地方各级人民政府和司法机关的组织、民族区域自治等一系列法律、法令，开启了新中国民主政治立法的历史进程。

1954年，第一届全国人民代表大会第一次会议召开，通过了新中国第一部宪法，确立了人民民主和社会主义原则，确立了人民代表大会的根本政治制度，规定了公民的基本权利和义务；同时制定了全国人民代表大会组织法、国务院组织法、地方各级人民代表大会和地方各级人民委员会组织法、人民法院组织法、人民检察院组织法，确立了国家生活的基本原则。这个时期的民主法制建设，为建设中国特色社会主义法律体系提供了宝贵经验。“文化大革命”期间，我国各级国家政权组织遭受严重破坏，人民代表大会制度实际上停止发挥作用，中国的民主法制建设遭到严重破坏，立法工作几乎陷入停顿。党的十一届三中全会以后，

我国进入新的历史发展时期，我国民主政治立法工作进入快速恢复时期。

（一）恢复时期

1954 年宪法施行后，我国在“文革”后期颁布了 1975 年宪法。这是一部存在严重问题的宪法。粉碎“四人帮”之后，1978 年我国对宪法进行修改，这部宪法虽然有一些新变化，但仍存在许多明显的缺陷和局限，为此，1979 年和 1980 年，五届全国人大二次会议和三次会议对 1978 年宪法作过两次修改。1979 年五届全国人大二次会议对宪法进行修改后，同次会议通过了包括全国人民代表大会和地方各级人民代表大会选举法（以下简称选举法）、地方各级人民代表大会和地方各级人民政府组织法（以下简称地方组织法）、人民法院组织法和人民检察院组织法在内的 7 部法律[1]。新的选举法和地方组织法总结新中国成立以来的经验、教训，在选举制度和地方政权建设方面作了许多重要的改革。人民法院组织法和人民检察院组织法则对法院和检察院的组织、人员任免、职权等内容作了规定，使我国的人民司法制度得以迅速恢复。上述关于我国政治制度的相关法律在这一时期的相继制定，为 1982 年宪法打下了良好的基础。

（二）全面发展时期

党的十一届三中全会以后，我国的政治生活、经济生活和文化生活发生了深刻的变化，进入了一个新的历史时期，1978 年宪法已经不能适应新形势的需要，有必要对其进行系统修正。1980 年 8 月 30 日，中共中央向五届全国人大三次会议主席团提出《关于修改宪法和成立宪法修改

---

[1] 另三部法律为刑法、刑事诉讼法和中外合资经营企业法。五届全国人大二次会议通过 7 部法律，至今仍保持在一次全国人民代表大会上通过的法律数量最多的纪录。

委员会的建议》。1982 年 12 月 4 日，五届全国人大五次会议通过了现行宪法。自此，我国民主政治立法与国家的其他各项工作一样，进入了全面发展的新时期。此后，全国人民代表大会采用修正案的方式分别于 1988 年、1993 年、1999 年、2004 年和 2018 年对宪法进行了五次修改，共通过 52 条修正案。

1982 年宪法对国家政治体制作了若干重大修改，在通过宪法的五届全国人大五次会议上，根据宪法的规定，对全国人民代表大会组织法、国务院组织法、选举法、地方组织法进行了修改。此后，选举法和地方组织法伴随着我国民主政治制度的不断发展又进行了多次修改。1987 年和 1989 年，全国人大常委会议事规则和全国人民代表大会议事规则相继出台，标志着我国最高国家权力机关的议事制度日趋完善。2000 年，九届全国人大三次会议通过了立法法，这部法律对我国立法体制具有里程碑的意义。2006 年，十届全国人大常委会通过了各级人大常委会监督法，为人大监督工作开启新篇章。

民族区域自治制度是我国的一项基本政治制度，1984 年 5 月六届全国人大二次会议通过了民族区域自治法，2001 年九届人大常委会第二十次进行了修改。民族区域自治法是实施宪法规定的民族区域自治制度的基本法律，对发挥各族人民当家作主的积极性，发展平等、团结、互助的社会主义民族关系，巩固国家的统一，促进民族自治地方和全国社会主义建设事业的发展，发挥了巨大的作用。基层群众自治制度是中国特色社会主义民主政治的重要组成部分，为落实宪法关于基层群众自治制度的规定，六届全国人大常委会于 1987 年 11 月 24 日审议通过了村民委员会组织法（试行），并于 1998 年、2010 年进行了两次修改；1989 年 12 月 26 日七届全国人大常委会审议通过了城市居民委员会组织法。两部法律的制定，为我国基层群众自治制度奠定了坚实的法律基础。

为了维护国家主权和国家安全，全国人大及其常委会先后通过了国旗法、国徽法、缔结条约程序法、领海及毗连区法、专属经济区和大陆架法、国防法、反分裂国家法等一系列重要法律。

“一个国家，两种制度”是中国政府为实现国家和平统一而提出的基本国策。宪法和基本法共同构成特别行政区的宪制基础。基本法是根据宪法制定的、规定特别行政区制度的基本法律，在特别行政区具有宪制性法律地位。1990年4月七届全国人大三次会议通过了香港特别行政区基本法，1993年3月八届全国人大一次会议通过了澳门特别行政区基本法。两个基本法的颁布实施，对落实“一国两制”，保障香港、澳门的长期繁荣稳定发挥了重要作用。

（三）新时代新发展

党的十八大以来，以习近平同志为核心的党中央团结带领全国各族人民，统筹推进“五位一体”总体布局，协调推进“四个全面”战略布局，党和国家事业取得历史性成就，发生历史性变革，中国特色社会主义进入了新时代。在以习近平同志为核心的党中央坚强领导下，人民代表大会制度与时俱进，不断发展完善，我国民主政治立法迈出重大步伐。

2018年，十三届全国人大一次会议对宪法进行了第五次修改，把党的十九大确定的重大理论观点和重大方针政策特别是习近平新时代中国特色社会主义思想载入国家根本法，为新时代坚持和发展中国特色社会主义提供有力宪法保障。为贯彻落实党中央深化国家监察体制改革重大决策部署，在总结监察体制改革试点工作经验的基础上，十三届全国人大一次会议通过了监察法，对监察机关及其职责、监察权限范围和监督程序等作出规定，对于新形势下构建集中统一、权威高效的国家监察体系具有重要意义。

六年来，全国人大常委会先后通过了国家安全法、国家勋章和国家荣誉称号法、国歌法、英雄烈士保护法、监察法等法律，修改了选举法、地方组织法、代表法、立法法、人民法院组织法、人民检察院组织法，通过了关于设立国家宪法日的决定，关于实行宪法宣誓制度的决定，关于设立北京、上海、广州知识产权法院的决定等多个有关法律问题的决定，民主政治立法亮点纷呈，促进了以宪法为核心的中国特色社会主义法律体系的与时俱进、发展完善。

二、改革开放40年来我国民主政治立法的成就

（一）国家机构组织制度立法

——修改完善选举法，保障公民依法行使选举权和被选举权，实现人民当家作主

1953年2月中央政府委员会制定颁布了《中华人民共和国全国人民代表大会及地方各级人民代表大会选举法》，这是新中国第一部选举法。1979年7月1日，五届全国人大二次会议重新修订了选举法，适应社会主义现代化建设需要，对选举制度作了一些重要改革，使人民群众能够更加充分地行使当家作主权利，为人民代表大会制度注入新活力。此后，全国人大及其常委会于1982年、1986年、1995年、2004年、2010年和2015年先后对选举法进行了6次修改。选举法的修改，是中国特色社会主义选举制度的不断自我完善和发展，从人民民主是社会主义的生命的高度，不断增强人大代表选举的普遍性和平等性，保障人民自由地行使民主选举权利，增强人民群众当家作主的积极性。

1. 确立普遍平等的选举制度，逐步实现城乡按相同人口比例选举人大代表

1953年制定我国第一部选举法时，根据我国当时农村人口约占全国总人口80%的实际情况，对农村与城市每一代表所代表的人口数的比例作了不同的规定，即县为4∶1，省为5∶1，全国为8∶1。改革开放后，我国经济社会快速发展，城镇化不断推进，1995年修改选举法时，将全国

和省、自治区农村与城市每一代表所代表的人口数比例，统一修改为4:1。2010年修改选举法时，根据党的十七大的要求，实行城乡按相同人口比例选举人大代表，保障公民都享有平等的选举权，体现人人平等；保障各地方在国家权力机关有平等的参与权，各行政区域不论人口多少，都有相同的基本名额数，体现地区平等；保障各民族都有适当数量的代表，人口再少的民族，也要有一名代表，体现民族平等。根据我国经济社会发展实际，按照“三个平等”的原则实行城乡按相同人口比例选举人大代表，是坚持和完善人民代表大会制度的重要内容，是发展社会主义民主政治的重要举措，具有重大而深远的历史意义。

2. 明确规定地方各级人大代表名额，使地方各级人大代表名额规范化

1953年选举法曾对各级人大代表的名额作出规范，但后来代表名额不断增加，越来越多，不便于代表们充分讨论和决定问题。为实现地方代表名额规范化，把地方各级人大过多的代表名额减下来，1995年修改选举法，明确规定各级人大代表名额的确定原则是“基数加人口数”，不得超过选举法所规定的上限。选举法还规定，除因行政区划变动或者由于重大工程建设等原因造成人口较大变动外，地方各级人大代表总名额经确定后，不再变动，从而有力解决了我国各级人大代表名额的规范化问题。

3. 扩大直接选举范围，实行差额选举和无记名投票

普遍、直接选举和间接选举相结合、差额选举及无记名投票是我国选举制度的基本原则。1979年修订选举法，扩大了直接选举的范围，把直接选举的范围从乡（镇）一级扩大到乡（镇）和县两级；将原来人大代表选举中采用的等额选举修改为实行代表候选人名额多于应选代表名额的差额选举制，明确规定“全国和地方各级人民代表大会代表的选举，一律采用无记名投票的方法”。上述修改标志着我国民主政治建设迈出了重要一步。

4. 优化代表结构，保障人大代表的广泛性和代表性

人大代表应当具有广泛的代表性，这是人民代表大会制度的本质要求。1979年修订选举法时，明确规定每一个少数民族至少应有一名代表

参加全国人民代表大会。1982年修改选举法时，规定全国人大和归侨人数较多地区的地方人大，应当有适当名额的归侨代表；人口特少的民族在当地的人大中至少应有代表一人。1995年修改选举法，增加规定各级人大代表中应当有相当数量的妇女代表，并逐步提高妇女代表的比例。2010年修改选举法时，为更好地体现人大代表的广泛性和代表性，明确要求应当有适当数量的基层代表，特别是工人、农民和知识分子代表。

5. 防范、打击破坏选举行为，依法保障选民和代表的选举权

人大代表选举，对于发展社会主义民主，保障人民当家作主，加强国家政权建设，具有十分重要意义。2004年修改选举法，进一步完善对破坏选举的制裁，在行政处分和依法追究刑事责任规定的基础上，增加了治安管理处罚的规定。2010年修改选举法时，针对基层选举工作中出现的违反法定程序，妨碍选民和代表自由行使选举权的情况，强调各级人大代表的选举应当严格依照法定程序进行，并接受监督；任何组织或者个人都不得以任何方式干预选民或者代表自由行使选举权。同时明确对破坏选举行为的调查处理机关及其责任。2015年修改选举法，明确公民参加各级人大代表选举，不得直接或者间接接受境外资助，违反规定的，不列入代表候选人名单；已经列入名单的，予以除名；已经当选的，其当选无效。

从1979年到2017年，我国先后进行了11次乡级人大代表直接选举，10次县级人大代表直接选举，8次设区的市、自治州以上人大代表间接选举，顺利完成了各级人大的历次换届，依法产生了各级国家权力机关。实践证明，我国的选举法律制度适合中国国情，具有自身的优越性，为人民行使当家作主的权利提供了坚强有力的制度保障，对于坚持和完善人民代表大会制度，发展社会主义民主政治，具有十分重要的意义。

——制定全国人民代表大会组织法和全国人民代表大会议事规则、全国人大常委会议事规则，健全国家最高权力机关组织体系和议事制度

全国人民代表大会是最高国家权力机关，全国人大常委会是全国人

民代表大会的常设机关。全国人大及其常委会的组织制度、活动原则和运行规则是人民代表大会制度的重要组成部分，也是实现人民代表大会制度目标的重要体制机制。

现行全国人大及其常委会的组织和职权是1982年宪法确定的。1982年12月五届全国人大五次会议在通过现行宪法后，还通过了全国人大组织法；此后，总结党的十一届三中全会以来人大工作实践经验，适应政治体制改革和社会主义民主政治建设的需要，又制定了全国人大和全国人大常委会两个议事规则。这些法律对全国人大及其常委会的组织职权和工作程序等进行了详细规定，进一步健全了人大工作程序和制度，有利于代表和委员更好地依照民主的、法定的程序行使职权，提升审议质量和决策水平。

一是，进一步完善了全国人民代表大会和全国人大常委会的组织制度。全国人大组织法根据宪法规定，进一步规定大会主席团、常务主席、秘书处的组织和职能，规定了代表团在大会会议期间的作用；明确规定全国人大常委会委员长会议，负责处理常委会的重要日常工作；规定全国人大常委会设立办事机构和工作机构，作为全国人大及其常委会的集体参谋助手和服务班子；完善了全国人大专门委员会设置，规定了专门委员会的职权，并且特别规定了民族委员会、法律委员会（2018年修改宪法更名为宪法和法律委员会）、财经委员会和外事委员会的特殊职能。这些规定共同建立起一套科学严密、运转协调、务实高效的全国人大及其常委会组织制度，保障了全国人大及其常委会按照宪法的规定有效履行职能。

二是，确立了全国人大及其常委会的会议制度。全国人大组织法和两个议事规则明确了全国人大和常委会召开会议的时间，规定全国人大会议于每年第一季度举行，常委会会议一般两个月举行一次；全国人大议事规则对预备会议、主席团会议、全体会议、代表团全体会议和代表团小组会议等会议的形式作出了明确规定，全国人大常委会议事规则也将分组会议、联组会议用法律形式肯定了下来；具体规定了会议的发言规则和发言时间。全国人大组织法和两个议事规则对会议制度的规定，进一步使得全国人大及其常委会举行会议规范化、程序化、法制化，提高了议事效率。

三是，完善了全国人大及其常委会议事程序。议事程序是讨论决定问题的方式和步骤。所议事项不同、问题不同，适用的具体方式和步骤也有所不同。全国人大组织法和全国人大议事规则详细规定了议案提出的主体和程序、议案和法律草案的审议流程、表决形式以及公布法律和决议决定的形式。确保了全国人大常委会贯彻民主集中制原则，依照法定程序，集体讨论、集体决定事项。在充分审议讨论的基础上，按照少数服从多数的原则，进行表决。

——制定国务院组织法，保障国家最高行政机关组织法定化

1982年12月五届全国人大五次会议根据宪法的有关规定，总结新中国成立以来政府工作的实际经验和国务院机构改革的经验，重新制定了国务院组织法。1982年国务院组织法明确了国务院和各个部门实行首长负责制，进一步完善了国务院的领导体制。为了巩固政府机构改革的成果，坚持精干的原则，提高工作效率，克服官僚主义，国务院组织法首次统一规定了国务院各部门负责人副职的职数。为了保持政令的统一，防止政出多门，同时适当扩大部委的职权，减少国务院的事务，国务院组织法规定了部委重大事项应向国务院请示报告的制度，并且授权各部委可以根据法律和国务院的决定，在本部门的权限内发布命令、指示和规章。此外，考虑到以往部委的设置变动较多，此后随着国家行政管理体制和经济管理体制改革的逐步推行，势必还会有所变化，为了保持法律的稳定性和严肃性，国务院组织法不再列出国务院各组成部门的名称，规定了由全国人大决定，保持了国务院机构改革的灵活性。制定国务院组织法进一步健全了国务院的组织和各项工作制度，有利于为最高国家行政机关提高工作效率和工作质量提供法制保障。

——修改地方组织法，不断完善地方政权建设

地方组织法是关于我国地方政权制度的一部重要法律，自1979年重新修订后，于1982年、1986年、1995年、2004年和2015年先后作过五次修改，为地方各级人民代表大会和地方人民政府的组织完善、能力提高和作用的有效发挥提供了制度性保障。

一是，不断完善地方人大及其常委会设置，为地方国家权力机关履行职权提供组织保障。1979年五届全国人大第二次会议通过了地方组织法，规定在县级以上各级地方设立人大常委会。1982年修改地方组织法，明确了地方人大常委会主任会议处理常委会“重要日常工作”的职责。1986年修改的地方组织法明确了人民代表大会内部的委员会设置，细化了其内部分工；对县级以上各级地方人大常委会的组成人员进行了详细规定。1995年地方组织法修改规定县级以上地方各级人大常委会根据工作需要，除了设立办事机构外，还可以设立“其他工作机构”，“省、自治区的人民代表大会常务委员会可以在地区设立工作机构”，这使得各级人民代表大会常委会的内部组成结构更为完整。

二是，不断完善地方人大及其常委会的职权。1979年地方组织法明确规定了省、自治区、直辖市的人民代表大会有权制定和颁布地方性法规，同时明确县级以上地方各级人民代表大会行使的职权。1982年地方组织法修改，规定省会市和较大的市有权拟订地方性法规草案，提请省级人大常委会制定、公布。1986年地方组织法修改进一步明确规定了省会市和经国务院批准的较大的市可以制定地方性法规，报经省级人大常委会批准后施行。1995年地方组织法修改对县级以上地方各级人民代表大会的职权增加了“环境和资源保护”“保护各种经济组织的合法权益”的内容。此外，地方组织法还规定，县级以上的地方各级人大常委会设立代表资格审查委员会，负责审查代表的选举是否符合法律规定。

三是，不断加强县乡人大建设。1995年地方组织法修改，健全乡镇人大制度建设和组织建设，增加规定乡镇人大设主席、副主席。2004年、2015年地方组织法修改适当增加了市级和县级人大常委会组成人员的名额。2015年地方组织法修改又重点加强了县乡人大工作，明确乡镇人大主席团在闭会期间的职责，同时增加规定，市辖区、不设区的市的人大常委会可以在街道设立工作机构。此外，1995年、2004年地方组织法修改，将乡、镇人大和人民政府的任期由3年改为5年。

四是，完善地方国家机关领导人员实行差额选举制度。1995年修改地方组织法明确规定，人大常委会主任、秘书长，乡镇人大主席，人民政府正职领导人员，人民法院院长，人民检察院检察长的候选人数一般应多一人，进行差额选举；如果提名的候选人只有一人，也可以等额选举。人大常委会副主任，乡镇人大副主席，人民政府副职领导人员的候选人数应比应选人数多一人至三人，人民代表大会常务委员会委员的候选人数应比应选人数多十分之一至五分之一，由本级人民代表大会根据应选人数在选举办法中规定具体差额数，进行差额选举。1995年修改地方组织法时还规定，人大和政府换届后地方政府组成人员应当在两个月内提请本级人大常委会任命，从而对地方人民政府的组成进行了规范。

五是，完善地方各级人民政府的组成、职权和上下级关系。总结新中国成立以来地方行政机关组织和运行的经验，现行地方组织法不再列举县级以上人民政府所设立的工作部门，而是原则性规定工作部门的设立、增加、减少或者合并，由本级人民政府报请上一级人民政府批准，并报本级人大常委会备案；规定县级以上人民政府的各工作部门受人民政府统一领导，并且依照法律或者行政法规的规定受上级人民政府主管部门的业务指导或者领导，从而明确了上下级政府部门之间的关系。此外，地方组织法对县级以上地方政府设立派出机构以及地方政府规章的制定主体、权限范围和制定程序等作出了明确规定。上述规定使地方人民政府的组织、职权制度更为科学，更加适应实际需要。

——建立健全“两院”组织体系，保障司法公正

人民法院组织法和人民检察院组织法是规定人民法院和人民检察院机构设置及其职责权限的重要法律，是我国司法制度的支柱性法律。现行“两院”组织法于1979年7月颁布，对构建“两院”组织体系、确立社会主义司法制度发挥了重要作用。

1979年法院组织法承袭了1954年法院组织法的主要思想和大部分内容。一是，确立“法院依照法律规定独立行使审判权，不受行政机关、社会团体和个人的干涉”的司法原则；确立法律面前人人平等的审判原则。二是，关于人民法院的任务。总结“文革”教训，加强法院在保障公民权利中的作用，增加了“保护公民私人所有的合法财产，保护公民的人身权利、民主权利和其他权利”。三是，确立了人民法院的体制。各级人民法院由同级人大产生，向它负责并报告工作。四是，关于人民法院的设置、审级及内部机构。人民法院分为基层人民法院、中级人民法院、高级人民法院和最高人民法院共四级，四级法院各有职责。各级人民法院设刑事审判庭和民事审判庭，在必要时可以设其他审判庭。这些规定，体现了便利人民诉讼的原则。五是，确立了包括公开审判、陪审、合议、辩护、回避和审判委员会等审判制度，以及上诉和审判监督制度，体现有错必纠的原则；规定了死刑复核制度，体现了慎用死刑和少杀政策。

1979年检察院组织法首要的问题是明确检察机关是国家的法律监督机关，取消了检察机关“一般监督”的职能在1982年宪法上得到确认。结合我国情况，检察院组织法还解决了以下几个问题：一是，理顺了检察机关与权力机关的关系。规定检察机关由人民代表大会产生，并对它负责，受它监督，这就表明我国实行的是人民代表大会制度，而不是西方的三权分立。二是，理顺了检察机关与行政机关的关系，明确规定：“人民检察院依照法律规定独立行使检察权，不受其他行政机关、团体和个人的干涉。”三是，理顺了检察机关上下级关系。把检察院上下级关系由原来的监督关系改为领导关系，地方各级人民检察院对同级人民代表大会及其常务委员会负责并报告工作，同时受上级人民检察院领导，以保证检察院对全国实行统一的法律监督。

随着我国经济社会的发展，我国的司法体制、司法权力的运行机制也在不断完善和发展，尤其是党的十八大以来，以习近平同志为核心的党中央为提高司法公信力，保障公正司法，对深化司法体制改革作出一系列决策部署，取得良好成效。2018年10月全国人大常委会对“两院”组织法作了全面修订，新修订的“两院”组织法完善了法院、检察院的设置、职权和法院的审判组织、检察院的办案组织，明确了司法责任制、司法人员分类管理和法官、检察官实行员额制，完善了法院、检察院行使职权的保障。这次修法贯彻落实党中央的决策部署，把中央确定了并经过试点实践的司法体制改革事项在法律中予以落实，通过立法确认和巩固司法体制改革成果，为继续深化改革提供法律支撑，为建设公正高效权威的社会主义司法制度提供组织保障。

——制定监察法，构建集中统一、权威高效的监察体制

我国1982年宪法规定，国务院“领导和管理民政、公安、司法、行政和监察等工作”，由此确立了行政监察在我国政治体制中的地位。1986年，六届全国人大常委会第十八次会议通过设立中华人民共和国监察部的决定。1993年2月，根据中共中央、国务院的决定，监察部与中国共产党中央纪律检查委员会的机关合署办公。为了加强监察工作，1997年八届全国人大常委会第二十五次会议通过行政监察法，2010年十一届全国人大常委会第十五次会议对行政监察法进行了修改。行政监察法实施过程中，主要存在以下问题：一是监察范围过窄。在国家监察体制改革之前，党内监督已经实现全覆盖，而依照行政监察法的规定，行政监察对象主要是行政机关及其工作人员，还没有做到对所有行使公权力的公职人员全覆盖。二是反腐败力量分散。国家监察体制改革之前，党的纪律检查机关依照党章党规对党员的违纪行为进行审查，行政监察机关依照行政监察法对行政机关工作人员的违法违纪行为进行监察，检察机关依照刑事诉讼法对国家工作人员职务犯罪行为进行查处，反腐败职能既分别行使，又交叉重叠，没有形成合力。同时，检察机关对职务犯罪案件既行使侦查权，又行使批捕、起诉等权力，缺乏有效监督机制。

党的十八大以来，以习近平同志为核心的党中央坚持反腐败无禁区、全覆盖、零容忍，以雷霆万钧之势，坚定不移“打虎”“拍蝇”“猎狐”，在深入开展反腐败斗争的同时，积极推进深化国家监察体制改革并作出重大决策部署。改革的目标是，整合反腐败资源力量，加强党对反腐败工作的集中统一领导，构建集中统一、权威高效的中国特色国家监察体制，实现对所有行使公权力的公职人员监察全覆盖；组建党统一领导的反腐败工作机构即监察委员会，将行政监察部门、预防腐败机构和检察机关查处贪污贿赂、失职渎职以及预防职务犯罪等部门的工作力量整合起来，把反腐败资源集中起来，把执纪和执法贯通起来，形成合力。

2016年12月，十二届全国人大常委会第二十五次会议通过《全国人民代表大会常务委员会关于在北京市、山西省、浙江省开展国家监察体制改革试点工作的决定》。根据党的十九大精神，经过一年多的实践，在认真总结三省市试点工作经验的基础上，2017年11月，十二届全国人大常委会第三十次会议通过《全国人民代表大会常务委员会关于在全国各地推开国家监察体制改革试点工作的决定》。

2018年1月18日至19日，党的十九届二中全会审议通过了《中共中央关于修改宪法部分内容的建议》。1月29日至30日，十二届全国人大常委会第三十二次会议决定将《中华人民共和国宪法修正案（草案）》提请十三届全国人大一次会议审议。3月11日，十三届全国人大一次会议通过了宪法（修正案）。为了贯彻和体现深化国家监察体制改革的精神，为成立监察委员会提供宪法依据，宪法修正案（草案）在宪法第三章“国家机构”第六节后增加一节，作为第七节“监察委员会”，就国家监察委员会和地方各级监察委员会的性质、地位、名称、人员组成、任期任届、领导体制、工作机制等作出规定。与此相适应，还对宪法的其他相关条款作了修改。3月20日十三届全国人大一次会议通过了监察法。

根据宪法规定的基本原则和制度，监察法明确对所有行使公权力的公职人员实行监察全覆盖；监察委员会依照法律规定履行监督、调查、处置职责，对公职人员对其依法履职、秉公用权、廉洁从政从业以及道德操守情况进行监督检查，对涉嫌贪污贿赂、滥用职权、玩忽职守、权力寻租、利益输送、徇私舞弊以及浪费国家资财等职务违法和职务犯罪进行调查，对违法的公职人员依法作出政务处分决定；对履行职责不力、失职失责的领导人员进行问责；对涉嫌职务犯罪的，将调查结果移送人民检察院依法审查、提起公诉；向监察对象所在单位提出监察建议。监察法赋予了监察机关必要的权限：一是，规定监察机关在调查职务违法和职务犯罪时，可以采取谈话、讯问、询问、查询、冻结、搜查、调取、查封、扣押、勘验检查、鉴定等措施；二是，被调查人涉嫌贪污贿赂、失职渎职等严重职务违法或者职务犯罪，监察机关已经掌握其部分违法犯罪事实及证据，仍有重要问题需要进一步调查，并有涉及案情重大、复杂，可能逃跑、自杀，可能串供或者伪造、隐匿、毁灭证据等情形之一的，经监察机关依法审批，可以将其留置在特定场所；留置场所的设置和管理依照国家有关规定执行。为保证监察机关正确行使权力，监察法对监督、调查、处置工作程序作出严格规定。按照“打铁必须自身硬”的要求，监察法规定监察机关和监察人员要接受人大监督，强化自我监督，明确监察机关与审判机关、检察机关、执法部门互相配合，互相制约的机制。

监察法是反腐败国家立法，是一部对国家监察工作起统领性和基础性作用的法律。通过制定监察法，把党的十八大以来在推进党风廉政建设和反腐败斗争中形成的新理念、新举措、新经验以法律形式固定下来，对于保证依规治党与依法治国、党内监督与国家监察有机统一，保障反腐败工作在法治轨道上行稳致远。推进国家治理体系和治理能力现代化，意义重大、影响深远。

（二）制定民族区域自治法，发展完善民族区域自治制度

在国家统一领导下，各少数民族聚居的地方实行区域自治，是我国解决民族问题的基本政策和重要政治制度，共同纲领和1954年宪法对此均作出明确规定。1981年6月，党的十一届六中全会通过的《关于建国以来党的若干历史问题的决议》指出："必须坚持实行民族区域自治，加强民族区域自治的法制建设，保障各少数民族地区根据本地实际情况贯彻执行党和国家政策的自主权。"1982年宪法的颁布施行，为制定通过民族区域自治法提供了宪法保障。1984年5月31日六届全国人大常委会第二次会议通过了民族区域自治法，并于同年10月1日起施行。

1984年制定的民族区域自治法的主要内容包括：民族自治机关的自治权、民族自治地方自治机关及其组成、上级国家机关对民族自治地方的职责、地方自治机关处理民族自治地方内民族关系的原则等。这部民族区域自治法，总结和完善了我国实行民族区域自治的经验，是民族区域自治制度的规范化、法律化，对于促进民族自治地方的政治、经济和文化的全面发展，逐步实现各民族间事实上的平等，具有里程碑的意义。

随着我国改革开放和社会主义现代化建设事业的发展，社会主义市场经济体制的建立，我国社会面貌发生了巨大变化，民族区域自治法原来的一些规定，特别是财政经济方面的规定已不适应新的情况，亟待调整和修改，国家对民族自治地方某些扶持和照顾的政策，也需相应作一些调整，2001年全国人大常委会对民族区域自治法作了修改，重点是突出加快民族自治地方经济社会全面发展方面：一是加重了上级国家机关帮助民族自治地方的职责；二是明确规定了上级国家机关加大对民族地区的各项投入，包括加大财政投入、基础设施建设投入、资源开发投入、

环境保护和生态建设投入、扶持民族贸易和对外贸易投入、教育和文化投入、扶贫开发投入和金融信贷投入等；三是明确规定了上级国家机关组织、支持和鼓励经济发达地区与民族自治地方开展多层次、多方面的对口支援，帮助和促进民族自治地方经济、教育、科学技术、文化、卫生、体育事业的发展。2001年对民族区域自治法的修改，是根据社会主义市场经济条件下进一步加快民族自治地方经济社会事业发展的需要，充分尊重和体现民族自治地方各族人民意愿，使这一法律更加完善。民族区域自治法的实施充分证明，采用民族区域自治来解决我国的民族问题是成功的，是符合中国国情和各民族共同利益的正确选择。

（三）制定立法法，完善立法体制，推进科学立法、民主立法、依法立法

立法是通过法定程序将党的主张和人民意志法律化、制度化的重要政治活动。改革开放40年来，我国的立法体制经历了一个不断发展和完善的过程。1982年宪法之前，我国实行高度集中统一的立法体制。1982年宪法确立了统一的、分层次的立法体制，全国人大及其常委会行使国家立法权，国务院可以根据宪法和法律制定行政法规，省、自治区、直辖市人大及其常委会在不同宪法、法律、行政法规相抵触的前提下，可以制定地方性法规。地方组织法经过1982年、1986年和1995年的修改，赋予省、自治区的人民政府所在地的市和国务院批准的较大的市地方立法权，报省、自治区人大常委会批准后施行。

总结1982年以后我国立法工作的经验，2000年九届全国人大三次会议通过的立法法，对立法权限、立法程序、法律解释以及备案审查作出全面规定，发展和完善了我国的立法体制，是我国立法制度发展的里程碑。第一，立法法对全国人大及其常委会的专属立法权作列举式规定，明确国家主权的事项，民族区域自治制度、特别行政区制度、基层群众

自治制度，犯罪和刑罚，对公民政治权利的剥夺、限制人身自由的强制措施和处罚，对非国有财产的征收，民事基本制度，基本经济制度以及财政、税收、海关、金融和外贸的基本制度，诉讼和仲裁制度等只能制定法律。立法法由此明晰了法律、行政法规和地方性法规的权限范围，是对宪法关于发挥中央与地方“两个积极性”原则、民主集中制原则在立法体制上的具体化，是一项国家治理的基础性制度。第二，对立法程序作了全面规定，如列入常委会会议议程的法律案，一般应当经三次常委会会议审议后再交付表决的“三审制”、法律草案由法律委员会（现更名为“宪法和法律委员会”）根据常委会组成人员、有关的专门委员会的审议意见和其他各方面的意见，进行“统一审议”的制度，对法律草案采取座谈会、论证会、听证会和向社会公布征求意见等多种形式听取各方面的意见，等等。第三，对备案审查制度作出规定，法律规定的国家机关认为行政法规、地方性法规自治条例和单行条例同宪法或者法律相抵触的，可以向全国人大常委会书面提出进行审查的要求；公民、社会团体、企业事业组织等可以向全国人大常委会提出审查建议。

贯彻落实党的十八大和十八届三中、四中全会决策，2015 年十二届全国人大三次会议对立法法进行修改，一是赋予所有设区的市和自治州地方立法权，在立法权限范围上限于城乡建设与管理、环境保护、历史文化保护等方面的事项；二是为实现立法和改革决策相衔接，做到重大改革于法有据、立法主动适应改革和经济社会发展需要，增加规定，全国人大及其常委会可以根据改革发展的需要，决定就行政管理等领域的特定事项授权在部分地方暂停适用法律的部分规定；三是对规章的权限作了进一步规范，明确没有法律或者国务院的行政法规等上位法依据，规章不得设定减损公民、法人和其他组织权利或者增加其义务的规范；四是增加发挥人大在立法工作中的主导作用，深入推进科学立法、民主立法的规定，如加强和改进法律起草机制，增加法律通过前评估、法律清理、制定配套规定、立法后评估等措施，增加对审议中个别意见分歧较大的重要条款设立单独表决制度，等等。

（四）监督法出台“20 年磨一剑”，夯实人大监督工作

加强对公权力的制约和监督，是社会主义民主政治的重要任务。改革开放 40 年来，我国不断加强和完善监督体系，丰富和发展监督方式，推进监督工作取得实效。人民代表大会制度是我国的根本政治制度。监督宪法和法律的实施，监督政府、法院、检察院的工作，是人大及其常委会的一项重要职责。监察机关成立后，对监察机关的监督，也同样成为人大监督的重要内容。

20 世纪 80 年代，我国的民主政治与法制建设不断发展，各级人大及其常委会的工作取得很大进展。但是，由于缺乏可操作性的具体法律规定，国家权力机关的监督较为薄弱，甚至被认为是一个尚未破解的难题。六届全国人大常委会自 1986 年起开始酝酿人大监督的制度化、规范化，1990 年 3 月，党的十三届六中全会通过的《关于加强党同人民群众联系的决定》中，建议全国人大常委会拟定实行工作监督和法律监督的监督法。七届、八届、九届全国人大常委会先后三次组织专门班子进行起草，监督法（草案）于 2002 年 8 月提请九届全国人大常委会第二十九次会议初次审议，2004 年 8 月十届全国人大常委会第十一次会议再次进行了审议，2006 年 8 月，十届全国人大常委会第二十三次会议对监督法草案进行了第四次审议，并表决通过了监督法。从酝酿起草到最终出台，历经六届至十届共五届全国人大，历时 20 年。

监督法坚持从我国国情和实际出发，区别不同情况作出规定，显示了“三个突出”的特点。一是，突出监督形式，规定了多种监督方式。这些方式分别是听取和审议“一府两院”的专项工作报告；对计划、预算执行情况的监督；执法检查；规范性文件的备案审查；询问和质询；特定问题调查；审议和决定撤职案。关于监督方式，稳妥地处理了人大

监督和坚持党管干部原则的关系，人大监督与法院、检察院依法独立行使职权的关系。二是，突出监督内容，反映人大代表和人民群众普遍关心的问题。监督为民的理念在监督法中被提升为一种制度设计，根据监督法的规定，常委会确定听取和审议“一府两院”的专项工作报告，包括本级人大常委会在执法检查中发现的突出问题，本级人大代表提出的建议、批评和意见集中反映的问题等六大途径。常委会每年听取和审议专项工作报告前，将年度计划向社会公布，并将各方面的意见加以汇总整理，交由“一府两院”研究并在专项报告中作出回应，以使人民群众普遍关心的问题能够得到充分反映和切实解决。三是，突出监督效果，注重针对性和实效性。为此，监督法规定，人大常委会每年选择若干关系改革发展稳定大局和群众切身利益、社会普遍关注的重大问题，有计划地安排听取和审议本级政府、法院、检察院的专项工作报告、开展执法检查。对决算草案和预算执行情况报告，重点审查预算收支平衡等情况。常委会组成人员对专项工作报告、计划执行情况报告、预算执行情况报告、执法检查报告等的审议意见和执法检查报告，分送“一府两院”研究处理。

监督法的诞生，对推动我国民主政治具有非同寻常的意义。监督法颁布后“围绕中心、突出重点、增强实效”的工作思路更加清晰，监督形式更加完善，为人大监督注入了新的时代元素，人大监督不再那么遥不可及。

（五）制定村民、居民委员会组织法，发展完善基层群众自治制度

——村民自治制度的发展完善

党的十一届三中全会以后，农村普遍推行了家庭联产承包责任制，一些村庄一度出现公共事业无人管理的无序状态。在这种情况下，有的

地方自发成立了村民委员会这一新的农村基层组织形式，得到了党中央和全国人大常委会、国务院的高度重视。1982 年宪法第一百一十一条规定："城市和农村按居民居住地区设立的居民委员会或者村民委员会是基层群众性自治组织……居民委员会、村民委员会设人民调解、治安保卫、公共卫生等委员会，办理本居住地区的公共事务和公益事业，调解民间纠纷，协助维护社会治安，并且向人民政府反映群众的意见、要求和提出建议。"

1987 年 3 月，六届全国人大五次会议审议并原则通过了村委会组织法（草案），鉴于对村委会与乡政府的关系意见分歧较大，会议决定暂不付表决，授权全国人大常委会进一步调查研究，总结经验，审定修改后颁布试行。1987 年 11 月 24 日，六届全国人大常委会第二十三次会议表决通过了《中华人民共和国村民委员会组织法（试行）》。村委会组织法（试行）对村委会的性质、地位、职责、产生方式、组织机构和工作方式以及村民会议的权力和组织形式等都作了比较具体、全面的规定，村委会的法律地位得以明确。1998 年 11 月 4 日，九届全国人大常委会第五次会议表决通过了《中华人民共和国村民委员会组织法》。与 1987 年制定的村委会组织法（试行）相比，该法在村委会选举方面有较大的完善，同时还完善了村委会民主决策和民主监督制度，增加了农村基层党组织的领导、村委会成员的罢免、村务公开等内容。

随着农村经济社会的发展，特别是城乡户籍制度、农村税费制度改革的深化，在实行村民自治中也遇到一些新的情况和问题，2010 年 10 月 28 日，十一届全国人大常委会第十七次会议修订通过了村委会组织法，进一步完善了村委会选举和罢免程序，健全了村民会议、村民代表会议、村民小组会议，以及村务监督机构等民主决策、民主管理、民主监督等方面的制度，强化了民主评议等方面的规定，对进一步完善中国特色社会主义基层群众自治制度，调动广大农民群众的积极性、主动性和创造性，促进农村改革发展稳定将发挥重要作用。

——城市居民自治制度的发展完善

居民委员会是居民自我管理、自我教育、自我服务、自我监督的基层群众性自治组织，是中国人民民主专政和城市基层政权的重要基础，也是党和政府联系人民群众的桥梁和纽带之一。新中国成立以后，全国人大常委会于1954年制定了《城市居民委员会组织条例》，这是新中国基层群众自治的第一部法律，标志着基层群众自治的起步。为了适应城市形势发展的需要，1989年12月，七届全国人大常委会第十一次会议通过了城市居民委员会组织法。居民委员会组织法对居民委员会的任务、规模和机构设置、居民委员会的组成人员及其产生方法、居民委员会的任期等作了规定。该法的实施对于我国城市基层群众性自治组织的建设和发展发挥了非常重要的作用。

三、改革开放40年来我国民主政治立法的基本经验

改革开放40年来，我国民主政治立法取得了巨大成就，同时也积累了许多宝贵经验。概括起来，主要有以下几条：

（一）坚持党的领导、人民当家作主、依法治国有机统一

习近平总书记指出：“在中国，发展社会主义民主政治，保证人民当家作主，保证国家政治生活既充满活力又安定有序，关键是要坚持党的领导、人民当家作主、依法治国有机统一。”民主政治立法，是对我国社会主义民主政治制度的确认和保障，是把党的主张和人民的意志通过法定程序转化为国家意志的过程，具有很强的政治属性，必须毫不动摇坚持党对立法工作的领导。人民民主是社会主义的生命，党的主张通过最高国家权力机关以立法的形式成为国家意志，充分体现了人民当家作主这一社会主义民主政治的本质属性，反映了我国各族人民的共同意志和

根本利益，为党和国家兴旺发达、长治久安提供了更加坚实的群众基础。人民代表大会制度是我国根本政治制度，是中国特色社会主义民主政治的核心内容，是实现三者有机统一的制度载体。党中央确立大政方针，提出政策主张，全国人大及其常委会通过立法使之上升为国家意志，并监督“一府一委两院”执行，保证宪法和法律得到严格实施，保证党的主张得到切实贯彻。人民代表大会制度正是通过这样一种机制来实现坚持党的领导、人民当家作主和依法治国三者有机统一，实现民主与集中、民主与效率的统一。实践证明，这样一种制度是最适合我们国家的性质和国情的政治制度，具有极大的优势。

在立法工作中，坚持三者有机统一，最重要的是在立法工作中自觉贯彻党的基本理论、基本路线、基本方略，自觉在思想上、政治上、行动上同以习近平同志为核心的党中央保持高度一致，坚持以习近平新时代中国特色社会主义思想为指导，坚持走中国特色社会主义道路，确保党中央重大决策部署在立法工作中得到有效贯彻落实。例如，党的十八大和十八届三中、四中全会对完善立法体制，推进科学立法、民主立法提出了明确要求。2015 年十二届全国人大三次会议对立法法进行了修改，修改后的立法法，落实十八届三中全会的重要举措有 6 项，落实十八届四中全会的重要举措有 17 项，共计 23 项。再如，深化国家监察体制改革是以习近平同志为核心的党中央作出的一项事关全局的重大决策。自 2016 年 10 月接到任务组成工作专班后，上至全国人大常委会党组，下至法工委国家法室全体同志，旗帜鲜明讲政治，在政治立场方向上同党中央保持高度一致，认真学习、深刻领会党中央决策精神，切实把思想统一到中央决策部署和习近平总书记重要讲话精神上来，迅速统一思想，认真负责开展工作，坚定不移、不折不扣地贯彻落实党中央的决策部署，按照党中央确定的时间表和路线图，坚决完成好两个试点决定和监察法草案两次常委会审议和代表大会审议的任务，监察法高票通过，为深化国家监察体制改革依法顺利推进提供有力的法治保障。

坚持党对立法工作的领导，还体现在党中央对主题重大、政治敏感、情况复杂、社会关注度高的重要法律制定工作的领导，特别是民主政治方面的重要法律，在起草工作启动后，要向党中央报告，法律草案基本成熟后，在提请全国人大或者常委会审议前，要向党中央报告。国家法室参与的民主政治方面的立法项目都经过了向党中央请示报告的程序，有的于一审请示，有的在通过前请示，立法法、国歌法、监察法都经过了两次请示。

（二）不断推进社会主义民主政治的制度化、规范化、程序化

党的十九大报告明确指出，“要长期坚持、不断发展我国社会主义民主政治，积极稳妥推进政治体制改革，推进社会主义民主政治制度化、规范化、程序化”。从制度上保障和发展人民民主，这是我们党对社会主义民主建设规律认识的一个重大转变，对于发展社会主义民主政治具有十分重要的意义。党的十一届三中全会以来，我们党深刻总结我国社会主义法治建设的成功经验和深刻教训，提出为了保障人民民主，必须加强法治，必须使民主制度化、法律化，党的十五大把依法治国确定为党领导人民治理国家的基本方略，党的十八大进一步提出全面依法治国，把依法执政确定为党治国理政的基本方式，积极建设社会主义法治，取得历史性成就。

社会主义民主政治的制度化、规范化、程序化就是为人民行使民主权利提供法定的制度和程序保障，并对人民及其代表的民主活动或国家机关行使职权的活动加以法律规范，实现社会主义民主政治法治化。改革开放40年来，我国社会主义民主政治不断发展，民主政治法治化水平不断提高。一方面，不断推进国家政权机构的规范化、制度化。改革开放后，通过修改宪法和选举法、代表法、全国人大组织法、地方组织法，不断完善和发展人民代表大会制度，人民代表大会的地位和作用不断加

强。通过制定国务院组织法、监察法，修改人民法院、人民检察院组织法，完善国家机关的组织和职权，通过制定村民委员会组织法、居民委员会组织法，积极推进城乡基层群众自治，扩大基层民主，实现村民、居民从民主选举向民主决策、民主管理和民主监督纵深发展。另一方面，不断推进权力运行和权利行使的程序化。社会主义民主政治建设包括民主运行机制、决策机制、监督机制、参与方式、实现方式等方面和环节，都离不开科学的运行程序。改革开放以来，我们通过一系列立法不断推进权力运行和权利行使的科学化、程序化。为推进科学立法、民主立法，提高立法质量，通过修改立法法，完善立法程序，扩大公民有序参与立法的途径，完善法律草案表决程序，完善立法公开制度等。为健全全国人大及其常委会会议制度，提高议事效率和水平，通过全国人大组织法和两个议事规则明确了全国人大和常委会召开会议的时间、会议形式以及会议的发言规则和发言时间等。

（三）不断扩大人民民主，保障人民各项民主权利

我国是人民当家作主的社会主义国家，人民当家作主是社会主义民主政治的本质和核心。党的十九大报告提出："发展社会主义民主政治就是要体现人民意志、保障人民权益、激发人民创造活力，用制度体系保证人民当家作主。"在我国，人民代表大会制度是人民当家作主的重要途径和最高实现形式。这个制度安排保障人民依法实行民主选举、民主协商、民主决策、民主管理、民主监督，保障人民享有宪法和法律规定的广泛的民主自由和权利；保障人民依照法律规定，通过各种途径和形式，管理国家事务，管理经济和文化事业，管理社会事务。在这个制度安排下，人民通过普遍的民主选举，产生自己的代表，组成各级人民代表大会，各级人民代表大会都对人民负责、受人民监督；其他国家机关都由同级人民代表大会产生，对人大负责、受人大监督，这些国家机关的权

力都来自人民代表大会，追根溯源，都来自人民。40年来，我们6次修改选举法，完善选举制度，直接选举的范围从乡镇扩大到县，实行普遍的差额选举，实现城乡按照相同人口比例选举人大代表，先后进行了11次乡级人大代表直接选举、10次县级人大代表直接选举，充分保障了人民的选举权和被选举权，实现人民当家作主。我们制定和修改代表法，规范和保障代表行权履职，充分发挥代表作用。我们5次修改地方组织法，不断完善地方各级人大及其常委会的设置和职权，2015年地方组织法修改又重点加强了县乡人大工作，明确乡镇人大主席团在闭会期间的职责，同时增加规定，市辖区、不设区的市的人大常委会可以在街道设立工作机构。还完善了地方国家机关领导人员实行差额选举制度，规定地方国家机关领导人员正职候选人数一般应多一人，进行差额选举；如果提名的候选人只有一人，也可以等额选举。副职领导人候选人数应比应选人数多一人至三人。

人民是当家作主的主人和国家政治生活的主体，这不仅通过人民代表大会制度，而且也通过人民群众广泛的政治参与体现出来。我们通过相关方面的民主政治立法，不断扩大公民有序政治参与，健全民主制度，丰富民主形式，拓宽民主渠道，从各个层次、各个领域扩大公民有序政治参与，保障人民的知情权、参与权、表达权、监督权，不断扩大和保障广大人民的民主权利。以立法工作为例，通过修改立法法，积极推进民主立法、“开门”立法。对于与群众切身利益密切相关的法律，通过向社会全文公布法律草案等形式，广泛听取各方面尤其是基层群众的意见。在涉及人民群众切身利益的立法或者政府决策中实行听证制度。2005年9月27日，全国人大首次举行立法听证会，就修改个人所得税法涉及的工薪所得减除费用标准问题，直接听取公众和有关方面意见。此外，通过制定城市居民委员会组织法、制定和修改村民委员会组织法，加强基层群众自治；制定和修改民族区域自治法，使民族区域自治制度规范化、法律化，保障各少数民族地区根据本地实际情况贯彻执行党和国家政策的自主权。为保障人民群众对司法工作的知情权、参与权和监督权，2018年“两院”组织法修订草案曾规定，人民法院、人民检察院坚持司法民主，人民群众对法院、检察院工作享有知情权、参与权和监督权。考虑到司法民主的概念比较宽泛，而且与司法责任制原则不太协调，二审时删去司法民主的表述。修订草案三审稿根据审议意见，又增加人民法院、人民检察院应当接受人民群众监督的表述，体现人民群众对法院、检察院工作享有一般监督权。最后新修订的“两院”组织法规定，人民法院、人民检察院应当接受人民群众监督，人民群众对法院、检察院工作享有知情权、参与权和监督权。保障人民群众对司法工作的参与权，充分体现了中国特色社会主义司法制度的人民性，也有利于保证司法公正、提升司法公信力。

（四）立足中国国情，坚定不移走中国特色社会主义民主政治发展道路

改革开放40年我国民主政治领域的立法，坚持从中国国情和实际出发，坚定不移走中国特色社会主义政治发展道路。民主政治立法，必须符合我国国情实际，才能够行得通、真管用。习近平总书记深刻指出：“设计和发展国家政治制度，必须注重历史和现实、理论和实践、形式和内容有机统一。要坚持从国情出发、从实际出发，既要把握长期形成的历史传承，又要把握走过的发展道路、积累的政治经验、形成的政治原则，还要把握现实要求、着眼解决现实问题，不能割断历史，不能想象突然就搬来一座政治制度上的‘飞来峰’。”我国仍处于并将长期处于社会主义初级阶段的基本国情没有变。经济基础决定上层建筑，民主政治立法必须牢牢立足社会主义初级阶段这个最大实际。改革开放40年来，我国的民主政治立法始终将坚持和发展新时代中国特色社会主义的伟大实践作为立法基础，深深根植于我们自己国家广袤的土地上，体现中国

特色、时代特色、实践特色、民族特色，并随着时代和实践的发展而发展。我们从国情和实际出发，适应经济社会发展和民主法治建设的需要，借鉴人类政治文明有益成果，坚持和完善人民代表大会制度，不断推进社会主义政治制度的自我完善和发展。

改革开放40年的民主政治立法，坚持和完善人民代表大会制度，清醒把握我国人民代表大会制度与西方国家政治制度的区别。一是，坚持人民代表大会制度，不搞三权鼎立。西方有些资本主义国家实行行政、立法、司法“三权鼎立”的政治体制，三机关之间相互制约、相互掣肘。我国的人民代表大会制度就是按照民主集中制原则组织和运作的国家政权制度，它由各级人民代表大会代表人民统一行使国家权力，“一府一委两院”由本级人大产生，对本级人大负责，受本级人大监督。各国家机关虽然分工不同、职责不同，但目标是完全一致的，都由中国共产党统一领导，在各自职权范围内贯彻落实党的路线方针政策和宪法法律，围绕党和国家工作大局开展工作，共同为建设中国特色社会主义服务。我们国家的这样一种政权制度，充分体现了民主与集中的统一，既十分有利于维护和保证人民当家作主，充分调动广大人民建设国家的积极性，又十分有利于国家机关对经济、政治、文化、社会事务的高效管理，具有很强的科学性、合理性，只要切实加以贯彻实施，是有很大优势的。

二是，实行人民代表大会一院制，不搞两院制。在1982年宪法起草修改过程中，有一种意见主张搞“两院制”，主张设“地方院”和“社会院”两个院，共同行使立法和其他属于全国人大的职权。当时收集研究了33个国家的宪法，发现资本主义国家有实行一院制的，社会主义国家也有实行两院制的。比如，苏联就是两院制，东欧前社会主义国家也有一些实行两院制。是实行一院制，还是实行两院制，归根结底要从本国国情和实际出发，适合一院制就实行一院制，适合两院制就实行两院制，而不能从本本出发。最后，1982年宪法没有采纳“两院制”的方案，采取了扩大全国人大常委会职权和加强它的组织的措施，来加强人民代表大会制度建设和人大工作。

（五）循序渐进，积极稳妥发展社会主义民主政治

民主政治制度的发展往往要受到一个国家政治、经济、文化发展水平的制约。一个国家民主政治的发展，必须与本国的历史和国情相适应，必须根据本国的实际情况，循序渐进，积极稳妥地发展。我们发展社会主义民主政治，进行政治体制改革，根本目的是增加和扩大社会主义民主政治的优势与特点，而不是相反。每个国家的政治制度都是独特的，都是在这个国家历史传承、文化传统、经济社会发展的基础上长期发展、渐进改进、内生性演化的结果。没有离开国家历史和文化传统的政治制度，任何一个有生命力的政治制度一定是扎根于本民族的历史文化土壤之中的。而且，一个比较完善的政治制度都是长期发展、渐进改进、内生性演化的结果，不会一蹴而就。

改革开放40年来，我国社会主义民主政治沿着正确的轨道积极稳妥推进发展，民主政治立法也随着民主政治的发展循序渐进地发展完善。以我国选举制度的发展为例，“普遍性”和“平等性”是我国制定第一部选举法时就确立的我国选举制度的基本原则。1953年制定我国第一部选举法时，根据我国当时农村人口约占全国总人口80%的实际情况，对农村与城市每一代表所代表的人口数的比例作了不同的规定，即县为4∶1，省为5∶1，全国为8∶1。邓小平同志当时做选举法草案的说明，他对这个问题阐述得非常清楚。他说：“现在我们规定是不平等的，但是只有这样规定才能反映我们国家的现实生活，才能使国家各个阶层在我们国家人大代表中有相当地位的代表。”同时，他也说，“随着我国政治经济文化的发展，我们将来一定要采取更为完备的选举制度，过渡到更为平等、完全平等的选举”。我们从小平同志的讲话中可以看到，当时不同的比例是和我们当时政治经济文化的发展相适应的，是针对当时的情况作出的

规定。改革开放后，我国经济社会快速发展，城镇化不断推进，社会结构发生深刻变化，因此，1995年修改选举法时，缩小农村与城市每一代表所代表的人口数的比例，将全国和省、自治区农村与城市每一代表所代表的人口数比例，统一修改为4∶1。应当说，做这样的区分，也是与当时的城乡人口结构比例相适应的。党的十七大提出，要坚定不移地发展社会主义民主，扩大人民民主，保证人民当家作主，建议逐步实行城乡按相同人口比例选举人大代表。贯彻落实党的十七大要求，2010年修改选举法时，实行城乡按相同人口比例选举人大代表，保障公民都享有平等的选举权，体现了我国选举制度的循序渐进发展。再如，我国立法体制的发展也经历了一个循序渐进的发展过程。改革开放之前，我国实行高度集中统一的立法体制，只有全国人大及其常委会有权制定和修改法律。1979年地方组织法赋予省、自治区、直辖市人大及其常委会制定地方性法规的权限。1982年宪法明确赋予全国人大常委会立法权，并赋予国务院行政法规制定权。1986年修改地方组织法，赋予省、自治区的人民政府所在地的市和国务院批准的较大的市地方立法权。2000年通过的立法法，是我国立法制度发展的里程碑，对我国的立法体制作了全面规定和进一步完善，同时赋予经济特区所在地的市以较大的市地方立法权。根据党中央的决策部署和新形势新情况的要求，2015年修改立法法，将享有地方立法权的城市由49个较大的市，扩大到所有设区的市和自治州，并对地方立法权限范围作出明确规定，体现了立法体制的不断发展完善。城乡按相同人口比例选举人大代表和我国立法体制的发展历程，充分说明了我们的民主政治制度发展，不能超越历史发展阶段，不能超越国情和实际，必须实事求是，循序渐进，稳步推进。

回顾改革开放40年民主政治立法的历程，我们越发感到，民主政治立法与中国特色社会主义民主政治发展紧密相连，与党领导人民不断开拓中国特色社会主义政治道路紧密相连。历史和现实不断告诉我们，只有坚持党的领导、人民当家作主、依法治国三者有机统一，坚定不移走中国特色社会主义民主政治发展道路，不断推进社会主义民主政治制度化、规范化、程序化，才能真正保障人民当家作主，更好地发挥中国特色社会主义政治制度的优越性，为党和国家兴旺发达、长治久安提供更加完善的制度保障。

改革开放40年来我国人权保障立法成就

宪法明确规定："国家尊重和保障人权。"通过建立健全尊重和保障人权的法律制度体系，促进人权事业全面发展，是中国共产党的一贯立场和主张，也是改革开放以来全国人大及其常委会的工作重点和目标任务。改革开放是决定当代中国命运的关键一招，回顾改革开放40年来的伟大历程，我国人权保障立法工作始终与时代同步伐，与改革共频率，与实践齐发展，取得巨大成就和显著进步。

一、中国特色社会主义法律体系形成有力保障我国人权事业发展

1978年12月，中国共产党十一届三中全会深刻总结新中国成立以来正反两方面的经验教训，作出了把党和国家工作重点转移到经济建设上来、实行改革开放的历史性决策，并提出"为了保障人民民主，必须加强社会主义法制，使民主制度化、法律化，使这种制度和法律具有稳定性、连续性和极大的权威，做到有法可依、有法必依、执法必严、违法必究"。这次会议开启了中国改革开放和社会主义民主法制建设的历史新时期。

1979年，第五届全国人民代表大会第二次会议制定了全国人民代表

大会和地方各级人民代表大会选举法、地方各级人民代表大会和地方各级人民政府组织法、人民法院组织法、人民检察院组织法、刑法、刑事诉讼法、中外合资经营企业法7部法律，拉开了新时期中国大规模立法工作的序幕。2010年，在党中央的坚强领导下，在各方面的有力支持下，我国立法工作取得重大成就，涵盖社会关系各个方面的法律部门已经齐全，各个法律部门中基本的、主要的法律已经制定，相应的行政法规和地方性法规比较完备，法律体系内部总体做到科学和谐统一，中国特色社会主义法律体系已经形成。中国特色社会主义法律体系形成是我国社会主义法制建设史上的重要里程碑，是中国特色社会主义制度逐步走向成熟的重要标志。习近平总书记在十八届四中全会决定说明中称赞说，“这是一个了不起的重大成就”。我国公民的生存权、发展权、人身权、财产权，基本政治权利和自由，劳动权、受教育权、社会保障权等各方面权利，已在法律上得到确认和保障。

（一）出台现行宪法，为促进人权事业全面发展提供根本保障

1982年，五届全国人民代表大会第五次会议通过了现行宪法，确立了国家的根本制度、根本任务和国家生活的基本原则，为新时期改革开放和社会主义现代化建设提供了根本保障，标志着中国民主法制建设进入新的历史阶段。公民的基本权利和义务是宪法的核心内容，宪法是每个公民享有权利、履行义务的根本保证。我国现行宪法全面规定了公民的基本权利和自由，并且将“公民的基本权利和义务”一章移到总纲后面、国家机构前面，作为第二章，更加凸显公民权利在宪法中的重要地位。

1982年宪法关于公民权利和自由的规定十分广泛和充分，推动建立较为完备的保障人权的法律制度，依法保障公民的生存权和发展权，公民的人身权、财产权和宗教信仰自由、言论出版自由、集会结社自由、游行示威自由以及社会保障权、受教育权等经济、政治、社会、文化权

利。1982 年宪法公布施行后，到 2010 年中国特色社会主义法律体系形成，根据我国改革开放和社会主义现代化建设的实践和发展，在党中央领导下，全国人大于 1988 年、1993 年、1999 年、2004 年先后 4 次对 1982 年宪法的个别条款和部分内容作出重要修正，进一步完善我国的根本法。特别是 2004 年 3 月，十届全国人民代表大会第二次会议通过宪法修正案，把“国家尊重和保障人权”正式载入国家的根本法。这是我国社会主义民主和法治建设达到一个新水平的标志，对推进我国的人权事业，实现社会全面进步，产生重大而深远的影响。

（二）加强保障公民政治权利的法律规范建设

制定全国人民代表大会和地方各级人民代表大会选举法、地方各级人民代表大会和地方各级人民政府组织法等，建立人民代表大会代表和国家机构领导人员选举制度，为保证人民当家作主提供制度保障，为国家机构的产生提供合法基础。制定全国人民代表大会组织法、国务院组织法、人民法院组织法、人民检察院组织法等法律，建立有关国家机构的组织、职权和权限等方面的制度。制定民族区域自治法，实行民族区域自治制度，充分尊重和保障各少数民族管理本民族内部事务的权利，依法保障各少数民族的合法权益。制定香港特别行政区基本法、澳门特别行政区基本法，建立特别行政区制度，保持香港、澳门的长期繁荣和稳定。制定居民委员会组织法和村民委员会组织法，建立城乡基层群众自治制度。

选举权和被选举权是宪法规定的首要的公民基本权利，是社会主义民主政治的直接体现。发展社会主义民主政治是中国共产党和中国政府始终不渝的奋斗目标，保障人人享有平等的选举权利，是我们党和国家一贯的政治主张和追求，也是全国人大及其常委会立法的重要内容。在我国，充分保障公民的选举权和被选举权，明确选举实行普遍、平等、直接选举和间接选举相结合以及差额选举的原则。宪法规定，年满18周岁的公民，不分民族、种族、性别、职业、家庭出身、宗教信仰、教育程度、财产状况、居住期限，除依法被剥夺政治权利的人外，都有选举权和被选举权。为保障公民的选举权和被选举权，根据国情和实际，中国不断修改选举法，完善选举制度，逐步实现了城乡按相同人口比例选举人大代表，并保证各地区、各民族、各方面都有适当数量的代表，实现了城乡居民选举权的完全平等。

（三）加强对行政机关行使权力的法律规范建设

依法加强对行政权力行使的监督，确保行政机关依法正确行使权力，保障公民、法人和其他组织合法权益。制定行政处罚法，确立处罚法定、公正公开、过罚相当、处罚与教育相结合等基本原则，规范行政处罚的设定权，建立行政处罚听证制度等。制定行政复议法，建立行政机关内部自我纠正错误机制，为公民、法人和其他组织合法权益提供救济。制定行政许可法，规范行政许可制度。制定行政强制法，规范行政强制的种类、设定权限、实施主体和实施程序，为保证和监督行政机关依法行政提供了法律依据。另外，为保障由于国家机关和国家工作人员侵犯公民权利而受到损失的人，制定国家赔偿法，建立国家赔偿制度，有效保障公民、法人和其他组织依法取得国家赔偿的权利。

（四）加强调整平等主体的公民之间、法人之间、公民和法人之间的财产关系和人身关系的民事法律规范建设

制定民法通则，对民事商事活动应当遵循的基本规则作出规定，明确民法的调整对象、基本原则以及民事主体、民事行为、民事权利和民事责任制度。随着市场经济的发展，制定合同法、物权法、农村土地承

包法等法律，建立健全债权制度和包括所有权、用益物权、担保物权的物权制度。制定侵权责任法，完善侵权责任制度。制定婚姻法、收养法、继承法等法律，建立和完善婚姻家庭制度。制定涉外民事关系法律适用法，健全涉外民事关系法律适用制度。重视保护知识产权，制定实施专利法、商标法、著作权法等。

（五）加强保障市场主体之间公平、有序竞争的法律规范建设

制定反不正当竞争法，维护经营者公平竞争的权益。制定反垄断法，对垄断协议、滥用市场支配地位、排除、限制竞争的经营者集中等垄断行为作了禁止性规定。制定消费者权益保护法，保护消费者的合法权益，维护社会经济秩序，促进社会主义市场经济健康发展。

（六）加强教育文化科技卫生领域的法律规范建设

制定教育法、义务教育法、高等教育法、职业教育法、民办教育促进法、教师法、国家通用语言文字法等，建立健全国民教育制度，保障公民受教育权。制定文物保护法、档案法、体育法、非物质文化遗产法等，保障公民基本文化权益。制定科学技术进步法、促进科技成果转化法、科学技术普及法，加强科学技术领域立法，保障公民从事科学技术活动的自由。制定药品管理法、母婴保健法、献血法、传染病防治法、体育法、国境卫生检疫法、执业医师法、食品安全法等，建立健全保障公民身体健康、生命安全的医药卫生制度。

（七）加强调整劳动关系、社会保障、社会福利和特殊群体权益保障等方面的法律规范建设

为维护社会公平，促进社会和谐，制定劳动法，确立中国的基本劳

动制度。制定矿山安全法、职业病防治法、安全生产法等，对安全生产、职业病预防等事项作了规定，加强对劳动者权益的保护。制定劳动合同法、就业促进法和劳动争议调解仲裁法，建立健全适应社会主义市场经济的劳动合同、促进就业和解决劳动争议的制度。制定红十字会法、公益事业捐赠法等，建立健全促进社会公益事业发展和管理的制度。制定修改工会法，促进工会依法维护劳动者的合法权益。重视社会保障制度建设，制定社会保险法，确立覆盖城乡全体居民的社会保险体系，建立基本养老保险、基本医疗保险、工伤保险、失业保险和生育保险五项保险制度，保障公民在年老、患病、工伤、失业、生育等情况下，能够获得必要的物质帮助和生活保障。重视保障特殊群体的权益，制定残疾人保障法、未成年人保护法、妇女权益保障法、老年人权益保障法、预防未成年人犯罪法等法律，在保护特殊群体权益方面形成了较为完备的法律制度。

（八）加强保护人类赖以生存和持续发展的生态环境法律规范建设

制定环境保护法，确立经济建设、社会发展与环境保护协调发展的基本方针。制定环境影响评价法，预防建设项目对环境产生不利影响。制定水污染防治法、海洋环境保护法、大气污染防治法、环境噪声污染防治法、固体废物污染环境防治法、放射性污染防治法等，加强特定环境保护对象法制建设。

（九）加强建立健全刑事法律规范建设

刑法是规定犯罪与刑罚的法律规范。它通过规范国家的刑罚权，惩罚犯罪，保护人民，维护社会秩序和公共安全，保障国家安全。我国

1979年制定并经1997年全面修订的刑法，确立了罪刑法定、法律面前人人平等、罪刑相适应等基本原则。根据经济社会发展变化的实际，我国还适时对刑法进行修改和解释，不断完善刑事法律制度。特别是2011年2月通过的刑法修正案（八）对刑法作了比较重大的修改，取消了13个经济性非暴力犯罪的死刑，占中国刑法死刑罪名的19.1%；完善了对未成年人和年满75周岁的老年人从宽处理以及非监禁刑执行方式的法律规定；把不支付劳动报酬严重侵犯劳动者合法权益的行为、醉酒驾驶机动车等危险驾驶行为，规定为犯罪；加大了对一些侵犯公民人身自由、生命健康等犯罪行为的惩处力度；积极做好与我国加入的人权相关国际公约的衔接，进一步完善了我国刑事法律制度，加强对人权的保护，体现了中国社会文明的发展和国家民主法治的进步。

（十）加强规范解决社会纠纷的诉讼活动与非诉讼活动的法律规范建设

制定刑事诉讼法，规定一切公民在适用法律上一律平等，人民法院、人民检察院分别独立行使审判权、检察权，保证犯罪嫌疑人、被告人获得辩护权利等，有效保证刑法的正确实施。2012年修改刑事诉讼法，将“尊重和保障人权”写入法律，并进一步完善有关制度。制定民事诉讼法，确立当事人有平等的诉讼权利、根据自愿和合法的原则进行调解、公开审判、两审终审等民事诉讼的基本原则和制度，明确诉讼当事人的诉讼权利和诉讼义务等。制定行政诉讼法，确立“民告官”的法律救济制度，明确规定公民、法人和其他组织认为自己的合法权益被行政机关及其工作人员侵犯，有权依法向人民法院提起行政诉讼，人民法院依法对行政案件独立行使审判权，保障公民的合法权益。制定仲裁法，规范国内仲裁与涉外仲裁机构的设立，明确规定仲裁委员会独立于行政机关，从机构设置上保证了仲裁委员会的独立性，明确将自愿、仲裁独立、一裁终局等原则作为仲裁的基本原则，系统规定仲裁程序等。

二、党的十八大以来我国人权保障立法的新进展

中国特色社会主义法律体系形成后，特别是党的十八大以来，全国人大及其常委会深入学习贯彻习近平新时代中国特色社会主义思想，紧紧围绕统筹推进“五位一体”总体布局和协调推进“四个全面”战略布局，不断完善中国特色社会主义法律体系，进一步落实宪法关于尊重和保障人权的规定，加强和完善人权保障立法，使人民有更多获得感和幸福感，取得了一系列新的重要成就。2018年3月，十三届全国人大一次会议贯彻落实党的十九大精神，审议通过宪法修正案，对我国现行宪法作出重要修改，推动宪法随着党领导人民建设中国特色社会主义实践的发展而不断完善发展、与时俱进，有力推动和保障了党和国家事业发展，有力推动和加强了我国社会主义法治建设和人权保障事业发展。

（一）着力加强保障改善公民生存权和发展权的重要法律制度建设

公民的生存权和发展权，是公民享有其他一切权利的基础。全国人大及其常委会坚决贯彻以人民为中心的发展思想，高度重视加强人民生存发展环境安全立法，高度重视加强国家安全立法，为保障公民生存权和发展权创造有利制度环境。

1. 通过一批保障改善民生的重要法律，全力维护公民生存发展环境安全。坚持问题导向，围绕解决人民群众普遍关心的问题，加强重点领域立法，积极回应社会关切。一是健全环境保护法律制度。制定土壤污染防治法，修改环境保护法、大气污染防治法、海洋环境保护法、野生动物保护法、水污染防治法等，用法治的力量保护生态环境，推动绿色

发展，保障和维护人民的环境权利。二是修改食品安全法。实行最严格的食品安全监管制度，建立从生产源头到餐桌各个环节全程覆盖的食品安全监管制度，切实保障人民群众“舌尖上的安全”。三是完善保护消费者合法权益法律规范。修改消费者权益保护法，从充实细化消费者权益、强化经营者义务与责任、规范网络购物、更好发挥消费者协会作用等方面，保护消费者合法权益。制定电子商务法，将电子商务的主要模式和业态纳入调整范围，明确电子商务经营者，特别是平台经营者的义务与责任，严格禁止虚假宣传、强行搭售、通过搜索和竞价排名误导消费者等行为，维护市场秩序和公平竞争。四是制定特种设备安全法。强化对特种设备生产安装、经营使用、维护保养、检验检测等全过程监管，确立特种设备身份管理制度、质量责任追溯制度、产品召回和报废制度等。五是修改安全生产法。强化安全生产责任制，完善安全生产标准、严格监督管理及责任追究，改善安全生产条件，切实保障生产安全。

2. 构建国家安全法律制度体系，以国家安全保障人民生存权和发展权。国家安全是人权保障事业不可或缺的重要前提和基础。贯彻总体国家安全观，先后制定实施国家安全法、反间谍法、反恐怖主义法、境外非政府组织境内活动管理法、网络安全法、国家情报法、核安全法等，切实维护国家安全；同时，注重处理好国家安全与人权保障的关系，防止侵害公民和组织的合法权益。例如，反恐怖主义法第六条规定，反恐怖主义工作应当依法进行，尊重和保障人权，维护公民和组织的合法权益，尊重公民的宗教信仰自由和民族风俗习惯；第六十条规定，应对处置恐怖事件，应当优先保护直接受到恐怖活动危害、威胁人员的人身安全。又如，国家安全法第六十六条规定，在采取处置国家安全危机的管控措施时，如果有多种措施可供选择，应当选择有利于最大程度保护公民、组织权益的措施。

（二）持续推进保障经济、社会和文化权利相关法律制度建设

全国人大及其常委会恪守以民为本、立法为民理念，通过立法着力提高经济、社会和文化权利保障水平，努力增进人民福祉，营造公平社会环境。

1. 制定民法总则，加紧民法典编纂工作，加强对各类民事权利的保护。编纂民法典是推进全面依法治国、完善中国特色社会主义法律体系的重大举措，直接关系到对公民人身权利、财产权利及其他合法权益的保护。2017 年 3 月，十二届全国人大五次会议通过民法总则，为编纂民法典打下坚实基础。民法总则从中国国情和实际出发，作出许多创新性规定。例如，增加绿色原则；加强对胎儿利益的保护；将限制民事行为能力的未成年人年龄由 10 岁下调到 8 岁；改革法人分类制度，按照法人设立目的和功能不同，将法人分为营利法人、非营利法人和特别法人；明确规定自然人的人身自由、人格尊严受法律保护，自然人享有生命权、身体权、健康权、姓名权、肖像权、名誉权、荣誉权、隐私权、婚姻自主权等权利。

十二届全国人大审议通过民法总则、完成编纂民法典的第一步后，十三届全国人大常委会接续努力，抓紧推进民法典各分编的编纂工作，形成了 6 编共 1000 余条的民法典各分编草案，提请常委会审议，确保到 2020 年制定出一部体例科学、结构严谨、规范合理、内容协调一致的中国特色社会主义民法典。

2. 制定慈善法，促进慈善事业健康发展。2016 年 3 月，十二届全国人大四次会议通过慈善法。鼓励社会各方面支持慈善、参与慈善，广泛汇聚社会帮扶资源，实现与精准扶贫、精准脱贫有效对接；在全社会提倡、支持和鼓励助人为乐、团结友爱、无私奉献、保护弱者的友善精神，保障弱势群体、困难群众享有被救济权。

3. 修改人口与计划生育法。适应人口发展出现的转折性变化，通过修改法律对生育政策作出重大调整，依法保护公民生育权，依法保障独生子女父母正当权益，促进人口长期均衡发展。修改后的法律明确规定：国家提倡一对夫妻生育两个子女；在国家提倡一对夫妻生育一个子女期间，自愿终生只生育一个子女的夫妻，国家发给《独生子女父母光荣证》；获得《独生子女父母光荣证》的夫妻，按照规定享受奖励、获得扶助。

4. 制定公共文化服务保障法、电影产业促进法和公共图书馆法。加强文化法律制度建设，健全保障人民基本文化权益法律制度，改变文化领域立法长期以来较为薄弱的局面。公共文化服务保障法、电影产业促进法和公共图书馆法对于建立公共文化服务体系，丰富人民群众精神文化生活，提高公民享有文化权利水平，弘扬社会主义核心价值观和中华传统优秀文化，将发挥重要作用。

5. 修改教育法、高等教育法和民办教育促进法。明确规定国家采取措施促进教育公平，推动教育均衡发展；完善国家教育考试制度，规范学位、学历和各类学业证书管理；完善高等学校设立制度，民办学校实行分类管理，依法保障人民享有更好的受教育权利。

6. 制定精神卫生法和中医药法。2012 年 10 月，通过精神卫生法，遵循《保护精神障碍患者和改善精神保健的原则》等国际人权文件确立的原则，注重保障精神障碍患者各方面的权利。2016 年 12 月，通过中医药法，继承和弘扬中医药，保障和促进中医药事业发展，保护人民健康。

（三）切实加强人民当家作主根本制度保障

人民代表大会制度是坚持党的领导、人民当家作主、依法治国有机统一的根本制度安排，是支撑中国国家治理体系和治理能力的根本政治制度。全国人大及其常委会着力完善根本政治制度运行机制，依法保障人民的知情权、参与权、表达权、监督权，充分发挥人民代表大会制度的根本政治制度作用。

1. 修改立法法。贯彻落实党的十八届四中全会精神，2015 年 3 月，十二届全国人大三次会议对立法法作出重要修改，赋予设区的市地方立法权，进一步确立税收法定原则，发挥立法的引领和推动作用，发挥人大在立法工作中的主导作用，拓宽公民有序参与立法途径，完善立法论证、听证、协商、法律草案公开征求意见等。

2. 修改地方组织法、选举法和代表法。2015 年，贯彻落实党中央关于加强县、乡人大工作和建设的精神，通过关于修改地方组织法、选举法、代表法的决定。这对于增强基层人大工作活力，扩大有序政治参与，保障公民选举权，密切人大代表同人民群众的联系，畅通社情民意表达和反映渠道，具有重要意义。

3. 修改人民法院组织法和人民检察院组织法。2018 年，及时修改人民法院组织法和人民检察院组织法，通过立法确认和巩固司法体制改革成果，进一步完善人民法院、人民检察院的设置和职权，健全合议庭与独任法官、办案组与独任检察官运行机制，明确司法人员分类管理制度和法官、检察官实行员额制，突出法官、检察官办案主体地位，落实“谁办案，谁负责”的司法责任制，为建设公正、高效、权威的中国特色社会主义司法制度提供了法律保障。

4. 修改预算法。2014 年，对预算法作出重要修改，强化人大预算决算审查监督职责，推进预算公开和民主监督，规定县、乡两级预算审查批准前应当采取多种形式组织人大代表听取选民和社会各界的意见。出台实施关于建立预算审查前听取人大代表和社会各界意见建议的机制的意见。

5. 制定监察法。2018 年 3 月，十三届全国人大一次会议审议通过监察法，整合我国反腐败资源力量，构建集中统一、权威高效的中国特色国家监察体制，依法赋予监察委员会职责权限和调查手段。同时明确监察机关与审判机关、检察机关、执法部门互相配合、互相制约的机制，对监督、调查、处置工作程序作出严格规定，对被调查人员的合法权利保障问题作出一系列规定。

6. 出台实施法律性指导性文件。按照总结、继承、完善、提高的原则，推动人大制度和人大工作完善发展。根据宪法和有关法律规定，通过关于实行宪法宣誓制度的决定，规定国家工作人员在就职时应当公开进行宪法宣誓；先后出台实施关于改进完善专题询问工作的若干意见、关于完善人大代表联系人民群众制度的实施意见等。

7. 健全规范性文件备案审查制度。坚持维护宪法最高权威地位，全面履行宪法法律监督职责，加强备案审查制度和能力建设，保证国家法制统一。建立法规、规章和规范性文件备案审查衔接联动机制，制定备案审查工作规程，建立全国统一的备案审查信息平台，听取审议备案审查工作情况报告，增强审查刚性，督促纠正与法律相抵触或不适当的问题。现在，各类法规、规章、司法解释和规范性文件都已纳入备案审查范围，实行“有件必备、有备必审、有错必纠”，保障公民合法权益和宪法法律有效实施。

8. 拓宽公民有序参与立法途径。建立健全常态化的法律草案公开征求意见工作机制。自2008年以来，共有142件法律草案在中国人大网公布，向社会公开征求意见，共收到71万人次293万余条意见。十二届全国人大期间，明确常委会初次审议和继续审议的法律草案都及时向社会公布征求意见，共公布法律草案81件次，有力保障公民有序参与立法。

（四）积极完善人权司法保障制度

适应深化司法体制机制改革、保证公正司法的新形势、新要求，从法律制度上加强人权司法保障。

1. 废止劳动教养制度，特赦部分服刑罪犯，依法保障公民人身自由权。2013年，通过关于废止有关劳动教养法律规定的决定，废止施行了50多年的劳动教养制度。这是中国民主法治和人权保障事业发展的结果。2015年，通过关于特赦部分服刑罪犯的决定，国家主席发布特赦令，在纪念中国人民抗日战争暨世界反法西斯战争胜利70周年之际，特赦部分服刑罪犯，体现了依法治国理念和人道主义精神。

2. 进一步减少适用死刑罪名，依法保障公民生命权。2015年，通过刑法修正案（九），在2011年刑法修正案（八）取消13个经济性非暴力犯罪死刑的基础上，再次取消9个罪名的死刑。经过这两次减少适用死刑罪名，刑法中的死刑罪名从68个减少到46个，减少了32%多。目前，除贪污、受贿罪外，保留的死刑罪名基本上都直接与国家安全、公共安全、人民生命安全和军人职责犯罪有关。同时，刑法修正案（九）提高了对死缓罪犯执行死刑的门槛。

3. 修改行政诉讼法、民事诉讼法和刑事诉讼法，制定国际刑事司法协助法，依法保障公民司法救济权。行政诉讼涉及政府权力的行使和公民权利的保护。2014年，修改行政诉讼法，注重保护公民、法人和其他组织合法权益，促进依法行政和公正司法；重点解决行政诉讼立案难、审理难、执行难等突出问题，扩大受案范围，畅通诉讼渠道，调整案件管辖，规范诉讼程序；加强对受到违法行政行为侵害的个人和组织获得司法救济权利的保障。2017年，修改行政诉讼法和民事诉讼法，建立检察机关提起公益诉讼制度，更好地维护公民合法权利和社会公共利益。2018年，修改刑事诉讼法，完善刑事诉讼与监察的衔接机制，建立刑事缺席审判制度，将认罪认罚从宽制度、速裁程序等经改革试点证明行之有效的做法上升为法律规范。2018年，新制定国际刑事司法协助法，完善了我国司法协助体制，规范相关部门在刑事司法协助工作中的管理职责，对深化司法领域国际合作、打击跨国犯罪、维护公民合法权益具有重要意义。

4. 通过改革授权决定，依法保障公民诉讼权利和获得公正审判的权利。2015年和2017年，先后两次通过关于授权在部分地区开展人民陪审员制度改革试点工作的决定。2018年，通过人民陪审员法，将试点工作中行之有效、可复制推广的改革举措上升为法律规范，保障人民群众有序参与司法，提升司法公信力。2016年，通过关于授权最高人民法院、最高人民检察院在部分地区开展刑事案件认罪认罚从宽制度试点工作的决定，明确试点工作应当遵循法律基本原则，保障犯罪嫌疑人、刑事被告人辩护权和其他诉讼权利，保障被害人合法权益，维护社会公共利益；进一步落实宽严相济刑事政策，确保无罪的人不受刑事追究，有罪的人受到公正惩罚。2018年，通过关于专利等知识产权案件诉讼程序若干问题的决定，规定由最高人民法院统一受理专业技术性较强的专利等上诉案件，实现审理专门化、管辖集中化、程序集约化和人员专业化，进一步强化知识产权司法保护，为加强科技创新、建设科技强国创造良好法治环境。

（五）不断健全保护妇女、未成年人、老年人、残疾人权益的法律制度

切实保障妇女、未成年人、老年人等特定群体合法权益，注重维护他们的特有权益，推动形成尊重、关爱的良好社会氛围。

1. 加强刑事立法保护。2015年，通过刑法修正案（九），加大对特定群体人身安全的刑法保护力度：一是修改强制猥亵、侮辱妇女罪、猥亵儿童罪的规定，扩大刑法猥亵犯罪规定的适用范围，加大对情节恶劣情形的处罚力度；二是修改收买被拐卖妇女、儿童罪的规定，加大对收买被拐卖妇女、儿童的行为的惩处力度；三是增加规定对未成年人、老年人、患病的人、残疾人等负有监护、看护职责的人的法律责任，规定虐待其所监护、看护的人，情节恶劣的，追究刑事责任；四是取消嫖宿幼女罪，对此类犯罪行为，适用刑法关于奸淫幼女的、以强奸罪论并从

重处罚的规定。同时，进一步加强对公民个人信息的保护，扩大犯罪主体的范围，增加构成犯罪的情形。

2. 制定反家庭暴力法。反对家庭暴力是社会文明进步的重要体现，是尊重保障人权、维护家庭和谐和社会稳定的必然要求。2015 年，通过反家庭暴力法，突出强调反家庭暴力是国家、社会和每个家庭的共同责任，明确家庭暴力的预防和处置机制措施，创设人身安全保护令等制度，依法预防和制止家庭暴力，维护平等和睦文明的家庭关系。

3. 修改老年人权益保障法。随着人口和家庭结构发生重大变化，以家庭养老为主的养老模式已不适应需要。2012 年 12 月和 2015 年 4 月，两次修改老年人权益保障法，积极应对人口老龄化，确立社会养老服务体系的基本框架，推动建立和完善以居家为基础、社区为依托、机构为支撑的社会养老服务体系，努力实现老有所养、老有所医、老有所为、老有所学、老有所乐。

改革开放40年的宪法发展与宪法实施

1978年12月，党的十一届三中全会开启了改革开放历史新时期。自此，我国成功迈上了中国特色社会主义道路，实现了从“以阶级斗争为纲”到“以经济建设为中心”、从封闭半封闭到改革开放、从计划经济到市场经济的深刻转变，拥有十几亿人口的中国创造了并继续创造着充满活力的社会主义，社会主义中国以面向现代化、面向世界、面向未来的崭新面貌巍然屹立在世界东方。改革开放40年的伟大实践，促使我国的宪法制度不断完善发展；同时，宪法历经一次全面修改和五次部分修改，又为改革开放提供了坚实的宪法法理基础和有力的法治保障。可以说，中国现行宪法的发展与改革开放的历程相伴相生。为纪念改革开放40周年，本文从历史发展的角度，回顾改革开放以来中国宪法文本和宪法实施的发展历程，并展望宪法在新时代建设社会主义现代化强国的历史进程中将要发挥的重要作用。

一、1982年宪法的出台

新中国成立以来，我国先后颁布了四部宪法。第一部宪法是1954年第一届全国人民代表大会第一次会议通过的。各界公认这部宪法是一部好宪法，总结了我国长期革命的经验，特别是新中国成立五年来的经验，把人民民主、社会主义原则、党的过渡时期的总路线用宪法的形式肯定下来。“文化大革命”期间，在1975年颁布了第二部宪法，这部宪法是在国家政治生活很不正常的情况下产生的，反映了“文化大革命”的很多错误观点。粉碎“四人帮”之后，在1978年又颁布了第三部宪法。当时，“文革”刚刚结束，由于受历史条件限制，党和国家还没来得及全面总结新中国成立以来社会主义建设的经验教训，没有彻底清理和消除“十年动乱”中“左”的思想影响，反映在这部宪法中，仍然保留着不少“文革”的痕迹，但是没有1978年宪法，我们不能完成从“文革”秩序向新法律秩序的转变，我们不可能在1979年制定改革开放之初最重要的7部法律，也不可能顺利出台1982年宪法。1979年、1980年五届全国人大二次会议、三次会议已经对1978年宪法作了部分修改，但是仍然适应不了当时时代发展的需要。1982年颁布的宪法是第四部，也是我国现行宪法，是适应改革开放全面展开的新时期、新要求对1978年宪法作出全面修改后的宪法。

（一）全面修改宪法的前奏

一是政治准备。早在1979年年初，党的十一届三中全会刚结束，党中央就开始酝酿对宪法进行全面修改。1979年10月下旬，邓小平同志与胡耀邦、姚依林、邓力群谈话指出，经中央常委研究要修改党章和宪法。1980年8月，中央政治局召开扩大会议，邓小平同志作《党和国家领导制度的改革》重要讲话时进一步指出，中央正在考虑进行的重大改革中的第一项就是向全国人大提出修改宪法的建议，目的是使我国的宪法更加完备周密准确。1980年8月30日，中共中央正式向五届全国人大三次会议主席团提出了关于修改宪法和成立宪法修改委员会的建议。“建议”指出，1978年五届全国人大一次会议通过的宪法，由于当时历史条件的限制和从那时以来情况的巨大变化，许多地方已经很不适应当前政治经济生活和现代化建设的需要，需要对宪法作比较系统的修改。9月10日，五届全国人大第三次会议通过决议，同意中共中央提出的修宪建议和宪法修改委员会组成人员名单，决定由宪法修改委员会主持修改1978年宪法工作，提出新宪法的修改草案。1981年6月，《中共中央关于建国以来若干历史问题的决议》通过，此后，1982年宪法在若干重大问题上均以此决议为依据。

二是法律准备。宪法不是凭空而来的，宪法里的制度涉及国家的政治体制、结构形式、公民权利、国家机构等一系列问题，这些问题是国家走上正轨，平稳有序运行的前提条件。因此，在宪法尚未进行全面修改前，必须先行立法，立适应现实条件的法，来确保社会生活正常有序运行。1978年12月，邓小平同志在中央工作会议闭幕会上讲话提出，现在的问题是法律很不完备，很多法律还没有制定出来。往往把领导人说的话当作“法”，不赞成领导人说的话就叫“违法”，领导人说的话改变了，“法”也就跟着改变。他强调，必须使民主制度化、法律化，使这种制度和法律不因领导人的改变而改变，不因领导人看法和注意力的改变而改变。1979年7月，五届全国人大二次会议上一次性出台了七部法律：刑法、刑事诉讼法、地方各级人民代表大会和地方各级人民政府组织法、全国人民代表大会和地方各级人民代表大会选举法、人民法院组织法、人民检察院组织法以及中外合资经营企业法。这七部法律的制定，为新时期法制建设拉开了序幕，也为1982年全面修改宪法奠定了坚实的法律基础。

三是实践准备。1979年7月，五届全国人大二次会议通过地方组织法和《关于修正宪法若干规定的决议》，确立县级以上的地方各级人民代表大会设立常务委员会。县级以上地方各级人大设立常委会，是一项被载入史册的政治体制改革之举。它改变了我国权力机关和执行机关不分的状况，保证了人大工作的正常运行，增强了对政府和司法机关的监督，进一步保障人民民主权利的实现。到1981年年底，全国2756个县级单位全部建立了人大常委会。1979年刑法和刑事诉讼法的制定，对惩罚犯罪，维护国家和人民的利益有重大作用，更从保障公民权利的角度，结束了“文化大革命”乱抓乱捕、无法无天的混乱局面。中外合资经营企业法成为我国向世界打开国门、对外开放的第一份法律宣告书。

四是文本基础。彭真同志具体接手宪法修改工作后，明确修宪应该以1954年宪法为基础，总结经验，解决问题，使新的宪法适应发展变化了的形势。这样考虑的主要原因：一是1954年宪法规定的基本原则比较适宜。当时对新中国三部宪法都作了研究，总的感觉是1954年宪法比较好，1975年、1978年宪法有较强的“文革”烙印。二是以1954年宪法为基础修改，可以避免不必要的争论。当时围绕修宪的主要问题产生了很多争论，但是许多问题在1954年制定宪法时都考虑过，以此为基础，更容易达成共识。三是1954年宪法总体上比较成熟。经过全国有代表性的8000多人的广泛讨论以及全民讨论，这部宪法共识比较强，基础比较好，大家比较认可，有利于尽快完成修宪任务。

（二）1982年宪法的诞生

从1980年9月到1982年4月，在党中央坚强领导下，在宪法修改委员会及其秘书处的辛勤工作下，历经一年半时间，并广泛征求各地方、各部门、各方面的意见，拟订的宪法修改草案提请1982年4月召开的五届全国人大常委会第二十三次会议审议，然后由全国人大常委会公布，交付全国各族人民讨论。之后，宪法修改委员会根据全民讨论的意见，又对宪法草案作了修改完善。1982年12月，第五届全国人民代表大会第五次会议审议通过了宪法修正案草案，现行宪法正式诞生。

需要指出的是，根据1980年8月中国共产党中央委员会关于修改宪法和成立宪法修改委员会的建议，彭真同志1982年4月所作的宪法修改草案的说明以及同年11月作的宪法修改草案的报告，1982年的宪法不是新制定宪法而是宪法修改。

（三）1982年宪法的主要内容

1. 明确四项基本原则。坚持四项基本原则，即坚持马克思列宁主义、毛泽东思想，坚持中国共产党的领导，坚持人民民主专政，坚持社会主义道路。四项基本原则既是制定宪法、修改宪法的指导思想，也是实施宪法的指导思想。中国共产党在我国的领导地位是宪法确认的。实践证明，把坚持中国共产党的领导等四项基本原则用宪法确立下来是完全必要的。这是全国各族人民团结前进的共同政治基础，是实现国家长治久安、比较能够经得起各种风险考验、顺利推进改革开放和社会主义现代化建设的根本政治保证。

2. 规定我国国体、政体。1982年宪法第一条第一款规定："中华人民共和国是工人阶级领导的、以工农联盟为基础的人民民主专政的社会主义国家。"明确了我国的国体。宪法第二条第一、二款规定："中华人民共和国的一切权力属于人民。人民行使国家权力的机关是全国人民代表大会和地方各级人民代表大会。"这说明，人民代表大会制度是我国的政体，是通过民主选举产生全国人民代表大会和地方各级人民代表大会，以人民代表大会为基础，组成整个国家机构，实现人民当家作主的一种政权组织形式。

3. 规定社会主义初级阶段的基本路线。1982年宪法把党在社会主义初级阶段的基本路线，用宪法形式肯定下来，成为全国各族人民共同奋斗的纲领："今后国家的根本任务是集中力量进行社会主义现代化建设。中国各族人民将继续在中国共产党领导下，在马克思列宁主义、毛泽东思想指引下，坚持人民民主专政，坚持社会主义道路，不断完善社会主义的各项制度，发展社会主义民主，健全社会主义法制，自力更生，艰苦奋斗，逐步实现工业、农业、国防和科学技术的现代化，把我国建设成为高度文明、高度民主的社会主义国家。"

4. 规定我国的社会主义经济制度。1982年宪法反映了社会主义经济制度在我国已经确立起来和正在发展壮大的事实。宪法第六条规定：“中华人民共和国的社会主义经济制度的基础是生产资料的社会主义公有制，即全民所有制和劳动群众集体所有制。社会主义公有制消灭人剥削人的制度，实行各尽所能，按劳分配的原则。”

5. 充实关于社会主义精神文明的内容。1980年12月，邓小平同志指出，我们要建设的社会主义国家，不但要有高度的物质文明，而且要有高度的精神文明。所谓精神文明，不但是指教育、科学、文化（这是完全必要的），而且是指共产主义的思想、理想、信念、道德、纪律等。1982年宪法的一个重要特点就是强调社会主义精神文明，包括两个方面，一是发展教育、科学、文化事业，二是重视思想道德教育。

6. 进一步强化公民基本权利。公民的基本权利和义务是宪法的核心内容，我国是人民民主专政的社会主义国家，人民是国家的主人，享有广泛的权利和自由。但是，在“文化大革命”期间，民主与法制遭到破坏，广大干部和人民的权利受到严重侵犯。1982年宪法认真总结新中国成立以来的经验，特别是“文化大革命”期间的教训，对公民的权利和自由作了充分规定，将“公民的基本权利和义务”一章移到总纲后面、国家机构前面，作为第二章，并且这章的条文，从1954年宪法的十九条、1978年宪法的十六条，增加到二十四条。

7. 充实国家机构的规定。1982年宪法在总结正反两方面经验的基础上，对我国的国家机构作了一系列的改革和发展，加强人民代表大会制度，恢复设立国家主席和副主席，设立国家中央军事委员会，完善国务院领导制度，建立国家领导人任期制，加强地方政权和基层群众自治组织建设，设立特别行政区。

8. 规定了国家的象征和标志。宪法规定中华人民共和国国旗是五星红旗；国徽中间是五星照耀下的天安门，周围是谷穗和齿轮；首都是北京。

9. 强化社会主义法制建设。1982 年宪法，根据党的十一届三中全会关于发展社会主义民主、健全社会主义法制的精神，把“健全社会主义法制”作为我国今后的一项根本任务，这是现行宪法的一个重要特点。根据这个要求，1982 年宪法从立法、执法、司法、守法、宪法法律监督等方面，都作了充分的规定。在立法方面，为进一步加强立法工作，宪法对立法体制进行了改革，建立起统一、多层次的立法体制：全国人大常委会制定法律，国务院制定行政法规，省级人大及其常委会制定地方性法规，民族自治地方人大制定自治条例和单行条例。同时规定，国家维护社会主义法制的统一和尊严，一切法律、行政法规和地方性法规都不得同宪法相抵触。在执法方面，“执法必严”要求各级行政机关依法行政。在司法方面，宪法规定：“人民法院依照法律规定独立行使审判权，不受行政机关、社会团体和个人的干涉。”“人民检察院依照法律规定独立行使检察权，不受行政机关、社会团体和个人的干涉。”在守法方面，宪法规定“中华人民共和国公民必须遵守宪法和法律”“任何公民享有宪法和法律规定的权利，同时必须履行宪法和法律规定的义务”。宪法还把“法制教育”作为加强社会主义精神文明建设的一个重要方面。在宪法、法律实施监督方面，1982 年宪法规定，全国人大及其常委会监督宪法的实施，地方各级人民代表大会在本行政区域内，保证宪法、法律、行政法规的遵守和执行。

二、1982 年宪法的五次修改

我国现行宪法是一部符合国情、符合实际、体现时代要求的好宪法，同时，宪法也必须体现党和人民事业的历史进步，不断适应新形势、吸纳新经验、确认新成果、作出新规范，才具有持久生命力。宪法同党和人民进行的艰苦奋斗和创造的辉煌成就紧密相连，同党和人民开辟的前进道路和积累的宝贵经验紧密相连。宪法必须随着党领导人民建设中国特色社会主义实践的发展而不断完善发展。由宪法及时确认党和人民创造的伟大成就和宝贵经验，以更好发挥宪法的规范、引领、推动、保障作用，是实践发展的必然要求。这是我国宪法发展的一个显著特点，也是一条基本规律。1982 年宪法公布施行后，根据我国改革开放和社会主义现代化建设的实践与发展，在党中央领导下，全国人大于 1988 年、1993 年、1999 年、2004 年和 2018 年先后五次对 1982 年宪法的个别条款和部分内容作出必要的也是十分重要的修正，共通过了 52 条宪法修正案。其中，1988 年宪法修正案 2 条，即第一条和第二条；1999 年宪法修正案 9 条，即第三条至第十一条；1999 年宪法修正案 6 条，即第十二条至第十七条；2004 年宪法修正案 14 条，即第十八条至第三十一条；2018 年宪法修正案 21 条，即第三十二条至第五十二条。这五次的宪法修改始终跟改革开放同步。每次修改，它都是适应改革开放的需要，是为了推进改革开放来进行修改的。

（一）五次宪法修改的主要内容

1988 年修改宪法，允许私营经济合法存在和土地使用权的有偿转让，推动私营经济和土地制度的改革，丰富了国民经济的主体、经营方式的类型和作为生产资料土地的流转，促进了国家和社会的发展。

1993 年修改宪法，为适应社会主义市场经济的发展，确立了市场经济的合法地位，为市场经济的发展提供法治基础和保障；根据时代特征和社会发展阶段的事实，将“我国正处于社会主义初级阶段”的性质，“根据建设有中国特色的社会主义的理论”的社会主义现代化建设的指导思想和理论基础，加入“坚持改革开放”形成“一个中心、两个基本点”的基本国策和把我国建设成为“富强、民主、文明”的社会主义国家的奋斗目标写入宪法的文本中。

1999 年修改宪法，为进一步发展社会主义基本经济制度，明确了

“发展社会主义市场经济”的内容，将多种所有制经济主体共同发展确定了下来，把个体经济、私营经济等非公有制经济地位提升到社会主义市场经济的重要组成部分的地位，明确规定“以公有制为基础、多种所有制经济共同发展”，配套把分配制度改为“按劳分配为主体，多种分配方式并存”，党和国家对社会主义市场经济认识不断提升与深入。在此背景下，确立了邓小平理论在宪法和国家政治经济社会发展中的指导思想地位，在“沿着建设有中国特色的社会主义道路上”把“我国将长期处于社会主义初级阶段”的现实确认下来，提出依法治国是治理国家的基本方略。

2004年修改宪法，在经济制度领域，主要是对私有财产权的保护，首先是对非公有制经济发展的鼓励、支持和引导，通过监督和管理明确国家的态度；其次是区分征用和征收来完善土地征用制度，通过确认“公民的合法的私有财产不受侵犯”提供具体的宪法保护。在社会领域，确立“国家建立健全同经济发展水平相适应的社会保障制度”。在政治领域，确立了“三个代表”重要思想在宪法和国家政治社会生活中的指导地位，把“不断促进社会主义物质文明、政治文明和精神文明的协调发展”与把社会主义现代化建设成“富强、民主、文明”的总目标相连，在爱国统一战线的内容上将“社会主义事业的建设者”加入其中；在国家组织机构的内容修改上，将各级人大任期统一规定为五年，改变了1993年宪法将“乡、民族乡、镇的人民代表大会每届任期三年”的规定；增加“特别行政区”选出的代表作为全国人民代表大会的组成人员，国家主席的职权上增加了“进行国事活动”一项内容，补充了对“国歌”的确认。

2018年的宪法修改，是1982年以来历次修宪中修改内容最多、修改幅度最大的一次，共有21个修正案条文。在指导思想上，确立了科学发展观、习近平新时代中国特色社会主义思想在国家政治和社会生活中的指导地位。在国家根本任务和发展道路上，调整充实中国特色社会主义事业总体布局和第二个百年奋斗目标的内容，增加社会文明、生态文明有关内容，将国家建设目标由“建设成为富强、民主、文明的社会主义国家”修改为“建设成为富强民主文明和谐美丽的社会主义现代化强国，实现中华民族伟大复兴”。在国家治理体系和治理能力现代化上，充实坚持和加强中国共产党全面领导的内容，第一次在宪法序言以外的正文规定“中国共产党领导是中国特色社会主义最本质的特征”。完善依法治国和宪法实施举措，将“健全社会主义法制”修改为“健全社会主义法治”，将全国人大“法律委员会”修改为“宪法和法律委员会”，增加宪法宣誓的规定。修改国家主席任职方面的有关规定，删去国家主席、副主席“连续任职不得超过两届”的规定。在人大制度和国家机构方面，增加设区的市制定地方性法规的规定，增加有关监察委员会的各项规定，完善全国人大专门委员会规定。充实完善爱国统一战线和民族关系的内容，在爱国统一战线中增加“致力于中华民族伟大复兴的爱国者”，将“平等团结互助的社会主义民族关系”修改为“平等团结互助和谐的社会主义民族关系”。此外，还充实完善我国革命、建设、改革历程的内容，充实和平外交政策方面的内容，增加倡导社会主义核心价值观的内容等。

（二）宪法修改与改革开放

修改宪法的实践，反映出我国的宪法发展符合马克思主义关于经济基础和上层建筑之间辩证关系的基本原理。经济基础决定上层建筑，有什么样的经济基础就应有什么样的社会意识形态、国家机构和政治法律制度等。所以经济基础发生变化，社会发展阶段发展变化，政治和思想领域的上层建筑也要随之发生变化，否则落后的制度安排和思想意识就会阻碍经济社会的发展。宪法随着党和国家事业的实践发展而不断发展，这是我国宪法发展的一个显著特点和基本规律，符合国情、符合实际、符合时代发展的宪法是我国社会主义发展的根本保障，是确保国家长治久安的重要保障。宪法及时确认取得的成就和经验，更好地发挥宪法的规范、引领、推动、保障作用。实际上，我国宪法的修改史就是我国改革开放40年来的成果记录史、社会发展的脉络书，写下了宪法以修改的方式对国家和社会发展的促进作用。

宪法修改对经济发展的促进作用，在宪法的修改中通过确认、引导、促进和保障以及规制等方式对生产方式、经济体制和经济运行活动提供宪法保障。它为经济发展提供外部的法律环境、创造民主稳定的社会秩序和有效的社会保障体系，为经济发展“保驾护航”；通过对经济发展的方向、价值目标等的引导，指引经济发展沿着正确的道路高效和安全的前进；为经济发展中出现的矛盾和纠纷，提供充足的法律依据和纠纷解决机制；面对经济运行中出现的市场失灵、贫富悬殊等社会问题，在尊重经济发展客观规律的前提下通过规制的方式，克服经济发展中的消极问题。

宪法修改通过为政治体制发展指明方向、提供保障和对改革成果的确认来发挥作用。宪法是人民意志的体现，也是党的主张通过法定程序成为国家意志的最高体现，宪法与党的政策具有深刻的一致性。在相同的经济基础、相同的指导思想和相同的社会目的之下，党的指导思想发生变化，通过宪法的确认，更好地发挥党统揽全局、协调各方的领导作用。宪法通过国家机关的机构设置、选举制度、权力行使的合法性要求，以及人民的参与权的规定，维护人民对民主、法治和人权等的要求，为人民当家作主提供保障。把权力关进宪法法律的笼子里，一切公共机构和行使公权力的公职人员都必须在宪法法律允许的范围内活动，权力行使必须具有合法性和合宪性，一切违反宪法和法律的行为都要受到追究，这是法治国家的基本特征。通过宪法的一系列制度性规定，实现党的领导、人民当家作主和依法治国的有机统一，宪法修改对政治生活的影响，对推进国家治理体系和治理能力现代化建设意义深远。

宪法修改对社会发展的促进作用。法治是社会秩序构建的最重要的机制，法治以其逻辑的严密性、规范的具体性和公平正义的价值理念成为解决社会矛盾的最佳方式，宪法修改按照宪法规范内容的原则性和概括性的方式规范社会纠纷的解决，以其以人民为中心的发展理念确保改革成果惠及全体人民，在教育、卫生健康、就业、收入分配、社会保障体系方面提供分享改革成果的法治保障。

宪法修改对法治国家建设影响深远。法治的运行过程就是宪法运行的过程，只讲法治而不讲宪法，法治将失去方向。党的十九届二中全会提到“要以这次宪法修改为契机，深入推进科学立法、严格执法、公正司法、全民守法，坚持有法可依、有法必依、违法必究，把依法治国、依宪治国工作提高到一个新的水平”。法治具有科学立法、公正司法、严格执法、全民守法的社会文化，它蕴含着民主理性、公平正义、廉洁高效、文明和谐的价值内涵，这些都囊括在宪法的精神里，所以宪法修改通过完善规范，将以上价值理念贯穿始终，为法治国家建设奠基。宪法作为“写有人民权利的保障书”是评判各部门法的标准，法律衡量人的行为是否危害公共利益，宪法则衡量法律是否侵犯个人的权利，在这个意义上，宪法是法律的法律，是衡量法律的标准，也是支撑法网的权力框架。衡量法律是否合适正当的标准就是看其是否符合宪法或宪法精神，保障我国的法律制度体系以“良法”的形式存在。

三、改革开放以来宪法实施的主要成就

从新中国成立60多年以来我国宪法制度的发展历程可以清楚地看到，宪法与国家前途、人民命运息息相关。只要我们切实尊重和有效实施宪法，人民当家作主就有保障，党和国家事业就能顺利发展。反之，如果宪法受到漠视、削弱甚至破坏，人民权利和自由就无法保证，党和国家事业就会遭受挫折。改革开放以来，尤其是1982年宪法颁布施行的36年来，宪法以其最高法律地位和强大的法制力量，有力保障了人民当

家作主，有力促进了改革开放和社会主义现代化建设，有力推动了社会主义法治国家进程，有力促进了人权事业发展，有力维护了国家统一、民族团结、社会稳定，对我国政治、经济、文化、社会生活产生了极为深远的影响。宪法文本凝结着一个国家最根本的价值观，宪法语言汇集着一个民族最精美的表达。我国宪法以国家根本法的形式，确认了我国各族人民在中国共产党领导下长期奋斗的成果，反映了我国各族人民的共同意志和根本利益，是全国各族人民、一切国家机关和武装力量、各政党和各社会团体、各企业事业组织都必须遵循的活动准则。

我国宪法是如何实施的，状况怎样，应当立足于当代中国宪法制度实践作出一个基本的分析和判断。我国宪法实施的特点是多渠道、多方式、多主体、多层次，是一个持续的发展进程。其主流的态势是，不断提高宪法实施水平，不断提高合宪性水平，不断实现更充分、更完善的宪法实施。

党的十八大以来，全面贯彻实施宪法，成为全面依法治国、建设社会主义法治国家的首要任务和基础性工作。党的十八届四中全会通过的《中共中央关于全面推进依法治国若干重大问题的决定》强调，健全宪法实施和监督制度。坚持依法治国首先要坚持依宪治国，坚持依法执政首先要坚持依宪执政。全国各族人民、一切国家机关和武装力量、各政党和各社会团体、各企业事业组织，都必须以宪法为根本的活动准则，并且负有维护宪法尊严、保证宪法实施的职责。一切违反宪法的行为都必须予以追究和纠正。

（一）通过建立健全法律法规和制度体系，推动和保障宪法实施

这是我国宪法实施的基本途径。宪法是国家法律法规和各种制度的总依据，具有最高的法律地位、法律权威、法律效力。因而，宪法经常被称为“母法”，是法律法规和制度体系的源头、统领和统帅。加强立法

工作，提高立法质量，形成完备的法律规范体系，是全面依法治国、建设社会主义法治国家的必然要求，也是宪法实施的必然要求。

自1979年起，我国就进入了全面立法的时代。1997年，党的十五大提出，到2010年形成有中国特色社会主义法律体系的立法工作目标。2010年，具有中国特色的社会主义法律体系建成。2011年3月10日，吴邦国委员长在十一届全国人大四次会议第二次全体会议上宣布：中国特色社会主义法律体系已经形成。由此，中国已在根本上实现从无法可依到有法可依的历史性转变，各项事业发展步入法制化轨道。中国的法律体系大体由在宪法统领下的宪法及宪法相关法、民法商法、行政法、经济法、社会法、刑法、诉讼与非诉讼程序法七个部分构成，包括法律、行政法规、地方性法规三个层次。截至2018年8月，我国现行有效的法律有267部，行政法规756部，地方性法规12000余部。

除了立法数量不断增加，我国的立法体制也在不断完善。根据我国是统一多民族国家，地域辽阔、地区差异大等实际情况，宪法、立法法和有关法律确立的立法体制既是统一的，又是分层次的。所谓统一，一是所有立法都必须以宪法为依据，不得同宪法相抵触；下位法不得同上位法相抵触。二是国家立法权由全国人大及其常委会统一行使，法律只能由全国人大及其常委会制定。所谓分层次，就是在保证国家法制统一的前提下，国务院、省级人大及其常委会和设区的市（自治州）的人大及其常委会、自治地方人大、国务院各部委、省级人民政府和设区的市（自治州）人民政府，分别可以制定行政法规、地方性法规、自治条例和单行条例。实践证明，这样一个立法体制，是符合我国国情的。

中国特色社会主义法律体系形成后，并不意味着立法工作的终结，全国人大及其常委会和各级各类立法机关，不断加强和改进立法工作，坚持科学立法、民主立法、依法立法，不断完善以宪法为核心的中国特色社会主义法律体系，以良法促进发展、保证善治，保证宪法确立的制度、原则和规则得到贯彻实施，不断提高实施水平。依法及时制定和修改同法律规定或者上位法规定相配套相衔接的行政法规、军事法规、监察法规、司法解释、地方性法规和各类规范性文件，保证宪法法律在本系统、本地区得到有效贯彻实施。

（二）通过发展国家各项事业推动宪法实施

我国宪法既是我国法律法规和制度体系的总依据，也是我国各项事业发展的总依据。我国宪法有一大特色，就是明确规定了国家的根本任务、发展道路、奋斗目标和大政方针。国家经济建设、政治建设、文化建设、社会建设、生态文明建设和国家各方面事业，在宪法上都有体现、都有要求。没有社会主义事业全面的、充分的发展，就谈不上宪法的有效实施。

改革开放40年来，国家各方面事业发展取得的巨大成就，都离不开宪法的保证和推动；我国社会主义民主法治建设取得的巨大成就，也无不闪耀着宪法精神的光辉。从这个意义上说，国家发展进步的成就和成功，都可以看作宪法实施的结果和体现。

一是从经济发展来看，实现了从封闭型经济弱国向开放型全球经济大国的转变。改革开放以来，依照“实践是检验真理的唯一标准”的理念，我们渐进式推动农村土地制度、户籍制度、乡镇企业发展、城市国有企业、外商投资、金融服务、科技管理体制、经济特区等相关制度的改革，逐渐明晰社会主义与市场经济、政府与市场、国家与民众之间的关系，全面调动了生产者的积极性，激发了经济活力，完成了计划经济到市场经济的转变，共同创造了经济发展的中国奇迹。国民生产总值从1978年的3645亿元迅速跃升到2017年的82.7万亿元，增长了约226倍，成为全球第二大经济体。中国GDP占世界经济比重从1978年不足2%，增长到2016年的15%左右，稳居世界第二位。可以说，当今中国是一个名副其实的全球性经济大国。

二是从治国理政来看，实现了从单极化传统管理向现代公共服务型治理的转变。以市场为导向的经济体制改革，必然对国家的政府管理体制、传统管理理念、社会管理能力等带来巨大的挑战。因此，不断适应经济体制改革释放的活力、社会流动性增加、科技互联网技术崛起、多元社会组织蓬勃发展等趋势，协调推进党的自身建设、重塑中央与地方关系、调整政府组织结构、转变政府职能，加强城乡基层政权建设等方面的改革，成为中国渐进式改革开放的政府逻辑与基本内容。中国治国理政模式实现了“权威—民主—法治”的动态平衡，基本形成了以宏观调控、市场监管、公共服务、社会管理、保护环境为核心职能，以“党委领导、政府负责、社会协同、公众参与、法治保障”为框架和以大数据互联网技术为支撑的共建共治共享、公共服务型现代治理新模式。截至 2017 年年底，国务院部门取消下放行政审批事项 1/3 以上，工商登记前置审批精简 85%，资质资格认定事项压减 44%，多数省份行政审批事项减少 50% ~70%；中共党员总数达到 8779. 3 万，党的组织达到 436 万个；全国社会组织数量突破 80 万；基层群众自治组织达到66. 2万个；经过微博平台认证的政务微博达到 173569 个。

三是从城乡结构来看，实现了从落后的乡村型社会向富足的城乡融合型社会转变。1978 年，我国是一个农村人口占总人口 80% 的典型农业型国家。此后，经过采取加大户籍制度、土地制度、城市单位体制、设立经济特区、增设开放城市等改革创新，把农民从原有的土地束缚中解放出来，大量的农村劳动力开始流向大中型城市，整个社会呈现高度的流动性，中国社会走上了现代城市化发展之路，城市活力进一步释放。截至目前，中国的城市化率已经达到 58% 的水平，一半以上的人口成为城市市民，并且产生了一大批人口超过 500 万以上的特大城市以及人口高度密集、经济一体化的超大城市区域，创造了新的财富、新的产品、新的文明、新的生活方式，这是巨大的成就。党的十九大报告提出了乡村振兴战略，这是“五位一体”总体布局在乡村领域的具体落实。未来中国社会，将是一个城乡互动共融、协调发展的城乡融合型新社会。

四是从社会民生来看，实现了从温饱向小康的整体性转变。通过经济、政治、社会、生态的全方位改革，为广大民众开辟新的就业渠道和发展机会，不断改善民生，不断增加收入，让广大人民群众过上富裕、幸福、文明的美好新生活，这是改革开放的初心，也是40年改革开放最大的成就之一。最典型的就是中国的减贫事业，使得7亿多人口脱离了极端贫穷，为世界的减贫事业做出了巨大贡献。城乡居民享受到了改革的红利，开始走向更加富裕、多元化消费的生活。新时代，随着交通、教育、医疗、住房、就业创业、文化、社会保障等民生领域的进一步建设，人民对生活的追求从“有没有”变成了“好不好”，高品质生活开始成为新的追求目标。

（三）通过国家工作人员积极有效的工作保证宪法实施

宪法规定，国家工作人员必须依靠人民的支持，经常保持同人民的密切联系，倾听人民的意见和建议，接受人民的监督，努力为人民服务。公民对于任何国家工作人员，有提出批评和建议的权利，对于任何国家工作人员的违法失职行为，有向有关国家机关提出申诉、控告或者检举的权利。由于国家工作人员侵犯公民权利而受到损失的人，有依照法律规定取得赔偿的权利。可以说，我国宪法对国家工作人员的行为规范提出了明确要求。2018年宪法修正案增加了一个新内容：“国家工作人员就职时应当依照法律规定公开进行宪法宣誓。”各级国家工作人员的工作，都对宪法法律实施负有一定责任，都会对宪法法律实施产生某种影响或者带来某种后果。

宪法法律实施，从另一个角度可以说，就是我们各级国家工作人员在党的领导下，按照宪法法律的规定做了宪法法律所要求做的事情，即正确地做事和做正确的事，并且在工作中取得成绩。各级国家工作人员都要切实增强宪法观念，依照宪法法律行使职权、履行职责、开展工作，自觉接受人民监督，通过自己的努力为宪法法律实施做出一份贡献。2018年3月17日，十三届全国人大一次会议在北京人民大会堂举行第五次全体会议。新当选为中华人民共和国主席、中华人民共和国中央军事委员会主席的习近平进行宪法宣誓。这是人民共和国历史上国家主席首次进行的宪法宣誓。以宪法为根本活动准则，树立宪法意识，恪守宪法原则，弘扬宪法精神，履行宪法使命，是对国家工作人员的基本要求。向宪法宣誓，不仅是一个庄严的仪式，也是彰显宪法权威的重要方式，有利于增强国家工作人员的宪法观念，促进国家工作人员忠于宪法、遵守宪法、维护宪法，有利于在全社会增强宪法意识、捍卫宪法尊严。

（四）通过宪法监督保证宪法实施

宪法规定，全国人民代表大会的职责包括“监督宪法的实施”，全国人大常委会的职责包括“解释宪法，监督宪法的实施”。十三届全国人大一次会议设立了全国人大宪法和法律委员会，该委员会在推动宪法实施、开展宪法解释、推进合宪性审查、加强宪法监督、配合宪法宣传等方面，应当担负新的角色、发挥新的作用。

推进合宪性审查工作。全国人大及其常委会通过的法律和作出的决定决议，应当确保符合宪法规定、宪法精神。有关方面拟出台的法规规章、重要政策和重大举措，凡涉及宪法有关规定如何理解、如何适用的，都应当事先经过全国人大常委会合宪性审查，必要时通过适当方式作出合宪性安排，确保与宪法规定、宪法精神相符合。2018年10月，全国人大常委会对人民法院组织法和人民检察院组织法进行了修订。但“两院”组织法是1979年由五届全国人大二次会议通过的。按照宪法第六十七条第三项的规定，全国人大常委会对全国人民代表大会制定的法律可以进行部分补充和修改，但是不得同该法律的基本原则相抵触。由于这次提出的“两院”组织法修订草案对现行“两院”组织法补充修改的内容比较多、幅度比较大，因而在审议中有的意见提出，“两院”组织法修订草案是由常委会审议通过还是由代表大会审议通过，需要研究、妥善处理。全国人大宪法和法律委员会经认真研究后认为，1979 年至今，常委会只对人民法院组织法做过一些小的修改。这次对人民法院组织法的修改，主要是适应司法体制改革的要求和司法实践发展的需要，对现行法律补充修改的内容较多，体例结构上需要有相应的安排，适宜采取修订的方式；同时，从人民法院组织法修订草案的内容来看，这次修法没有改变我国人民法院的性质、地位、职权、基本组织体系、基本活动准则等，修改的内容都是属于补充、完善、调整、优化性质的，与人民法院组织法的基本原则不存在相抵触的情形。因此，人民法院组织法修订草案由全国人大常委会审议通过是可行的，符合宪法的有关规定。

加强宪法解释工作。健全宪法解释机制，积极回应涉及宪法有关问题的关切，努力实现宪法的稳定性与适应性的统一。宪法作为国家的根本法，需要稳定，而社会生活的发展又需要宪法内涵与时俱进，如果不断地修改宪法或者修改宪法的条文数量过大，不仅不利于宪法的稳定，而且影响宪法的权威。因此，需要运用宪法解释来补充宪法条文的内容或对之进行符合社会发展实际需要的解释。在我国，有权进行宪法解释的机关是全国人大常委会。全国人大常委会曾在 1983 年通过关于国家安全机关行使公安机关的侦查、拘留、预审和执行逮捕的职权的决定，明确“第六届全国人民代表大会第一次会议决定设立的国家安全机关，承担原由公安机关主管的间谍、特务案件的侦查工作，是国家公安机关的性质，因而国家安全机关可以行使宪法和法律规定的公安机关的侦查、拘留、预审和执行逮捕的职权”，并附上宪法和刑事诉讼法有关条文。有的学者认为这可以视作全国人大常委会的一次宪法解释。今后，在全面深化改革的进程中，在建设社会主义现代化强国的过程中，会出现更多的新情况，需要我们更多地运用宪法解释来深化、拓展我国宪法条文和制度的内涵。

通过健全备案审查制度加强宪法监督工作。所有的法规、规章、司法解释等各类规范性文件都要依法依规纳入备案审查范围。备案审查工作应当包括审查是否存在不符合宪法规定、宪法精神的内容。发现规范性文件可能存在合宪性问题的，有关方面应当及时报告全国人大常委会或者依法提请审查。地方各级人大及其常委会要依法行使职权，保证宪法法律在本行政区域内得到遵守和执行。

（五）创新方式履行宪法使命、加强宪法实施

一是实行宪法宣誓制度。国家公职人员在任职时向宪法宣誓，是世界上多数国家普遍采取的一种制度。党的十八届四中全会提出建立宪法宣誓制度。实行宪法宣誓制度，是深入推进依法治国、依宪治国的重大举措。2015 年 7 月，全国人大常委会以立法的形式作出关于实行宪法宣誓制度的决定。2018 年 2 月，全国人大常委会修订了宪法宣誓决定。75 个字的宪法宣誓誓词，体现了国家工作人员对祖国对人民应有的忠诚、强烈的担当和庄严的承诺。在十三届全国人大一次会议上，首次举行宪法宣誓，全国人民共同见证了庄严的历史时刻。

二是实施宪法规定的特赦制度。特赦是我国宪法规定的对特定罪犯免除或者减轻刑罚的制度。按照党中央决策部署，在纪念中国人民抗日战争暨世界反法西斯战争胜利 70 周年之际，对参加过中国人民抗日战争、中国人民解放战争等 4 类部分服刑罪犯实行特赦。2015 年 8 月，全国人大常委会通过关于特赦部分服刑罪犯的决定，国家主席发布特赦令，这是我国改革开放以来第一次实行特赦，具有重大政治意义和法治意义。特赦制度是宪法中具有直接适用性质的制度，其实施不必通过立法等其他途径和方式。

三是根据宪法精神处理重大问题。2016 年，全国人大常委会在处理

辽宁拉票贿选案时，辽宁省十二届人大常委会共有组成人员62名，其中有38名因代表资格终止，其常委会组成人员的职务相应终止。这样，辽宁省人大常委会组成人员已不足半数，无法召开常委会会议履行职责。一个省级人大常委会出现这种情况，新中国历史上还没有过，需要根据我国宪法和有关法律精神作出创制性安排。为此，全国人大常委会决定成立辽宁省十二届人大七次会议筹备组，代行省人大常委会部分职权。这在当时的情境下，是必要的，是可行的，符合宪法精神，符合选举法和地方组织法的原则。

四是根据宪法和基本法主动进行释法。2016年11月，全国人大常委会依据宪法和香港基本法赋予的权力，作出了关于香港基本法第一百零四条的解释，坚决反对“港独”行径。“港独”的本质是分裂国家，严重违反“一国两制”方针，严重违反宪法和香港基本法。全国人大常委会主动释法，一锤定音，充分表明中央贯彻“一国两制”方针的坚定决心和反对“港独”的坚定立场。

通过宪法实施，实现了人民的根本意志和党的主张。在我国，宪法和法律是党的主张和人民意志相统一的具体表现。在整个法律体系中，宪法是根本法，其所体现的意志和主张具有根本性，只有宪法得到切实的实施，党的主张和人民的意志才能得以实现。通过宪法实施，保护了公民的基本权利。宪法规定和保障公民的基本权利。如果法律、法规违背宪法的规定或精神，必然侵害宪法规定的公民基本权利。有关宪法实施的制度或程序为公民权利与自由的实现提供了必要的基础和依据。通过宪法实施，落实了宪法规定的国家基本制度。我国的各种国家制度，如人民民主专政、人民代表大会制度、社会主义经济制度、共产党领导的多党合作和政治协商制度、民族区域自治制度、特别行政区制度、基层群众自治制度以及各级各类国家机关的组织、职权、程序等基本规定，都是根据宪法建立和运行的。实施宪法实际上就是维护和巩固国家的根基，实现国家的基本制度。

四、改革开放以来我国宪法实施的成功经验

宪法的生命在于实施，宪法的权威也在于实施。改革开放40年来，全面贯彻实施宪法已经取得重大进展，不仅保障了改革开放和社会主义现代化建设的顺利进行，在保障公民基本权利以及国家经济、政治、文化、社会建设中也发挥了重要作用。国家机关工作人员和公民的宪法意识有所提高，遵守宪法、维护宪法尊严的自觉性有所增强，依照宪法和法律办事正在成为普遍的社会行为准则。总结40年宪法实施的基本经验，主要有以下五点：

（一）中国共产党对宪法的作用和宪法实施的认识在实践中不断深化

习近平总书记指出，我们党高度重视发挥宪法在治国理政中的重要作用，坚定维护宪法尊严和权威，推动宪法完善和发展，这是我国宪法保持生机活力的根本原因所在。中国共产党的宪法理念与中国革命、建设、改革的历史进程相伴而生，并因社会历史条件的变化而不断更新。中国共产党登上中国历史舞台后，在推进中国革命、建设、改革的实践中，高度重视宪法和法制建设。从建立革命根据地开始，我们党就进行了制定和实施人民宪法的探索和实践。1954年宪法的制定和实施，为巩固社会主义政权和进行社会主义建设发挥了重要保障与推动作用，也为改革开放新时期我国现行宪法的制定和完善奠定了基础。

党的十一届三中全会开启了改革开放历史新时期，邓小平同志深刻指出："为了保障人民民主，必须加强法制。必须使民主制度化、法律化，使这种制度和法律不因领导人的改变而改变，不因领导人的看法和注意力的改变而改变。"在总结我国社会主义建设正反两方面经验，深刻

吸取“文化大革命”的沉痛教训，借鉴世界社会主义成败得失的基础上，适应我国改革开放和社会主义现代化建设、加强社会主义民主法制建设的新要求，我们制定了我国现行宪法。时代在发展，社会在变革，制定了一部好宪法，并不意味着一劳永逸。宪法作为上层建筑，一定要适应经济基础的变化而变化。宪法只有不断适应新形势才能具有持久生命力。在这一认识的基础上，我们对现行宪法进行了五次修改，共计52条修正案，对国家指导思想、国家基本经济制度、公民权利保护、国家机构设立和职权等内容作了修改，有些条文不止一次进行修正。根据宪法及其修正案的精神，我们坚持科学立法、民主立法、依法立法，完善以宪法为核心的中国特色社会主义法律体系，发展国家各项事业、推进国家各方面工作，保证宪法确立的制度、原则和规则得到贯彻实施。

实践也充分证明，只有中国共产党才能坚持立党为公、执政为民，充分发扬民主，领导人民制定出体现人民意志的宪法，领导人民贯彻实施好宪法。当前，我们国家进入决胜全面建成小康社会，全面建设社会主义现代化国家的新征程，要实现中华民族伟大复兴的中国梦、推进国家治理体系和治理能力现代化、提高党长期执政能力，必须更加注重发挥宪法的重要作用。为此，中国共产党作出了全面推进依法治国的战略部署，确立了建设中国特色社会主义法治体系，建设社会主义法治国家的总目标。坚持依法治国首先要坚持依宪治国，坚持依法执政首先要坚持依宪执政，党领导人民制定宪法和法律，党领导人民执行宪法和法律，党自身必须在宪法和法律范围内活动。随着中国共产党对宪法认识的不断深化，我国宪法的实施必将走入新的时代。

（二）坚持以人民为中心，一切为了人民

我国宪法是以人民为中心的宪法，反映了各族人民的共同意志和根本利益，体现了中国共产党的初心和使命，明确规定国家的一切权力属

于人民，人民行使国家权力的机关是全国人民代表大会和地方各级人民代表大会，是名副其实、不折不扣的“人民的宪法”。宪法不仅专章规定了公民的基本权利与基本义务，而且还把“国家尊重和保障人权”载入宪法，使之成为一项重要的宪法原则。改革开放40年的宪法实施，紧紧围绕宪法中的“人民”二字，坚持为了人民、依靠人民、造福人民、保护人民，以保障人民根本权益为出发点和落脚点，保证人民依法享有广泛的权利和自由、承担应尽的义务，维护社会公平正义，保障和发展人权，为广大人民群众充分享有民主权利，在国家生活中发挥积极性、主动性、创造性提供根本保障。习近平总书记指出，我们要依法保障全体公民享有广泛的权利，保障公民的人身权、财产权、基本政治权利等各项权利不受侵犯，保证公民的经济、文化、社会等各方面权利得到落实，努力维护最广大人民群众的根本利益，保障人民群众对美好生活的向往和追求。

（三）坚持依法治国，建设社会主义法治国家基本方略

宪法的有效实施，是建设法治国家的基本要义。全面推进依法治国，建设社会主义法治国家，是社会发展的必然产物，是社会主义社会的本质要求，是党领导全国人民把我国建成富强民主文明和谐美丽的社会主义现代化强国，实现中华民族伟大复兴中国梦的应有之义。在我国建设社会主义法治国家的实践中，强调法律至上，首先就是突出宪法至上的原则。宪法是人民意志的最高体现，确立宪法至上，则国家权力机关就被赋予了权威，能有效监督其他国家机关，对于权力的制约就更为有力，更有利于大力推进民主政治建设，给予法治以力量之源。

（四）坚持宪法实施与改革决策相衔接，主动适应国家和经济社会发展需要

改革与法治是“车之双轮，鸟之两翼”，法治建设的进步与改革开放

相辅相成、相伴而生。过去，宪法和法律积极回应改革成果，及时将实践证明已经比较成熟的改革经验和行之有效的改革举措上升为宪法法律制度，改革极大推动了宪法的发展和实施。当前，在全面深化改革的新时代，要坚持改革决策和立法决策相统一，做到重大改革于宪有源、于法有据，以宪法和法律的实施来引领和推动改革向纵深发展。自 1982 年宪法实施以来，一共经历了 1988 年、1993 年、1999 年、2004 年与 2018 年五次宪法修改，每次修宪都为改革开放的顺利进行提供宪法依据。1993 年宪法修改将“改革开放”载入宪法，使改革开放成为宪法规定的国家目标与政策，具有宪法的规范效力。在经济体制方面，自 1988 年修宪对私营经济的地位和作用、土地使用权转让两个方面的问题作出规定以来，我国经济体制得到了长足的发展。1993 年“社会主义市场经济”入宪，“国营企业”修改为“国有企业”；1999 年宪法修改确立了我国“坚持公有制为主体、多种所有制经济共同发展的基本经济制度，坚持按劳分配为主体、多种分配方式并存的分配制度”；2004 年修宪则提出了“国家鼓励、支持和引导非公有制经济的发展”的要求。上述修改不仅使公有制经济实现了经营与所有的分离，而且也使国家对于非公有制经济的政策实现了从承认到鼓励的转变。通过宪法实践的发展，社会主义市场经济体制在现行宪法中得以确立并巩固。在经济体制改革不断推进的基础上，我国的政治体制改革也逐步得到深化。人民代表大会制度得到了不断发展。1993 年修宪将“县、市、市辖区人民代表大会”每届任期延长为 5 年；2004 年修宪在全国人大代表的构成中增加了特别行政区，并将乡、镇一级人大任期也延长为 5 年；2018 年修宪将“全国人大法律委员会”改为“宪法和法律委员会”，并通过 11 条宪法修正案，明确了监察委员会的宪法地位，将为未来监察体制的发展提供宪法依据，作为我国根本政治制度的人民代表大会制度得到了进一步的巩固和健全。同时，在立法活动中，全国人大及其常委会坚持立法主动适应改革决策，对实践经验比较成熟的，及时启动相关立法程序，在法律中予以明确；

对实践经验尚不成熟，又需法律作出规定的，可先作出原则规定，明确改革的基本方向和主要措施；对与现行法律规定不一致、修改法律条件尚不成熟、需要先行先试的，按照法定程序及时作出授权决定或者改革决定，发挥立法对改革的引导、推动、规范、保障作用。

（五）坚持不懈开展宪法宣传，树立宪法法律至上、法律面前人人平等的法治理念

习近平总书记指出，宪法法律的权威源自人民的内心拥护和真诚信仰，加强宪法学习宣传教育是实施宪法的重要基础。宪法宣传教育工作，是法治建设的基础性工程，也是宪法实施的群众基础所在。1982 年宪法公布施行以来，每年在宪法通过的那一天即 12 月 4 日，全国各地开展以学习宣传宪法和国家基本法律为重点的法制宣传活动，每 10 年都举行一次隆重的纪念活动，这已经成为惯例。根据党的十八届四中全会精神，2014 年 11 月，全国人大常委会通过了关于设立国家宪法日的决定，将每年 12 月 4 日设为宪法日，国家通过多种形式开展宪法宣传教育活动。各部门各地方广泛深入开展各类尊崇宪法、学习宪法、遵守宪法、维护宪法、运用宪法的活动，大力弘扬宪法精神，不断增强全社会的宪法意识，使人民群众认识到宪法不仅是国家的根本法、治国安邦的总章程，而且是保障人民民主权利、维护人民根本利益的法律武器。

在上述基本经验的指导下，全面贯彻实施宪法已经取得重大进展，但同时也必须看到，保证宪法实施的监督机制和具体制度还不够健全完善；一些公职人员滥用职权、失职渎职、执法犯法甚至徇私枉法严重损害国家法制权威；公民包括一些领导干部的宪法意识还有待进一步提高。对此，党的十九大报告提出，加强宪法实施和监督，推进合宪性审查工作，维护宪法权威。各级党组织和全体党员要带头尊法学法守法用法，任何组织和个人都不得有超越宪法法律的特权，绝不允许以言代法、以

权压法、逐利违法、徇私枉法。加大全民普法力度，建设社会主义法治文化，树立宪法法律至上、法律面前人人平等的法治理念。贯彻落实好党的十九大关于深化依法治国实践的一系列重大部署，对于保障宪法实施具有重大而深远的意义。

宪法凝聚社会共识，夯实国家根基。只有坚持依法治国、依法执政、依法行政共同推进，坚持法治国家、法治政府、法治社会一体化建设，实现科学立法、严格执法、公正司法、全民守法，扎扎实实把党的十九大精神落实到各项工作中去，才能把实施宪法要求提高到一个新水平，才能为决胜全面建成小康社会、夺取新时代中国特色社会主义伟大胜利、实现中华民族伟大复兴的中国梦、实现人民对美好生活的向往凝聚磅礴力量！

改革开放40年来立法规划制度的发展与完善

40年的改革开放深刻地改变了中国、影响了世界。回顾40年的改革历程，有一个突出的特点，那就是改革开放与立法工作从一开始就是紧密联系在一起的。立法为改革开放提供了有力的法治保障，改革开放又开辟和拓展了中国特色社会主义法治道路，推动了以宪法为核心的中国特色社会主义法律体系形成并不断完善。立法规划作为党领导立法工作的重要途径，也在改革开放的进程中形成并不断发展，承载着、记录着改革开放以来中国特色社会主义法治建设的伟大历史实践。

一、立法规划的基本情况

本文所讲的立法规划是指全国人大常委会立法规划。制定立法规划是立法工作的重要部分，主要任务和目的在于使立法工作有计划、有步骤、有目的地进行，从而使立法工作科学化、系统化。

（一）立法规划的概念

全国人大常委会立法规划，是全国人大常委会围绕党和国家中心工作，按照一定程序编制，经党中央批准的，关于立法工作的总体安排的指导文件，一般按届编制，也称为五年立法规划。虽然立法规划由全国人大常委会负责编制，并以全国人大常委会的名义向社会公布，但是经党中央批准，并以中发文件形式印发，体现了党对立法工作的领导。作为立法的一项基础性工作，编制立法规划能够预先把握一段时期内国家立法的总体需求，确定立法重点和主要目标，整合立法需求，最大限度地减少立法工作中的盲目、无序，避免重复立法、分散立法。

全国人大常委会除了编制五年立法规划，还要制定年度立法工作计划，通过对年度内常委会审议项目的计划和部署，落实五年立法规划，并且可以经济社会发展的新需要和党中央对立法工作的新要求，对一些立法规划项目进行调整。

（二）立法规划的主要内容

立法规划是对一届人大常委会任期内立法工作的整体部署，不仅包括立法项目的指导性安排，还包括对立法工作的指导思想、做好立法工作的总体要求、贯彻落实立法规划的具体举措等。内容主要由三部分组成：一是中共全国人大常委会党组关于立法规划的请示，二是立法规划的项目单子，三是中央转发请示的通知。

全国人大常委会党组关于立法规划的请示在整个立法规划所占比重比较大，一般包括立法规划的指导思想、编制原则、主要内容和做好任期内立法工作、落实立法规划的意见等内容。从历届立法规划情况来看，请示部分的内容一般按照立法规划编制时党和国家的政治需要，对立法工作提出的要求和重点各有不同。

立法规划的项目单子是指在请示后所附的列入规划的立法项目。七届全国人大常委会全国人大法律委员会关于五年立法规划的初步设想，将立法项目分为四大类，包括有关经济方面的法律，保障公民权利和自由的法律，行政方面的法律，有关民事、刑事、诉讼程序方面的法律。

从八届到十一届全国人大常委会立法规划都将立法项目分为两类：第一类是条件比较成熟、任期内拟提请审议的法律草案，第二类是需要抓紧工作、条件成熟时提请审议的法律草案。列入规划第一类、第二类的立法项目，一般按宪法相关法类、民法商法、行政法、经济法、社会法、刑法、诉讼与非诉讼程序法7个法律部门的顺序排列。九届、十届、十一届的立法规划都标出法律部门，十二届、十三届立法规划则没有标出法律部门的名称。从十二届立法规划开始，立法规划增加了第三类项目，即立法条件尚不完全具备，需要继续研究论证的立法项目。十三届全国人大常委会立法规划在第二类项目后，增加规定有关改革提出的立法任务适时安排审议，主动适应改革的需要。

中央转发请示的通知是指在中央批准全国人大常委会党组请示和立法规划后，通常以通知这一形式对全国人大常委会党组请示予以转发，印发执行。以往几届中央转发请示的通知既有对立法工作总体形势的分析判断，又有对立法工作以及各相关单位提出的要求，还会对法治、依法治国、法律的有效实施等作出阐述并提出要求。根据十八大以后中央发文相关要求的变化，中央转发的十三届全国人大常委会立法规划的通知，内容大幅度简化。

二、适应改革开放的需要，立法规划在改革开放中孕育形成并不断发展

从党的十一届三中全会到20世纪80年代中期，对外开放、经济体制改革的形势发展很快，有一系列新问题需要及时立法予以推动、引领、规范和保障，但由于缺乏经验，难以满足各方面的立法需求。面对这种现实情况，邓小平同志指出，“现在立法的工作量很大，人力很不够，因此，法律条文开始可以粗一点，逐步完善。有的法规地方可以先试搞，然后经过总结提高，制定全国通行的法律。修改补充法律，成熟一条就

修改一条，不要等待‘成套设备’。总之，有比没有好，快搞比慢搞好”[1]。这一时期的立法工作主要解决实践中急需的立法需求，缺乏通盘考虑和整体规划。但是随着改革开放的不断深入和商品经济的发展，对法治的需要不再仅仅局限于个别领域和个别方面，需要对立法工作进行整体的思考和谋划。

（一）编制立法规划的探索和尝试

从20世纪80年代中期到80年代末，随着经济体制改革的逐步深入和整体推进，对立法的需求不断加强，对立法工作进行统筹规划问题也就提到了全国人大常委会的议事日程。在1983年六届全国人大一次会议上，彭真委员长第一次提出“我们要根据实际的需要和可能，有计划有步骤地进行立法工作，做到既积极又谨慎，以保持法律的严肃性和稳定性”。1985年1月，全国人大常委会召集省级人大常委会负责同志开了两天座谈会，请各地提出在对外开放和经济体制改革中，需要制定哪些法律。会议中有人建议，立法应该搞个计划。会议结束时，彭真委员长讲话说：“我们这次会就是一种制定立法计划的方式，而且是搞联系实际的计划。”“会后，请秘书处和法工委把会上提出的问题梳梳辫子，并向有关方面通信息，大家全面系统研究一下，哪些是主要的先解决，也就是提出个工作计划”。[2]

（二）立法规划的形成

七届全国人大常委会任期之初，正式提出编制立法规划并进行了探

---

〔1〕《解放思想，实事求是，团结一致向前看》（邓小平同志在1979年12月13日召开中共中央工作会议闭幕会上的讲话）。

〔2〕彭真：《论新时期的社会主义民主与法制建设》，中央文献出版社1989年版，第244页。

索。1988年4月，万里委员长在七届全国人大常委会一次会议的讲话中提出，“今后五年，我们立法工作的任务十分繁重，无论是新法律的制定，现行法律的修改，还是法律的解释，都是关系全局的大事，都必须审时度势，积极而又慎重地进行。本届人大的立法工作，需要有一个通盘考虑。本届常委会要制定出一个五年立法规划，然后有计划、有步骤地进行，成熟一个，制定一个。条件不成熟的，继续由政府制定行政法规”[1]。1988年7月1日，七届全国人大常委会第二次会议通过的工作要点明确提出，立法工作要制定规划，抓住重点，有计划、有步骤地进行。在这次会议上，全国人大法律委员会提出了《关于五年立法规划的初步设想》。七届全国人大二次会议以后，全国人大常委会秘书处提出了《关于七届全国人大立法工作的安排意见》，明确了列入安排意见的法律草案的起草单位和提请审议的时间。

七届全国人大常委会后期，开始立法规划编制工作。1991年年初，中共中央印发了《关于加强对国家立法工作领导的若干意见》，明确提出全国人大常委会编制立法规划。按照党中央要求，1991年10月，七届全国人大常委会就任期届满前一年多的立法工作进行了规划，提出《全国人大常委会立法规划（1991年10月~1993年3月）》，报经党中央同意并以中发文件形式印发。七届立法规划项目共64件，分为两类：第一类为拟提请全国人大或人大常委会审议的法律草案，第二类是拟抓紧调研论证的法律草案。规划列明的起草单位具体到国务院有关委、部、局和全国人大有关专门委员会、常委会有关工作机构。这是第一个正式报党中央批准的立法规划，大体上确立了立法规划的形式。

八届全国人大常委会围绕初步形成社会主义市场经济法律体系框架的立法目标，形成第一个五年立法规划。1993年11月，党的十四届三中全会通过了《中共中央关于建立社会主义市场经济体制若干问题的决

[1] 全国人大常委会办公厅研究室编：《中国特色社会主义法律体系形成大事记》，中国民主法制出版社2011年版，第68页。

定》，确立了建立社会主义市场经济体制的改革目标，深刻认识到“社会主义市场经济体制的建立和完善，必须有完备的法制来规范和保障”，并指出“坚持社会主义法制的统一，改革决策要与立法决策紧密结合。立法要体现改革精神，用法律引导、推进和保障改革顺利进行。要搞好立法规划，抓紧制定关于规范市场主体、维护市场秩序、加强宏观调控、完善社会保障、促进对外开放等方面的法律。要适时修改和废止与建立社会主义市场经济体制不相适应的法律和法规。加强党对立法工作领导，完善立法体制，改进立法程序，加快立法步伐，为社会主义市场经济提供法律规范”[1]。这是中央全会文件首次对立法规划提出明确要求，提出了立法工作的重点领域，并对立法与改革的关系作了阐述。在八届全国人大一次会议上，乔石委员长指出：本届全国人大常委会要把加快经济立法作为第一位的任务，尽快制定一批有关社会主义市场经济方面的法律。并提出了要在本届内初步形成社会主义市场经济法律体系。八届全国人大常委会立法规划落实党的十四届三中全会精神，围绕初步形成社会主义市场经济法律体系框架的立法目标，将重心放在经济立法上，把有关社会主义市场经济方面的立法项目作为主要内容，包括规范市场主体的法律，如公司法、合伙企业法、破产法等；调整市场主体关系、维护市场秩序的法律，如合同法、证券法、票据法等；改善和加强宏观调控的法律，如预算法、中央银行法、国有资产法等；建立和健全社会保障方面的法律，如劳动法、社会保险法等；发展基础产业及其他方面的经济法律，如民用航空法、港口法等。同时，也包括了加强社会主义民主政治建设、促进教育科学文化发展、保护环境等方面的法律。八届常委会立法规划共提出第一类项目115件，第二类项目37件，是截至目前提出立法项目最多的一届常委会立法规划。

此后，编制立法规划成为全国人大常委会立法工作的重要环节，历

---

〔1〕《中共中央关于建立社会主义市场经济体制若干问题的决定》。

届全国人大常委会，均是在任期届始之年编制立法规划，并报党中央同意后印发执行。

（三）立法规划在中国特色社会主义法律体系形成中演进发展

这一时期有一个鲜明的主线就是中国特色社会主义法律体系的形成。纵观中国特色社会主义法律体系形成的过程，从中国特色社会主义法律体系的初步形成、基本形成到最终形成，立法规划在其中发挥着重要作用，确保了每一阶段的工作任务都能有计划、有步骤地实现。

九届全国人大常委会立法规划围绕初步形成有中国特色社会主义法律体系，重在“强规范”，重点制定和完善保障人民当家作主和规范行政行为的法律。1997年党的十五大报告提出，“加强立法工作，提高立法质量，到2010年形成有中国特色社会主义法律体系”。并提出“要健全财产法律制度，依法保护各类企业的合法权益和公平竞争，并对它们进行监督管理”，“一切政府机关都必须依法行政，切实保障公民权利，实行执法责任制和评议考核制”。[1] 李鹏委员长在第九届全国人民代表大会第一次会议闭幕式上的讲话中，明确提出在九届全国人大任期内要“初步形成有中国特色社会主义的法律体系”，并明确立法重点是“适应建立健全社会主义市场经济体制和经济发展的要求，抓紧制定和完善经济方面的法律；适应深化行政体制改革的需要，切实加强行政立法；还要继续完善社会主义民主政治方面的法律和其他方面的法律”。[2] 李鹏委员长在第九届全国人大常委会第一次会议上的讲话中再次强调，立法重点是“要抓紧制定和完善社会主义市场经济方面的重要法律”，“制定和完善保障人民当家作主和规范行政行为的法律”，并且针对立法规划、计划

---

〔1〕《高举邓小平理论伟大旗帜，把建设有中国特色社会主义事业全面推向二十一世纪》（江泽民在中国共产党第十五次全国代表大会上的报告）。

〔2〕《李鹏委员长第九届全国人民代表大会第一次会议闭幕式上的讲话》。

工作提出，“要进一步加强立法工作的计划性。常委会任期五年要有立法规划，每年度要有立法计划。根据需要与可能，区别轻重缓急，有计划、有步骤地完成立法任务”。[1] 九届全国人大常委会立法规划，紧紧围绕“初步形成有中国特色社会主义法律体系”的任务，突出重点、区分轻重缓急，将现实急需且立法条件比较成熟的有关建立和完善社会主义市场经济体制、保障人民当家作主、规范行政行为方面的立法项目，如立法法、监督法、物权法、合同法、证券法、信托法、行政许可法、行政复议法、政府采购法、环境影响评价法、招标投标法等作为重点列入立法规划。

十届全国人大常委会立法规划围绕基本形成中国特色社会主义法律体系，聚焦“立支架”，重点安排在法律体系中起支架作用的立法项目。党的十六大再次强调，“为适应社会主义市场经济发展、社会全面进步和加入世贸组织的新形势，要加强立法工作，提高立法质量，到2010年形成中国特色社会主义法律体系”。[2] 吴邦国委员长在十届全国人大一次会议闭幕会上的讲话中，明确提出要“争取在本届任期内，基本形成中国特色社会主义法律体系”[3] 的目标。为实现这个目标，吴邦国委员长在十届全国人大常委会第二次会议上的讲话中，对立法规划编制工作提出了三点明确要求：一是“突出重点，把基本的、急需的、条件成熟的立法项目作为立法规划的主要内容”；二是“五年立法规划应当是预期的、滚动的、指导性的，而不是指令性的”；三是“有些法律虽然是基本形成中国特色社会主义法律体系所不可缺少的，但近期的立法条件还不成熟，可以由国务院根据立法法的规定，先用行政法规的形式规定行政管理措施，等将来条件成熟了再制定法律”。[4] 按照这一指导思想，十

---

[1] 《李鹏委员长在九届全国人大常委会第一次会议上的讲话》。

[2] 《全面建设小康社会，开创中国特色社会主义事业新局面》（江泽民在中国共产党第十六次全国人民代表大会上的报告）。

[3] 《吴邦国委员长在第十届全国人民代表大会第一次会议闭幕式上的讲话》。

[4] 《吴邦国委员长在十届全国人大常委会第二次会议上的讲话》。

届全国人大常委会立法规划紧紧围绕在任期内基本形成中国特色社会主义法律体系的任务目标通盘考虑和安排立法工作，突出重点，把基本的、急需的、条件成熟的立法项目，如宪法修正案、物权法、企业破产法、行政许可法、公务员法、治安管理处罚法、反垄断法、企业所得税法、劳动合同法、监督法等作为立法规划的主要内容。

十一届全国人大常委会立法规划围绕形成并不断完善中国特色社会主义法律体系，突出“补短板”，着力加强薄弱环节立法。党的十七大后，社会主义民主政治的不断推进，文化生活的丰富多彩，和谐社会的积极构建，体制机制的改革创新，经济全球化的深入发展，立法任务更加繁重。吴邦国委员长提出，“我们要以完善中国特色社会主义法律体系为目标，继续加强和改进立法工作，抓紧制定在法律体系中起支架作用的法律，及时修改与经济社会发展不相适应的法律规定”。[1] 吴邦国委员长在十一届全国人大常委会第一次会议中再次强调，“我们要按照党的十七大精神，在提高立法质量的前提下，确保到2010年形成中国特色社会主义法律体系并不断加以完善”，并提出“要集中精力抓紧制定在中国特色社会主义法律体系中起支架作用、现实生活迫切需要、立法条件比较成熟的法律，及时修改那些与经济社会发展不相适应的法律规定”，“要以改善民生为重点加强社会领域立法，继续完善经济、政治、文化领域立法”。[2] 十一届全国人大常委会立法规划紧紧围绕确保“形成并不断完善中国特色社会主义法律体系”的立法工作目标，49件一类项目中，在法律体系中起支架作用的重要立法项目占一半左右，确保了中国特色社会主义法律体系如期形成。同时，贯彻落实党的十七大的部署要求，以改善民生为重点，加强社会领域立法，将社会保险法、食品安全法、基本医疗卫生保健法、社会救助法、慈善事业法、精神卫生法、药品管理法（修改）、中（传统）医药法、老年人权益保障法（修改）、职业教

〔1〕《吴邦国委员长在第十一届全国人民代表大会第一次会议闭幕会上的讲话》。
〔2〕《吴邦国委员长在十一届全国人大常委会第一次会议上的讲话》。

育法（修改）、非物质文化遗产保护法、图书馆法等与民生紧密相关的立法项目列入规划。

（四）立法规划在全面深化改革、扩大对外开放中改进创新

党的十八大以来，全面深化改革取得重大突破，取得了改革开放和社会主义现代化建设的历史性成就。在这一过程中，立法规划适应全面深化改革、全面推进依法治国的要求，不断对规划的形式和内容进行探索创新。

主动适应改革需要，对十二届全国人大常委会立法规划进行调整。党的十八大确定了全面建成小康社会和全面深化改革开放的目标。张德江委员长强调，“要不断完善中国特色社会主义法律体系，为全面建成小康社会、深化改革开放提供更有力的法制保障”；立法工作要“充分发挥立法的引领和推动作用，加强重点领域立法，促进社会主义经济建设、政治建设、文化建设、社会建设、生态文明建设”；同时要“加强立法工作组织协调，拓展人民有序参与立法途径，提高立法质量，保证通过的法律更好地体现党的主张和人民的意志”。[1] 十二届全国人大常委会立法规划在中国特色社会主义法律体系形成的新起点上，以提高立法质量为工作重心，不断完善中国特色社会主义法律体系，重点围绕“五大建设”，在推动经济发展方式转变、坚持中国特色社会主义政治发展道路、保障和改善民生、推进社会主义文化大发展大繁荣、推进生态文明建设等方面，都安排了相应的立法项目，共提出立法项目68件，其中一类项目47件，二类项目21件，此外还有一些研究论证项目。党的十八届三中、四中全会作出了全面深化改革、全面推进依法治国的重大决策，提出了一系列的改革举措。为贯彻落实党的十八届三中、四中全会提出的

---

〔1〕《张德江委员长在第十二届全国人民代表大会第一次会议闭幕会上的讲话》。

改革举措，确保重大改革于法有据、立法与改革决策相衔接，根据经济社会发展的需要，十二届全国人大常委会对立法规划作了调整，如贯彻三中全会决定提出的“落实税收法定原则”，将环境保护税法、房地产税法等7件立法项目逐一列明；贯彻四中全会决定“构建国家安全法律制度体系”的要求，将国家安全法、反间谍法、反恐怖主义法、境外非政府组织管理法、网络安全法等与国家安全相关的立法项目列入立法规划。调整后，立法规划项目从原有的68件增至102件。报经党中央通过后，2015年6月以中发文件形式印发了调整后的十二届全国人大常委会立法规划，这是第一次以报中央批准的方式调整立法规划。

落实党中央重大决策部署，加强十三届常委会立法规划与改革决策的衔接。中国特色社会主义进入新时代，党的十九大站在更高起点上谋划和推进全面深化改革、扩大改革开放，提出了一系列重要改革举措，部署了一系列重大改革任务。栗战书委员长强调，“坚持立法与改革相衔接、相统一，确保重大改革于法有据，及时将改革成功经验上升为法律，是党的十八大以来人大立法工作的突出特点”，明确提出“本届常委会要坚决贯彻党中央关于改革的决策部署，在总结以往经验的基础上，继续做好与改革相关的立法工作，确保重大改革举措依法有序推进、落实到位，在法治下推进改革，在改革中完善法治”。[1] 十三届全国人大常委会立法规划紧紧扣住落实党中央重大决策部署，紧紧扣住回应人民群众重大关切，紧紧扣住厉行法治、推进全面依法治国，将党中央提出的一系列重大改革举措涉及的立法项目，作为重点列入立法规划，占规划项目总数的85%。同时，立法规划作出原则性的预期安排，规定为落实全面深化改革等需要制定、修改或者废止法律的，或者需要由全国人大常委会作出有关决定的，适时安排审议，为未来五年形势和任务的发展变化留下空间。这是第一次在立法规划中对改革涉及的立法项目作出原则性

---

〔1〕《栗战书委员长在第十三届全国人大常委会第二次会议上的讲话》。

的预期安排，使立法规划与党中央的重大改革举措结合得更加紧密。

三、立法规划制度的发展和完善在改革开放历史进程中的重要作用

纵观改革开放以来立法规划发展和完善的历程，立法规划主动适应改革开放需要，在建设中国特色社会主义法治体系中扮演着重要的角色，发挥了重要的作用，确保了在改革开放各个历史阶段的立法任务都能有计划、有步骤地完成，充分发挥了立法对改革的引领、推动、规范、保障作用。立法规划的重要性、必要性越来越得到广泛认同。

（一）有利于确保党中央重大决策部署的落实

历届全国人大常委会立法规划都体现了党中央在我国不同发展阶段的工作重点，最全面、最集中、最直接地体现党中央对一届全国人大常委会立法工作的要求。通过落实立法规划，确保党中央的重大决策部署通过法定程序转化为国家意志。

例如，1997 年党的十五大报告提出，到 2010 年形成有中国特色社会主义法律体系。为实现这个目标，九届、十届、十一届全国人大常委会的立法规划，紧紧围绕形成中国特色社会主义法律体系的目标，突出重点、区分轻重缓急，先是安排现实急需且立法条件比较成熟的立法项目，然后是重点安排在法律体系中起支架作用的立法项目，最后是着力加强薄弱环节立法，有计划、分步骤地接续奋斗，推动了中国特色社会主义法律体系如期形成并不断完善。

又如，2017 年党的十九大作出了中国特色社会主义进入新时代、我国社会主要矛盾发生变化的重大政治判断，对立法工作提出了新的更高的要求。十三届全国人大常委会立法规划既着眼决胜全面建成小康社会

的需要，又放眼开启全面建设社会主义现代化国家新征程的需要，将立法着力点更多放在解决发展不平衡、不充分的制度性突出问题上，弥补相关制度规范的短板和缺项，通过制定修改相关法律，推动打好防范化解重大风险、精准脱贫、污染防治三大攻坚战。

（二）有利于发挥立法对改革的引领和推动作用

习近平总书记指出，要实现立法和改革决策相衔接，做到重大改革于法有据、立法主动适应改革和经济社会发展需要。改革开放40年来，改革的每一步进程都离不开法治的保障，改革的不断深入也为立法开辟了新的道路。

立法规划充分发挥其前瞻性、预期性的特点，努力将改革急需的立法项目列入立法规划，发挥立法的引领和推动作用，实现了立法与改革决策相衔接，如1992年年初，邓小平同志发表南方谈话。1993年11月，党的十四届三中全会通过了《中共中央关于建立社会主义市场经济体制若干问题的决定》，确立了建立社会主义市场经济体制的改革目标。围绕建立社会主义市场经济的改革目标，八届全国人大常委会将立法工作重心放在经济立法上，提出的立法总目标是争取在本届内大体形成社会主义市场经济法律体系的框架。把规范市场主体、维护市场秩序、加强宏观调控、促进对外开放等有关社会主义市场经济方面的立法项目作为八届立法规划的主要内容。

党的十九大站在更高起点上谋划和推进全面深化改革、扩大改革开放，提出了一系列重要改革举措，部署了一系列重大改革任务。十三届全国人大常委会立法规划保持规划的总体确定性和必要灵活性，对未来五年立法项目作出明确安排的同时，也为未来五年形势和任务的发展变化留下空间，对全面深化改革和其他方面可能提出的立法需求，目前尚不能具体列明的项目，在立法规划中作出原则性的预期安排。特别明确提出，为落实全面深化改革、全面推进依法治国的部署要求，对涉及国家机构改革、国家安全法治保障、监察体制改革、完善产权保护制度等需要制定、修改或者废止法律的，或者需要由全国人大常委会作出有关决定的，适时安排审议。

（三）有利于立法资源的合理配置和法律体系的和谐统一

立法资源是有限的。全国人大常委会在确保立法质量的基础上，每届能够审议通过的法律草案数量十分有限。在有限的立法资源的制约下，必须区分轻重缓急，将有限的立法资源用在刀刃上。立法规划有重点地安排立法工作，有计划、有步骤地推动立法工作，确保了有限的立法资源得到有效利用。党的十八届四中全会以后，各方面的立法需求进一步增长，提出了大量的立法项目。但是，一些立法项目在调整范围等方面存在交叉、重复等情况，如编制十三届全国人大常委会立法规划时，中国民航总局提出了修改民用航空法的建议，中央军委法制局提出了制定航空法的建议，两个立法项目之间关联性强，交叉重复的内容多，这就需要立法机关统一、合理地配备立法资源。经过专题论证会，十三届全国人大常委会立法规划统筹考虑制定航空法和修改民用航空法，创造性并行列出航空法和修改民用航空法，合理调配立法资源和立法方向，保证了立法资源得到充分、合理的运用。

立法规划有效地保证了法律体系内部的和谐统一。法律体系形成的一个重要标志就是法律体系内部应当做到科学、和谐、统一。改革开放初期的立法工作遵循的原则是“成熟一个就制定一个”，对于法律之间、法律部门之间的关系问题，考虑较少。通过编制和实施立法规划，立法机关可以对法律之间的关系进行通盘考虑，将互相关联或者可能存在冲突的立法项目统筹考虑，确保制度互相衔接。

（四）有利于提高立法质量和立法效率，加快立法工作步伐

形成和完善中国特色社会主义法律体系，建设中国特色社会主义法治体系，建设社会主义法治国家，必须加快立法工作步伐。但是加快立法工作步伐不能“眉毛胡子一把抓”，需要通过立法规划区分轻重缓急，有重点、有步骤地安排立法工作，不断提高立法效率。

立法规划提高了法律草案起草质量。法律草案的起草质量，直接影响着立法步伐和立法质量。立法规划明确了各个立法项目的提请审议单位、起草单位和分工联系的全国人大相关专门委员会，任务清晰，责任明确，有助于各方面、各部门之间协调一致，有效推动立法工作。承担起草工作的责任单位，可以按照立法规划“任务、组织、时间、责任”四落实的要求，积极协调有关方面，抓紧开展起草工作。负责分工联系的全国人大专门委员会，则可以提前介入法律草案的起草工作，抓住起草中遇到的重点、难点问题，深入调研，为常委会审议打下良好基础。

立法规划增强了常委会审议质量和审议效率。没有立法规划、立法计划，立法工作只能被动等待，就没办法做到心中有数，常委会组成人员难以提前进行研究准备，常委会的审议质量和审议效率也就难以提高。立法规划和立法工作计划有效地增强了人大常委会立法工作的主动性，更好发挥人大常委会在立法工作中的主导作用，提高常委会审议质量和审议效率。

四、发展和完善立法规划的几点启示

总结改革开放以来立法规划形成、发展和不断完善历程中的经验，有以下几点启示：

（一）坚持党的领导是发展和完善立法规划的根本与前提

党的十八届四中全会明确，党的领导是中国特色社会主义最本质的特征，是社会主义法治最根本的保证。把党的领导贯彻到依法治国全过程和各方面，是我国社会主义法治建设的一条基本经验。党对立法工作的领导体现在立法工作的全过程和全方面，其中立法规划是党领导立法工作的重要途径。因此，党中央高度重视通过批准立法规划来领导立法工作，在历次印发的关于加强党对立法工作领导的文件中，都对立法规划编制工作提出要求。1991 年《中共中央关于加强党对国家立法工作领导的若干意见》提出，中央对国家立法工作的领导，其中一项是审定全国人大常委会党组报送的全国人大常委会拟订的我国立法工作的规划，支持和保证立法机关充分有效地实施立法规划。2016 年《中共中央关于加强党领导立法工作的意见》明确指出，党中央加强对立法规划和年度计划编制工作的指导，全国人大常委会党组要全程领导立法规划编制工作，科学确定立法项目，进一步明确了立法规划编制工作的时限要求、审批方式、印发形式、调整路径等。

除此之外，党中央在批准历届立法规划时，都明确指出，立法过程中遇到的重大问题应报党中央批准。如九届期间，全国人大常委会党组报请中央批准的法律草案有 21 件。证券法、合同法、高等教育法、村民委员会组织法、立法法、民族区域自治法、婚姻法，在起草或审议过程中的重大问题，都及时向党中央请示报告。十届、十一届全国人大报请党中央研究的法律草案数量虽有减少，但分量一点不轻。十八届四中全会后，每年的中央政治局工作要点都明确列出需要中央研究的重大立法事项，由常委会党组或者其他承担法律草案起草任务的机关报请党中央研究。在政治局常委会年度工作要点中明确需要中央研究讨论立法项目，意味着党中央研究重大立法事项已经逐步进入制度化、规范化的轨道。

（二）严格依法依规开展编制工作是发展和完善立法规划的基础

随着立法规划的相关法律、制度的逐步建立和完善，必须严格依法依规开展立法规划编制工作，不断提高编制工作的规范化水平。2015 年 3 月 15 日第十二届全国人大三次会议通过修改立法法的决定。修改后的立法法新增加了关于立法规划的条文，明确全国人大常委会要通过立法规划、年度立法计划等形式，加强对立法工作的统筹安排；要求编制立法规划和年度立法计划，应当认真研究代表议案和建议，广泛征集意见，科学论证评估，根据经济社会发展和民主法治建设的需要，确定立法项目，提高立法的及时性、针对性和系统性。党的十八届四中全会提出，要“加强人大对立法工作的组织协调，健全立法起草、论证、协调、审议机制”，并明确提出要“完善立法项目征集和论证制度”。2016 年，经常委会领导批准并报中央改革办，全国人大常委会法工委总结立法规划、立法计划编制工作经验，根据立法法，制定了《立法项目征集和论证工作规范》，进一步推动了立法规划编制工作的规范化。

（三）优化工作机制是发展和完善立法规划的重要方面

立法规划编制工作作为立法工作的一个环节，不能孤立开展，必须把立法规划编制工作放在整个立法工作的框架中和整个立法过程的链条中来考虑和安排。编制立法规划的具体工作随着立法工作体制的调整经历了多次变化。七届全国人大关于五年立法规划的初步设想是由全国人大法律委员会提出的。七届、八届、九届全国人大常委会立法规划，都是由全国人大常委会秘书处负责起草。九届全国人大后期，全国人大常委会秘书处改为常委会办公厅秘书二局。十届全国人大常委会立法规划由常委会办公厅负责起草。十届全国人大后期，决定对全国人大机关立法工作体制作出调整，由全国人大常委会法制工作委员会负责统筹立法工作全过程，履行“规划、组织、协调、指导、服务”的职能，将常委会办公厅秘书二局的立法规划等相关立法职能划归常委会法工委，成立立法规划室。这次调整，使立法规划编制工作更加适应立法工作的实际需要，更加符合立法规律。自此，从十一届以来的历届全国人大常委会立法规划，都是由常委会法工委负责具体起草拟定工作。

（四）加强立法规划的落实是发展和完善立法规划的关键

习近平总书记多次强调抓落实，要“一分部署，九分落实”。立法规划只是对未来五年立法工作的预期性安排，能否真正发挥作用，关键在于落实。历届全国人大常委会都高度重视立法规划的落实，一般都要召开立法工作会议，部署立法规划的贯彻落实。立法工作会议后，法工委向承担起草任务的部门和单位发函，请其按照“任务、时间、组织、责任”四落实的要求，拟定具体工作计划。从近几届全国人大常委会立法规划的落实情况来看，一类项目完成率都在65%以上：九届全国人大常委会立法规划一类项目完成率达71.43%；十届全国人大常委会立法规划一类项目完成率达到66.1%；十一届全国人大常委会立法规划一类项目完成率为67%；十二届全国人大常委会立法规划一类项目完成率达到75%。总结以往经验，落实立法规划的关键在重点、难点立法项目的推动。随着改革的不断深入，立法工作中难免遇到“硬骨头”，而解决这些“硬骨头”又是推进全面深化改革、扩大对外开放所必需的。对于一些重点、难点立法项目，必须本着集中优势力量办大事的原则，明确提出要重点推进相关工作，不断地集中力量攻坚克难，使那些亟须改革且立法难度较大的法律项目陆续出台，有力地保障和推进改革的顺利进行。例如，要形成中国特色社会主义法律体系，有些调整基本社会关系的起支架作用的法律必须制定。十届全国人大常委会立法规划就突出重点，将物权法、企业破产法、行政许可法、反垄断法、企业所得税法、劳动合同法、监督法等影响法律体系基本形成的起支架作用的法律列入立法规划，推动了法律体系的基本形成。

五、主动适应新时代改革要求，进一步发展完善立法规划工作的几点思考和建议

党的十九大宣告，经过长期努力，中国特色社会主义进入了新时代，这是我国发展新的历史方位。面对新时代改革开放提出的新要求，立法规划必须坚持以习近平新时代中国特色社会主义思想为指导，积极探索进一步发展立法规划的有效途径和方法。

（一）在加强党的领导，更好贯彻落实党中央的重大决策部署方面

历届常委会立法规划编制工作都是在党的领导下开展的，最重要的任务就是落实党中央的决策部署，通过立法推动和保障党中央决策部署有效实施，如十三届常委会立法规划所列立法项目中属于贯彻党中央决策部署的项目占85%。在以后的立法规划编制工作中还有几点需要研究：一是如何适应立法工作体制机制的新变化。中央全面依法治国委员会成立后，进一步加强了对法治中国建设的统一领导，立法规划需要研究如何在程序上、机制上适应这一新情况。二是对尚不明确立法需求如何作出安排。在实践中，有时党中央已经作出决策，但具体改革路径还处于探索过程中。如海南自由贸易试验区、雄安新区建设等重大改革举措，党中央已经明确，但有哪些方面立法需求，哪些现行的法律不能适应改革的要求，还没有研究清楚，也就难以纳入立法规划。三是能否明确需要中央研究的重大立法事项。党的十八大后，向党中央请示报告制度逐步完善，重大立法事项以及在立法过程中遇到的重大问题都及时报请党

中央研究决定。但在实践中，一些重大立法事项未能及时提出，影响了立法进程。能否通过立法规划明确需要党中央研究的重大立法事项，避免随意性。四是如何对大会审议法律案作出安排。近年来，全国人民代表大会审议法律案逐渐成为常态，立法规划需要研究如何明确提请大会审议的立法项目。

（二）在主动适应改革需要，综合运用多种立法形式，推动在更高层次、更高水平、更高质量上完善中国特色社会主义法律体系方面

要适应新时代改革的需要，必须进一步增强立法规划的总体确定性和必要灵活性，为未来形势和任务的变化留出空间。十三届全国人大常委会立法规划对改革涉及的立法项目作出原则性的预期安排，是立法规划主动适应新时代改革要求的一个重要探索。立法规划如何在已有工作的基础上，更好主动适应改革开放的需要，还有几点需要研究改进：一是能否对法律清理作出安排。随着改革开放的不断深化，一些法律、有关法律问题和重大问题的决定已经明显不适应改革开放的要求，但这些法律、决定仍然留存在我们的法律体系中，不仅对改革开放造成障碍，也影响了法律的权威。能否通过立法规划对法律清理作出安排，对不适应改革开放的法律、有关法律问题和重大问题的决定进行一次全面清理。二是如何对多种立法形式作出安排。近年来，随着改革的深入，各方面提出立法需求的日益多样，立法工作必须综合运用立、改、废、释、决定、“打包修改”等多种立法形式，为全面深化改革、扩大对外开放提供宽阔的立法平台。但目前立法规划只对新制定和修改的法律作出安排，未对其他形式的立法活动作出安排。立法规划需要对法律的立、改、废、释，有关法律问题和重大问题的决定、“打包修改”等多种形式的立法活动都作出统筹安排，以更好地适应新时代改革的需要。

（三）如何进一步增强立法规划的科学性、民主性，更加充分反映人民群众的意愿和需求方面

进入新时代，立法规划要进一步发挥作用，最重要的还是要看立法规划安排的立法项目是否反映了人民群众日益增长的美好生活需要，是否具有较强的必要性、可行性。这必须进一步积极探索改进立法规划编制工作方式方法。一是探索对立法项目进行成本效益评估。OECD（经济合作与发展组织）、欧盟都要求成员国开展立法前对立法项目进行成本效益评估。2011年，全国人大法工委选取反家庭暴力法、航道法，采取成本效益评估、问卷调查等方式进行了评估论证。北京、上海等地方人大常委会也采取多种方式进行立法项目评估，取得了较好的效果。《立法项目征集和论证工作规范》明确规定，可以采取实地调研、问卷调查、成本效益分析等多种方式进行研究评估，形成论证报告。建议在今后的立法规划编制工作中，选取部分重要的、有较大意见分歧的立法项目进行成本效益评估。但是也要注意，成本效益分析、问卷调查等论证评估只能作为确定立法项目的一个重要依据，但不是决定性因素。立法工作从根本上讲是一项政治活动，确定立法项目需要从多维度进行考虑，很多立法项目的必要性、可行性难以进行定量分析，还必须综合考虑到政治、社会影响等多个方面。二是探索向社会公开征集立法项目建议。地方对扩大立法项目征集范围作了一些探索，如上海市在征集立法项目时，除了全国和市级人大代表、人大各专门委员会、政府有关部门以外，还向市民群众征集；湖北省也扩大规划项目来源，在媒体网站向社会广泛征求立法项目建议。建议在今后的立法规划编制工作中，探索通过互联网等途径，直接向社会征集立法项目。但根据地方和其他国家的经验，直接向社会征集立法项目也可能产生一些问题。（1）社会参与热情不高，提出的立法项目建议质量不高。一些已经开展向社会征集立法项目的地

方反映，社会公众对提出立法项目参与热情不高，提出的立法项目寥寥，即使提出立法项目建议，大多只有一个法名，建议质量不高。（2）容易提出一些社会争议较大的立法项目。俄罗斯、芬兰等国家在直接向社会征集立法项目时，一些社会公众提出了同性恋等社会高度争议的立法项目，反而造成了矛盾的激化、社会的分裂。三是如何推动配套规定的落实。中国特色社会主义法律体系是一个多层次的体系，一些法律需要国务院、地方或者政府部门作出具体规定，这些具体规定作为法律的配套组成部分，如果未及时规定，会严重影响到法律的实施。立法规划应当对有关配套规定有充分的考虑和安排，要求法律草案的起草部门要同步起草相关配套法规，确保法律得到有效实施。

改革开放40年我国刑法的发展

1978年12月召开的十一届三中全会是党和国家历史上一个伟大的转折点，这次全会开启了我国改革开放事业的伟大征程，也打开了我国法制建设事业迅速发展的新局面。刑法是改革开放后最先制定的几部法律之一，是我国社会主义法律体系的基础性法律。刑法关系国家安全、社会稳定、人民安居乐业，是法治大厦中重之又重的一块基石。同时，刑法关乎公民人身自由、生命财产的生杀予夺，必须始终坚持慎之又慎的立法理念。40年来，刑法立法始终紧紧围绕党和国家事业的大局，与经济社会急速发展变化相适应，有力保障了改革开放的顺利进行。伴随着改革开放的不断推进和深化，刑法也不断趋于完备，逐渐走向现代化。刑法是衡量一个国家和社会法治文明程度的温度计、风向标，刑法制定、修改、补充的历史，正是改革开放事业波澜壮阔、一路走来的见证，是党领导人民不断加强法制建设的见证，是社会主义法治和人权保障事业不断取得巨大成就的见证。

一、我国刑法发展的基本历程

刑法立法是40年来我们国家立法活动当中最积极、最活跃的领域和方面，在修改频度和内容上都表现出非常积极活跃的一面，取得丰硕成果。我国刑法制定于1979年，1997年对其进行了全面修订，实践中通常称之为1979年刑法和1997年刑法，其间，全国人大常委会制定了25个单行刑法，还在一些民事、经济、行政法律中规定了“依照”“比照”刑法的有关规定追究刑事责任的法律条文130多条。1997年刑法之后制定了1个单行刑法，10个刑法修正案，13个有关刑法的法律解释，还在有关法律清理决定中，对刑法个别条文作了修改。40年来，我国刑法从内容到形式，从理念到实践都发生了巨大变化。

（一）1979年刑法：与改革开放相伴而生

早在1954年宪法颁行以后，全国人大常委会办公厅法律室就着手起草刑法，至1957年6月，草拟了第22稿，提交全国人大法案委员会审议，并且在第一届全国人大四次会议上印发征求意见。此后，由于“反右”斗争中止。到1961年重新启动，1963年时拟出第33稿，但由于随后的“四清运动”“文化大革命”，刑法立法工作停止。1978年12月，党的十一届三中全会召开，确定了改革开放，建设社会主义民主法制的方向。为了实现党和国家生活的民主化、制度化和规范化，保障改革开放，必须抓紧制定一批国家和社会生活急需的基本法律。邓小平同志指出，“应该集中力量制定刑法、民法、诉讼法和其他各种必要的法律”。1979年2月，第五届全国人大常委会第六次会议决定设立全国人大常委会法制委员会。在彭真同志的主持下，从3月中旬开始，以1963年第33稿为基础，抓紧进行刑法立法工作。1979年7月1日，第五届全国人大第二次会议通过了刑法，这是新中国的第一部刑法，是改革开放之后我国第一批通过的法律。刑法和同时通过的刑事诉讼法，开创了我国刑事法治的新纪元，刑事法典从无到有，从此办理刑事案件由过去主要依靠政策转变为依靠法律。

1979年刑法制定的时间实际上是比较短的。党的十一届三中全会后决定制定刑法，以20世纪五六十年代的刑法草稿为基础，作了一些修改，实际工作时间仅有几个月的时间。这反映了当时党和国家对法制建设的急迫需求。邓小平同志说："现在立法的工作量很大，人力很不够，因此法律条文开始可以粗一点，逐步完善……修改补充法律，成熟一条就修改一条，不要等待'成套设备'。总之，有比没有好，快搞比慢搞好。"按照这一精神，刑法作为国家的基本法律，最先制定出来。

1979年刑法分为总则和分则两编，共有13章、192条，其中总则5章、89条，分则8章、103条。作为新中国第一部刑法典，规定的内容也是全面的，但当时我国的民主法制建设刚刚起步，改革开放的基本路线刚刚提出，市场经济的理念和实践尚未建立和展开。囿于当时的条件和研究水平，以及司法实践经验的不足，在对刑法的基本制度和原则作出规定的同时，对分则具体犯罪的规定较为简约和粗疏。应当说，这部刑法是适应当时的社会历史条件的，对打击犯罪，保护人民发挥了重要作用。1979年刑法实施之后，随着改革开放的不断深化和经济社会的快速发展，新情况、新问题不断出现，刑法如何适应急剧变化的社会现实，如何服务和保障好改革开放这一前所未有的伟大变革，成为刑法立法工作面临的艰难而又巨大的挑战。

（二）25个单行刑法：保护改革开放破浪前行

随着改革开放的推进，我国经济社会发生巨大变化，人们的价值观、思想观念也发生了很大变化，一些过去的社会规范逐渐失去作用，而新的社会规范尚待形成。在此过程中出现了犯罪快速增长的情况，有的专家称为"文革"后的第一次犯罪高潮，同时，"打开窗户，新鲜空气会进来，苍蝇也会飞进来"，对于打开国门后一些随之而来的犯罪问题也需要运用刑法治理。为此，在1979年刑法实施后不到一年，全国人大常委会就开始颁布单行刑法，以快速适应惩治犯罪、保护人民、维护社会秩序的需要，有力保障了改革开放的顺利进行。1981年至1995年全国人大常委会共通过了25个单行刑法性质的决定和补充规定，对刑法作出修改和补充。

这些单行刑法，总体上可以分为四个方面：一是适应20世纪80年代初期“严打”需要，维护社会大局稳定的规定。包括《关于死刑案件核准问题的决定》（1981年）、《关于处理逃跑或者重新犯罪的劳改犯和劳教人员的决定》（1981年）、《关于严惩严重破坏经济的罪犯的决定》（1982年）、《关于严惩严重危害社会治安的犯罪分子的决定》（1983年）等。二是随着经济领域改革开放迅速推进，出现了一些过去很少或者是没有的新的经济犯罪问题。对这些问题，1979年刑法中没有规定或者规定得比较粗疏，需要予以补充明确。为此，全国人大常委会先后通过了《关于惩治贪污罪贿赂罪的补充规定》（1988年）、《关于惩治走私罪的补充规定》（1988年）、《关于惩治偷税、抗税犯罪的补充规定》（1992年）、《关于惩治生产、销售伪劣商品犯罪的决定》（1993年）、《关于惩治假冒注册商标犯罪的补充规定》（1993年）、《关于惩治侵犯著作权的犯罪的决定》（1994年）、《关于惩治违反公司法的犯罪的决定》（1995年）、《关于惩治伪造、虚开代开增值税专用发票犯罪的决定》（1995年）、《关于惩治破坏金融秩序犯罪的决定》（1995年）等。特别是进入20世纪90年代以后，经济犯罪立法的步伐加快。这些立法对于保护经济领域改革成果、保障和推动经济发展发挥了重要作用。三是对社会管理领域犯罪的治理。改革开放后随着国际交往增多，出现了一些新的危害国家安全和社会秩序的犯罪，有的犯罪死灰复燃或者出现了更为严重的情况，如窃取、泄露国家秘密，偷越国边境，毒品，淫秽色情问题等，需要在刑法上作出回应。全国人大常委会先后通过了《关于惩治泄露国家秘密犯罪的补充规定》（1988年）、《关于惩治捕杀国家重点保护的珍贵、濒危野生动物犯罪的补充规定》（1988年）、《关于惩治侮辱中华人民共和国国旗国徽罪的决定》（1990年）、《关于禁毒的决定》（1990

年)、《关于惩治走私、制作、贩卖、传播淫秽物品的犯罪分子的决定》(1990年)、《关于惩治盗掘古文化遗址古墓葬犯罪的补充规定》(1991年)、《关于严惩拐卖、绑架妇女、儿童的犯罪分子的决定》(1991年)、《关于严禁卖淫嫖娼的决定》(1991年)、《关于严惩组织、运送他人偷越国(边)境犯罪的补充规定》(1994年)等。四是随着我国对外开放,加入一些国际条约,刑法也适应国际化的需要,作了相应调整。全国人大常委会通过《中华人民共和国对于其缔结或者参加的国际条约所规定的罪行行使刑事管辖权的决定》(1987年),对国际公约罪行的普遍刑事管辖权作了规定;为履行有关国际公约义务,通过《关于惩治劫持航空器、船舰犯罪的补充规定》(1992年),将公约要求转化为国内刑法规定。1997年修订刑法时,又根据情况的变化,对我国刑法的属人管辖、域外管辖等作出调整,体现了刑法开放和国际化的姿态。另外,为了适应维护国防利益的需要,全国人大常委会制定了《中华人民共和国惩治军人违反职责罪暂行条例》(1981年)。1997年修改刑法时,为了刑事法制的统一,将条例的有关内容纳入刑法典中作专章规定,同时,为切实维护国防利益,增加了危害国防利益罪一章。

上述单行刑法对1979年刑法的修改补充,主要体现在:一是增加了大量新罪名。增加的罪名已超过了1979年刑法本身规定的罪名数。二是在罪状方面,对1979年刑法已有罪名作了细化规定,构成要件更为明确,规定了适用不同量刑档次的具体情形。三是较为普遍地提高了犯罪的刑罚。不少犯罪增设了死刑。1979年刑法规定了27个死刑罪名,加上军人违反职责罪11个死刑罪名,一共38个死刑罪名,此后的单行刑法增加了33个死刑罪名。四是对总则作了修改完善。修改补充了有关管辖、单位犯罪主体、量刑制度、共同犯罪等方面的规定。此外,全国人大常委会还在107部民事、经济、行政法律中规定了“依照”“比照”刑法的有关规定追究刑事责任的条款130多条。在这些法律中对犯罪行为(罪状)作了描述,规定比照刑法相应条款追究刑事责任,有的学者将之称为附属刑法规范。总体而言，这期间的刑法立法体现了从严的精神，反映了刑法在社会治理和保障改革开放方面的特殊重要性。

单行刑法具有快速、适应性强的特点，在改革开放迅速推进，来不及、也没有条件对刑法进行完整、系统修改的情况下，采用单行刑法的方式以适应惩治犯罪的需要，是与当时的经济社会发展完全相适应的。这些法律为改革开放事业保驾护航发挥了重大作用，与此同时，随着社会主义法制的不断进步和发展，单行刑法多而分散，与1979年刑法不协调以及适用上的不便等问题也日益凸显，适时对刑法作出全面修订成为加强社会主义法治的迫切需要，而一系列单行刑法等对刑法的修改补充为新的刑法典的制定奠定了基础。

（三）1997年刑法：全面总结改革开放以来刑法实施的经验

对1979年刑法作修改的想法早已有之，在颁布单行刑法的同时也在研究修订刑法的问题。1982年全国人大常委会着手对刑法修改的意见进行收集和整理。1988年七届全国人大常委会将刑法修改列入立法计划，当年12月形成了刑法修改稿。后来由于各种原因，刑法修改被搁置，1993年八届全国人大常委会再次将刑法修改列入工作计划，成立了刑法修改小组。1996年完成了刑事诉讼法的修改后，全国人大常委会法工委的工作重心转向刑法，刑法修改工作步伐加快。经过1996年12月、1997年2月两次常委会审议，1997年3月14日八届全国人大第五次会议通过了刑法（一般称为1997年刑法）。

1997年刑法是在全面总结我国改革开放以来刑事司法实践经验，充分吸收刑法科学研究成果，研究借鉴国外相关立法的基础上，在我国改革开放近20年，社会主义市场经济体制基本确立的背景下制定的。1997年刑法对1979年刑法可谓全面修订，刑法分则从103条扩展为350条，总体上经济社会生活中的各种犯罪在刑法中都作了规定，这也保证了刑法在相当长一段时期内能够基本适应同犯罪作斗争的需要。尽管在以后的社会发展过程中也需要不断地对刑法作一些修改与调整，但这种调整是在相对完备的刑法典基础上所作的局部修改和补充。1997 年刑法在我国社会主义民主法制建设中具有划时代的意义。

一是统一的刑法典。1997 年修订刑法时下决心制定一部统一的刑法典。将 1979 年刑法实施 17 年来由全国人大常委会作出的有关刑法的修改补充规定和决定，经研究修改后编入刑法；取消附属刑法规范，将一些民事、经济、行政法律中“依照”“比照”刑法有关条文追究刑事责任的规定，改为刑法的具体条款；将拟制定的反贪污贿赂法编入刑法；将中央军委已提请八届全国人大常委会审议的《中华人民共和国惩治军人违反职责犯罪条例（草案)》纳入刑法，作为刑法分则的一章。1997 年刑法的颁布，确立了我国刑事立法统一刑法典的模式。统一刑法典是历史和现实的选择，保证了国家刑事法治统一，符合我国社会治理历史文化传统，有利于正确把握刑事政策和准确区分罪与非罪的界限，便于司法机关执行和人民群众理解学习，与我国采取行政处罚和刑罚二元分立的法律责任体系以及我国立法程序的特点相适应。

二是确立罪刑法定等刑法基本原则。罪刑法定、禁止类推是现代刑法的基石，有的国家称之为“铁则”，将之规定于宪法当中。1979 年刑法在总体坚持罪刑法定原则的同时，保留了严格限制适用的类推制度，即需报最高人民法院核准，实际办案中极少使用。因此，从表面上看，确立罪刑法定、废除类推制度实际效用似乎有限，但刑法下决心正式确立罪刑法定原则，体现了对现代法治原则和精神的坚守，体现了制度自信。罪刑法定原则的确立对此后的刑法立法理念，对司法实践中刑法的适用、解释以及司法人员的办案观念都具有重大意义和深远影响。1997 年刑法修改整个过程中也贯彻了罪刑法定的精神和要求，尽量把构成犯罪的条件表述清楚，作出明确具体、可操作的规定，对一些原来比较笼统、原则的规定，如投机倒把罪、流氓罪等“口袋罪”作了分解处理等。

此外，还规定了刑法适用人人平等、罪责刑相适应等现代刑法的基本原则。

三是规定了较为完备的罪名体系。适应新时期国家发展的阶段和任务，将反革命罪修改为危害国家安全罪。除了1979年刑法、单行刑法和附属刑法需要保留的罪名之外，对于新出现的需要追究刑事责任的危害社会行为，在深入研究，准确把握其特征、规律和趋势的基础上，对其中比较成熟、比较有把握的都尽量作出规定，如在黑社会性质组织犯罪、恐怖活动、洗钱、计算机、证券、环境资源等新领域增加了160多个新罪名。刑法通过后，最高人民法院根据刑法规定，以司法解释形式确定的罪名是412个，形成了分类完整的罪名体系。

（四）刑法修正案：不断适应改革开放新情况、新要求

1997年全面修订刑法时，目标是制定一部统一的、比较完备的刑法典。新刑法通过后，刑法修改脚步并没有一刻停歇，而是随着经济社会的发展和改革开放的深化，紧紧围绕改革开放中出现的新情况、新问题、新要求，不断进行修改补充。在刑法修改的力度和频率方面，1997年刑法后的20年，与1979年刑法后的约20年，可谓不相上下。自1997年刑法实施以来，全国人大常委会先后通过了1个单行刑法，10个刑法修正案，13个有关刑法的法律解释，还在法律清理决定中对刑法个别条文作了修改。截至2017年11月刑法修正案（十）通过，对1997年刑法修改111条，增加39条，删去1条，条文变化率达33.4%，三分之一的条文有所变化。这期间刑法修改的重要成果和进步主要体现在：

1. 两次减少死刑罪名

慎用死刑是我们党在死刑政策上的一贯主张，然而在相当长一段时间内，从立法上减少死刑的条件一直未能具备，这方面的探索和实践也比较少。1979年刑法、1997年刑法制定过程中都做过专门研究，严格限

制死刑适用的精神也都有所体现。但总体来看，1997年刑法死刑罪名偏多，死刑罪名章节分布较为宽泛的问题还是比较突出的。1997年刑法后，刑法作了多次修改完善，坚持不再增加规定死刑条款。随着经济社会发展和法治文明进步，我国社会治理能力有了很大提升，社会治安形势也有了明显好转，从立法上减少死刑罪名的条件已经具备。为此，中央于2008年提出适当减少死刑的要求，2011年刑法修正案（八）正式启动了我国逐步减少死刑罪名的进程，减少了13个经济性非暴力犯罪的死刑，步伐迈得比较大。党的十八大以来，中央审时度势，十八届三中全会进一步提出逐步减少适用死刑罪名的明确要求，为此，2015年刑法修正案（九）进一步取消了9个罪名的死刑。通过这两次减少死刑，我国刑法死刑罪名减少了约三分之一。目前，除贪污、受贿罪外，我国对经济性非暴力犯罪基本上不再保留死刑，死刑罪名基本上与国家安全、公共安全、人民生命安全相关。此外，几次刑法修改还严格了死缓执行死刑的条件、对老年人一般不适用死刑、将终身监禁作为贪污受贿犯罪的死刑替代措施、取消绑架罪绝对死刑规定等。

2. 调整刑罚结构

科学的刑罚设置和有效执行是惩治和预防犯罪的关键一环，修改补充罪名之外，如何提升刑罚效果是需要认真研究的。刑法修正案（八）和刑法修正案（九）对我国刑罚结构作了较大调整。调整死刑、无期徒刑和有期徒刑的结构关系，严格死缓执行刑期，增设死缓限制减刑制度，延长无期徒刑最低服刑年限，适当提高有期徒刑数罪并罚的最高刑期；完善数罪并罚制度，使各刑种并罚都有着落；建立社区矫正制度，使监禁和非监禁的刑罚方法更为衔接、配套；创设职业禁止、禁止令等预防性、保护性措施，进一步完善了刑法治理犯罪的措施体系；还对缓刑、假释、累犯、坦白、减轻处罚幅度、立功等量刑制度作了修改和完善。

3. 及时修改补充罪名

一方面增加规定了57个新罪名，另一方面对原有一些犯罪的构成要件、法定刑作出调整。修改补充分则罪名的范围非常广泛，涵盖了分则各章、各领域犯罪。一是不断完善有关经济犯罪规定。随着改革开放不断深化，经济领域出现了一些新的违法犯罪，有的是过去未曾遇到的，有的是我们未曾预见的。面对这些新的挑战，反映在刑事立法上，即是经济犯罪有关规定的不断修改完善。1998 年的单行刑法、第一个刑法修正案都是专门针对经济犯罪的规定，刑法修正案（五）、刑法修正案（六）、刑法修正案（七）、刑法修正案（八）等也多有涉及。修改补充了外汇、证券期货和其他金融领域，海关、税收等领域的犯罪规定。二是适应反恐斗争新形势，完善恐怖活动犯罪规定。刑法修正案（三）是专门完善恐怖活动相关犯罪的一个刑法修正案，刑法修正案（九）修改补充了 8 条有关恐怖主义、极端主义犯罪规定。三是完善反腐败刑法规定，对非国家工作人员贿赂、影响力交易、外国公职人员贿赂犯罪等作了补充，严密腐败犯罪法网，调整贪污受贿定罪量刑标准，加大行贿处罚力度等。四是适应互联网违法犯罪的特点，完善惩处网络犯罪规定。五是完善破坏环境资源犯罪规定。六是完善保护人民群众切身安全的规定，修改补充有关食品、药品、安全生产、危险驾驶、邪教、黑社会性质组织相关犯罪规定等，加强对弱势群体人身权利保护。七是强化社会治安，维护社会秩序。修改补充有关妨害社会诚信、盗窃、抢夺、毒品、赌博等犯罪规定，与劳动教养废除相衔接等。总之，从维护国家安全到保障金融稳定，从食品药品安全到生态环境保护，从保护弱势群体权益到维护司法权威，从维护网络安全到加强社会诚信，从反恐到反腐败等，刑法的修改完善涉及国计民生、社会管理的方方面面。

4. 不断完善刑事立法技术

在对刑法修改内容作出修改完善的同时，在立法技术方面也进行了积极探索、创新和实践。1997 年刑法的相对系统完备为刑法修正案的修法模式预留了空间。1998 年全国人大常委会制定关于惩治妨害外汇管理犯罪的决定时，仍然采用了单行刑法的方式。但之后 1999 年全国人大常委会在国务院提请审议的《关于惩治违反会计法犯罪的决定（草案）》《关于惩治期货犯罪的决定（草案）》的立法过程中，对于采用何种立法形式进行了更为深入的研究，意见也趋于一致，遂经过审议，不再通过制定单行刑法的方式修改刑法，将上述两个决定草案的内容规定在修正案中，通过了新中国历史上第一部刑法修正案，开创了修正案作为刑法修改基本方式的先河。之后又相继通过了刑法修正案（二）到（十），确立了刑法修正案作为刑法修改的基本方式的地位。刑法修正案对刑法的修改，不改变原刑法条文序号，增加的条文在相关条文后用之一、之二等表述，维护了刑法典的完整性和统一性。同时，法律解释成为刑法的又一重要渊源，2000年以来，全国人大常委会先后通过了13个关于刑法有关条文和章节含义及明确法律适用问题的解释，进一步丰富了刑法的渊源。

二、我国刑法发展的总体特点

（一）刑法的修改补充，不断适应经济社会发展变化和改革开放需要，体现出鲜明的时代特征

经济基础决定上层建筑。法律作为上层建筑体系的重要组成部分，必然随着经济基础的发展变化而相应调整，以适应经济社会发展的需求；实践决定认识，立法活动也是一种认识活动，随着人类的社会实践不断发展，新的社会现象不断涌现，在不同历史条件和社会发展阶段，会产生一些新的犯罪，原有的一些犯罪也会呈现出一些新的特点与形态，这些实践中产生的新情况新问题，决定了我们的认识和立法活动也必将不断深化和提升。40年刑法发展具有鲜明的历史性、阶段性、时代性特征，不同时期的刑法具有其独特个性。

一是刑法立法非常积极活跃，本质上是改革开放伟大决策和我国经

济社会发生巨变所决定的，不以人的意志为转移。改革开放以来，我国经济社会高速转型的脚步从未停止，过程是浓缩的、急剧的。我们从传统农业社会迈向工业化社会转型还未完成之时，又迎来了信息化社会，从计划经济体制走向社会主义市场经济，社会主义市场经济本身也在继续完善之中，经济管理体制改革不断深化；社会结构和社会治理方式也在不断调整，一些社会矛盾和安全问题不断凸显；人们的价值观呈现多元化，传统社会治理手段功能削弱；国家治理方式也在转型变化，人民对法治的需求不断增强。所有这些转型期的因素和特征，决定了我国刑法必将不断面临新的挑战，必然要对这些转型期的特点做出反应。因而在修改完善的内容、频率上都表现出积极主动的姿态。1979 年刑法施行刚一年多，面临严峻的社会治安形势就不得不修改，1997 年刑法通过后，虽然力图制定一部统一的、比较完备的刑法典，然而刑法修改并没有像预想中的那样可以缓一缓，很快亚洲金融危机爆发，刑法修改再次提上日程。40 年来，全国人大常委会就刑法问题进行的专门立法活动达到 50 多次，这在当代世界各国刑事立法活动中都是少有的。

刑法 40 年的发展表明，刑法始终是社会治理的重要手段，在社会治理体系中处于活跃状态，发挥了重要作用。在国家和社会发展遇到挑战时，经常会考虑到刑法手段，适时修改完善刑法加以应对。针对社会转型期的各种风险矛盾，国家对刑法较为倚重，人民对刑法积极参与社会治理的呼声较为强烈。刑法 40 年的历程提醒我们，刑法过去、现在和将来很长一段时期，始终都是社会治理的重要手段，不能轻视刑法在保障国家安全、社会稳定和保护人民利益方面发挥的基础性作用，未来也仍需重视刑法在国家综合治理体系中的特殊作用。

二是刑法立法紧扣时代脉搏，为改革开放保驾护航。回顾 40 年来刑法立法和改革开放，在改革开放关键时期，刑法都积极回应，保障和推动改革开放不断向前。改革开放初期，为保障改革开放顺利推进，迅速修改补充刑法规定，严厉打击危害社会治安和经济秩序犯罪；20 世纪 80

年代末到90年代初期，对改革开放伴随的犯罪问题，如贪污贿赂、淫秽色情、毒品、偷渡、走私、偷税，以及其他经济犯罪等，及时完善刑法进行惩治，体现了改革开放“两手抓、两手都要硬”的要求；新刑法施行不久就爆发了亚洲金融危机，我国外汇储备也在短时间内急剧下降，给我国的金融安全带来了严峻挑战和极大威胁，全国人大常委会及时作出立法决策，通过了《关于惩治骗购外汇、逃汇和非法买卖外汇犯罪的决定》，体现了刑法的快速反应和应急保障，为防止外汇大量流出发挥了重要作用，稳定了金融安全；证券、期货等资本市场是我国经济发展和创新的前沿领域，为应对这一领域改革开放过程中不断出现的新情况，刑法及时调整，对期货市场、操纵、内幕交易、“老鼠仓”等作出规定，维护经济安全；刑法很多其他修改补充也都是在改革开放的背景下，致力于维护国家安全、经济安全和社会安全，保障改革开放成果，特别是刑法修正案（八）、刑法修正案（九）贯彻落实中央改革决策部署，深化司法体制改革，对犯罪和刑罚制度作出修改补充。还应当预见的是，随着改革开放进入深水区、攻坚期，中央确立的改革决策，涉及刑法修改的将继续增加，刑法修改应坚决贯彻中央决策部署，发挥刑法对改革的引领推动作用。

三是刑法修改顺应国家开放要求，与国际接轨。随着经济全球化的不断推进，开放已成为时代发展的客观要求，刑事立法也不例外。改革开放后，我国国际交往增多，国外的一些犯罪不可避免地会通过各种途径传导到境内，我国公民也成为一些犯罪组织的侵犯目标。与此同时，随着我国国际影响力的提高，作为一个负责任的大国，在立法活动中坚持从我国实际出发的基础上，还必须坚持开放，积极履行有关国际条约义务，特别是随着全球化和科技的发展，打击跨国有组织犯罪、恐怖活动犯罪、毒品犯罪、腐败犯罪等需要各国共同努力。我国先后缔结或者参加了一些国际公约，这些公约对我国履行公约义务提出了要求。为适应国际犯罪形势的变化和履行公约义务，需要将公约的要求转化为国内法律规定。我国在履行有关制止劫持航空器、反腐败、人口贩运、恐怖活动、TRIPs（《与贸易有关的知识产权协定》）等联合国决议或者国际条约提出的义务方面以及对国际公约规定犯罪的管辖权方面，对刑法作了修改补充。例如，为进一步与联合国反腐败公约相衔接，并根据实践需要，在刑法修正案（六）、刑法修正案（七）、刑法修正案（九）中对非国家工作人员受贿、行贿犯罪作出修改，扩大主体范围，将腐败犯罪明确列为洗钱罪的上游犯罪，多次修改窝赃犯罪，增加了构成犯罪的情形和单位犯罪，并提高了法定刑，增加影响力行贿受贿犯罪以及向外国公职人员行贿犯罪，这些修改是反腐败斗争的需要，也是落实公约的要求。

（二）刑法理念更新，从侧重惩罚犯罪到惩罚犯罪和保障人权并重

回顾我国刑法的发展，另一个重要特点是刑法立法理念从过去的主要强调惩罚犯罪，逐步走向惩罚犯罪和保障人权并重。基本刑事政策上从惩办与宽大相结合，经“严打”实践，逐渐深化认识，走向宽严相济。这种变化是我国经济社会发展和社会治安形势变化的结果，也是我国社会治理能力提升、对犯罪规律的把握和刑法功能认识进一步深化的结果。

1997年刑法之前特别倚重发挥刑法惩罚犯罪，保护社会秩序的功能和价值，这是当时的社会历史条件所决定的。1979年刑法规定了类推制度，规定了经济领域的投机倒把罪、社会治安领域的流氓罪以及国家干部管理领域的渎职罪等“口袋罪”，分则刑法条文总体上较为粗疏，上述规定和方式对于尽可能打击各类犯罪、维护社会秩序是极其有利的。此后，全国人大常委会《关于死刑核准问题的决定》对1979年刑法作了修改，将死刑复核权下放到高级人民法院；《关于处理逃跑或者重新犯罪的劳改犯和劳教人员的决定》，在1979年刑法规定的处罚原则之外增加了在法定刑之上“加重处罚”的规定；《关于严惩严重破坏经济的罪犯的决定》和《关于严惩严重危害社会治安的犯罪分子的决定》对1979年刑法

规定的“从旧兼从轻”溯及力原则作了补充，规定了“从新”原则，即对过去的犯罪行为可以适用新的规定打击；《关于迅速审判严重危害社会治安的犯罪分子的程序的决定》，规定了对严重危害公共安全的犯罪分子不受刑事诉讼法有关期限的限制从快审判；单行刑法较为普遍地加重了犯罪刑罚，对不少犯罪增加规定了死刑等，这些都是重视刑法惩罚犯罪、保护社会功能的反映，由于当时的环境和任务，刑法人权保障功能强调得不够。

随着我国经济社会的发展，改革开放不断取得重大进步，社会总体形势不断稳定，社会观念和文明在进步，人们对刑法的认识也在逐渐深化。1997年全面修订刑法及之后的刑法修正案，在立法理念上逐渐有所转变，更加重视刑法惩罚犯罪和保障人权的双重功能：一方面，惩罚犯罪、保护社会作为刑法最基本的功能和任务，是不容忽视的首要任务；另一方面，法律，特别是刑法也要尊重和保障人权，防止刑罚不当适用，侵害公民自由和权利。40年的刑法立法，特别是1997年之后的刑法，尊重和保障人权取得重大进展，主要体现在：

一是恪守罪刑法定。1997年刑法正式确立了罪刑法定原则。罪刑法定原则不仅是对司法机关刑事司法活动的法律约束，也是刑事立法工作应当严格遵循的基本准则。罪刑法定原则对于立法而言的一个基本要求是罪刑规范的明晰化。从刑事立法的具体规定来看，能够明确具体的，都尽可能地在修正案和刑法解释中加以规定，增强可操作性，尽量防止执行中的随意性。新增加的犯罪在罪状表述上普遍采用叙明罪状，有些采用列举式规定。对犯罪情节的规定具有细密化特征，犯罪构成要件明确具体。在刑罚方面，量刑幅度的设定注意宽严适度，量刑的情节也尽量做到明确化。对于可能涉及的数罪的认定和处断原则，对于可能构成共同犯罪的情形以及处断原则，有的在法律中也尽量予以明确。刑法解释也以刑法的既有规定为依据，不超出法律条文本身所能蕴含的意义的界限，防止做牵强的或任意的解释。刑法规定明确清晰，犯罪具体范围确定，是保障人权的重要方面。党的十八届四中全会提出，“健全落实罪刑法定、疑罪从无、非法证据排除等法律原则的法律制度”，罪刑法定原则将始终是指导刑事立法的重要原则。

二是坚持宽严相济。宽严相济是我国的基本刑事政策，它的形成和确立也有一个过程。2005 年全国政法工作会议正式将宽严相济作为刑事政策提出，确立为我国的基本刑事政策，这是对我国维护社会治安工作长期实践经验的总结，体现了我们对于同犯罪作斗争基本规律认识的逐步深化。刑法立法工作坚持宽严相济，对是否将某种行为规定为犯罪进行综合的、全方面的论证，考察行为的社会危害性、行为的普遍性、刑罚能否有效预防此类危害行为、惩罚行为人是否符合比例原则、有无其他手段应对、能否通过解释法律解决、界限能否划清、刑法的打击面、执法成本和有效性、形成犯罪的原因、犯罪标签对行为人未来生活的影响等，防止为了单纯威慑某类行为、防止为化解一时的社会情绪而增加罪名。总体上，增加罪名都是慎重研究的，在我国改革开放和社会快速转型时期，1997 年后刑法增加 50 多个罪名既符合了社会治理需要，也坚持了人权保障，防止不必要的刑罚过度使用。

三是防止单纯重刑。重刑主义是长期存在的一个传统刑法观念，特别是对于我国社会治理而言具有合理性成分，社会上对这方面立法的诉求也较多。刑法立法一方面对严重犯罪设置、适用更高的法定刑，另一方面也注重刑罚的有效性，重中有轻。包括：坚持不再增加新的死刑罪名，两次减少死刑罪名力度都不小；坚持除对一些危害特别严重的犯罪，如恐怖犯罪、黑社会性质组织犯罪等因情况变化确有必要调整法定刑设置的之外，一般不单纯为提高法定刑而修改刑法，原则上不规定或者尽量减少规定绝对重刑；发展非监禁刑制度，增加罚金刑的适用，建立社区矫正制度等，更加重视刑罚对于罪犯的教育、改造功能，预防其再次犯罪、重视社会综合治理对于预防犯罪的功能发挥等。

四是特殊犯罪群体的人权保障。对未成年人、孕妇、老人、盲聋哑人犯罪从宽处罚：未成年人不适用累犯规定，免除前科报告义务；对75周岁以上老年人犯罪从宽量刑、一般不适用死刑；未成年人、孕妇犯罪不适用死刑等。2015年，全国人大常委会作出《关于特赦部分服刑罪犯的决定》，对部分罪犯进行特赦等。

三、关于做好刑法立法工作的体会

（一）必须始终坚持正确的政治方向，紧紧围绕党和国家事业的大局进行刑法立法

政治属性是立法工作的第一属性。立法从来都是放在党和国家工作大局中去谋划。刑法作为基础性法律，作为其他法律的“后盾法”，由于其性质和手段的特殊性，在保护国家、社会和人民安全，保护改革开放事业中居于重要地位，刑法这把法律利刃，必须牢牢掌握在人民手中，党中央一直以来高度重视刑法立法工作。

党中央领导刑法修改具有历史传统。1954年起草刑法时，就是在中央书记处和彭真同志直接领导下进行的，期间的刑法草案稿报经中央政治局常委会和毛泽东同志审查并原则同意；1979年刑法经中央政治局会议审议原则通过后，提请全国人大审议；单行刑法的制定都是落实中央决策、服务党和国家工作大局的结果，如1993年8月中共中央召开了反偷渡工作会议，对反偷渡工作作出决策部署，全国人大常委会根据会议精神，制定了《关于严惩组织、运送他人偷越国（边）境犯罪的补充规定》；1997年修订刑法以及其中的重大问题，如军人违反职责罪纳入刑法典、反革命罪修改为危害国家安全罪等，都报经中央批准；刑法修正案、有关刑法的法律解释工作也都在中央领导下进行，修正案的很多内容都是直接落实党中央决策部署，根据党和国家当时的工作大局需要作出的规定。特别是党的十八大以来，党中央加强对全面依法治国和立法工作

的领导，凡是重大立法事项都要向党中央请示报告。刑法修正案（九）等都专门向中央报告。

党中央作出全面深化改革、全面推进依法治国的重大决策后，改革与法治的关系更为明确，党中央提出要“实现立法与改革决策相衔接，做到重大改革于法有据、立法主动适应改革和经济社会发展需要”。可以预见，随着我国改革开放事业的不断深入，刑法也将继续应对挑战。一些刑法修改是党中央直接决策，需要我们认真学习领会、贯彻落实，研究科学有效的具体方案，实现政治效果、法律效果和社会效果的统一。同时，对于其他刑法修改问题，也需要结合党的政策精神进行研究，坚持正确的大局观。

（二）不断深化对刑法谦抑的认识和把握

近年来，我国刑法立法在应对转型期社会矛盾和挑战，更好地发挥刑法规范引领推动社会发展的过程中，在一些领域规定了一些较轻的犯罪，对传统刑法谦抑有所拓展，受到司法实践和社会关注。这也是关系到我国刑法未来走向的一个重要问题，值得总结和发展。

刑法谦抑的基本含义是强调刑法的补充性、最后手段性，能用民事的、经济的、行政的手段解决问题的不用刑罚，秉持少用刑罚和刑法宽容的理念。理论界不少意见认为刑法谦抑是刑法的基本原则之一。然而，近年来当代刑法变迁的世界性趋势是许多国家的刑事立法呈现活性化姿态，对传统的刑法谦抑提出了挑战。我国近年来刑事立法实践，也要求我们继续深化对刑法谦抑的认识和把握。

1. 我国的立法实践

一是，总体上我国的刑法立法是比较重视刑法谦抑的。贯彻宽严相济刑事政策，合理把握好刑法介入社会生活的度。立法中严格把握罪与非罪的界限，控制犯罪的范围，对于能使用行政管理的、经济的、其他法律的，或者道德的手段解决的问题，或者尚未完全研究清楚的问题，不提倡、不使用刑事手段；能够通过用足用好现有法律规定，加强执法解决的问题，尽量不通过修改刑法增加新罪名的方式解决；充分考虑社会的承受能力，对不具备条件作出规定的不作规定；对社会上认识不一致，分歧较大的问题暂不规定。防止社会治理的“刑法依赖症”。

二是，我国的刑事立法活动在重视坚持刑法谦抑性的同时，为了有效应对社会风险，还注意随着时代的发展与进步，运用刑法手段积极治理某些失范行为，将刑法适用阶段提前以防范严重危害后果发生，维护社会和公众利益，发挥立法的引领和推动作用。为此，几次刑法修改增设了一些轻罪：刑法修正案（八）、刑法修正案（九）对一些社会危害严重，人民群众反响强烈，原来由行政管理手段或者民事手段调整的违法行为，如“醉驾 ”“恶意欠薪”“替考”“使用假证件”等规定为犯罪。还有个别犯罪，如刑法修正案（七）增加的侵犯公民个人信息犯罪，是在其他法律规定尚未明确法律责任、有关法律尚未出台之前，为了有效应对该领域突出问题，刑法先行一步规定了犯罪。

2. 坚持和发展刑法谦抑

一是，刑法谦抑的基本精神以及刑法作为其他法律的“后盾法”的定位，在当代仍未过时，还应继续坚持。刑法谦抑与中华文化慎刑、恤刑等思想一脉相通，是我国治国理政的传统智慧。在新时代继续坚定坚持刑法谦抑，是从我国国情和实际出发，符合我国历史、文化传统和法治发展阶段，以及当前社会治安总体形势。在当前，坚持刑法谦抑主要是基于以下认识：犯罪作为一种复杂的社会现象，有其产生、发展的规律，要有效预防和减少犯罪，需要标本兼治，综合治理，不断健全预防犯罪机制。从根本上要按照中央关于国家治理体系和治理能力现代化的要求，不断提高各项社会事务的治理水平，不从治理能力上下功夫，过多地运用刑法反而不利于社会矛盾的化解，不能从根本上预防和减少犯罪；我国当前经济社会发展总体平稳，社会治安形势稳定，暴力犯罪、严重犯罪、青少年犯罪均呈下降趋势，不需要大规模动用刑法；刑罚是一把“双刃剑”，有其局限和负面效果，运用不当社会将反受其害；社会一般观念对犯罪概念的理解；犯罪的严厉后果以及犯罪标签对罪犯重返社会的严重影响；我国建立了刑法与治安处罚法、有关行政处罚法律的二元法律责任体系，对违法犯罪作区分和综合应对等。上述因素都决定了我们在当前和今后一段时期，总体上对刑法谦抑应当有所侧重，特别是要防止刑法工具论的思想，动辄使用刑法作为威慑工具，不考虑实际执行后果，将刑法立法作为部门“工作业绩”；防止短视，为“一时”或“一地”之问题动辄修改刑法等做法。

二是，刑法谦抑的内涵也要随着时代的变化而发展，也不宜固守刑法的“被动状态”不动摇。第一，随着社会条件的变化，对某类犯罪积极应对，提前干预，保卫国家、社会安全和保护人民群众利益，是国家和社会治理的现实需要。当今国际刑事立法实践和理论中也出现了对刑法谦抑的发展，刑事立法日益活跃，重视刑法的预防和社会防卫功能以应对所谓“风险社会”的动向。我国改革开放和社会转型期的治理也有这方面的迫切需求，可以预见，今后这方面的要求会有所增加，人民群众对此的呼声也将不断提高，这是立法工作者面临的挑战。第二，刑法谦抑的判断是动态的、具体的。随着社会发展和社会文明的提高，人们对某些违法行为的容忍度也在发生变化，是否将某类行为规定为犯罪，在不同的时代有着不同的答案。有的过去规定为犯罪不符合刑法谦抑性的行为，在现在的情况下，规定为犯罪可能更有利于化解矛盾，防范严重后果的发生，为社会所接受，因而不能以刑法谦抑为由一概拒绝，应当考虑到社会条件和行为危害性的变化。第三，规定轻罪的方向，应当限于社会危害严重，对人民群众利益有重大影响，人民群众反响强烈，在其他社会治理手段成本较高或者长期以来效果不好的情况下，刑事立法可以适当提早介入，将刑法调整的范围适当扩大到原来由其他社会规范调整的领域。但同时也要充分论证规定这类轻犯罪立法之后的综合效果，包括执法程序成本、打击面、行为人重返社会的影响等。在这方面，还需要进一步总结刑法现有规定的实施情况，深入总结经验，不断完善。

下一步，展望未来刑法立法：新时代对刑事立法提出新要求，如何结合中国特色社会主义进入新时代的特征，使刑法立法更好地服务和保障建设社会主义现代化强国的战略安排，与改革开放相得益彰；如何使刑法更为有效的惩治犯罪，精准聚焦严重犯罪分子，在保障人权的同时降低执法成本，提前防范其重大犯罪，精准提升刑罚改造效果；如何加强刑法对民生的保障等，都是需要重点研究的问题。还有，随着我国刑法立法的不断积累，刑法全面修订以及刑法立法形式问题，也是将来需要研究的重要课题。

改革开放40年我国刑事诉讼法的发展

1978年12月，中国共产党召开了十一届三中全会。这次会议实现了新中国成立以来党和国家历史上具有深远意义的伟大转折，开启了我国改革开放的历史新时期。自那时起，我国的社会主义民主法制建设也进入了新的发展时期。刑事诉讼法是改革开放后全国人大最早制定的七部法律之一，是中国特色社会主义法律体系中起支架性作用的重要法律，是国家治理体系的重要环节。40年来，全国人大及其常委会制定刑事诉讼法并先后进行了三次修改。我国的刑事诉讼法律制度随着改革开放的伟大历史进程从无到有，从简单到完备，既体现了改革开放和社会主义民主法治建设的新成果，又通过完善惩治犯罪、保障人权的法律程序，为改革开放和社会主义现代化建设提供了有力的法制保障。

一、我国刑事诉讼法发展的基本历程

40年来，我国的刑事诉讼法律制度与国家经济社会和民主法治建设同步发展，不断完善。我国刑事诉讼法制定于1979年，全国人大于1996年和2012年对刑事诉讼法作了两次比较全面的修改，2018年全国人大常委会根据中央重大决策部署，又对刑事诉讼法作了部分修改。全国人大及其常委会制定的其他法律和有关法律问题的决定中，也有关于刑事诉讼制度的规定。2014年全国人大常委会还对刑事诉讼法有关规定的理解和适用问题，制定了3个法律解释。

（一）1979年刑事诉讼法：奠定刑事诉讼法律制度的基础

新中国的刑事诉讼法律制度建设，从20世纪50年代就开始起步。1954年9月，一届全国人大第一次会议通过了宪法、人民法院组织法、人民检察院组织法，同年12月，全国人大常委会制定了逮捕拘留条例。这些法律规定了人民法院、人民检察院等机关办理刑事案件的职权和刑事诉讼制度的基本原则。1954年开始，全国人大常委会有关工作机构即着手进行刑事诉讼法的起草工作，并曾拟出了草案初稿，后因1957年“反右”斗争停止了起草工作。1963年4月，又起草形成了《中华人民共和国刑事诉讼法（草案）》。后来因为“四清运动”和“文化大革命”，刑事诉讼法的起草工作处于长期停滞状态。

1978年12月党的十一届三中全会实现了伟大的历史转折，全会指出发展社会主义民主、健全社会主义法制的重大意义，开始了我国社会主义法制建设的新时期，刑事诉讼法的起草工作重新被提上日程。1979年2月，五届全国人大常委会第六次会议决定设立全国人大常委会法制委员会。3月13日，彭真同志在法制委员会第一次会议上提出，要抓紧起草刑法、刑事诉讼法、地方组织法等法律。在彭真同志的主持下，从3月中旬开始，法制委员会以1963年刑事诉讼法草案为基础，抓紧进行刑事诉讼法起草工作。5月29日，中央政治局讨论了刑事诉讼法草案，同意提请全国人大审议通过。6月7日至12日，五届全国人大常委会第八次会议审议了刑事诉讼法草案，决定提请五届全国人大二次会议审议。1979年7月1日，五届全国人大二次会议通过了刑事诉讼法，自1980年1月1日起施行。

1979年刑事诉讼法分为总则、立案、侦查和提起公诉、审判和执行

4 编、17 章、164 条。主要内容包括：

1. 确立了一系列刑事诉讼的基本原则。主要包括：侦查权、检察权、审判权由专门机关依法行使；以事实为根据，以法律为准绳；对一切公民在适用法律上一律平等；分工负责，互相配合、互相制约；两审终审制；审判公开，被告人有辩护权；人民陪审员制度等。

2. 规定了刑事诉讼的基本制度。一是管辖制度，包括立案管辖和审判管辖。立案管辖方面，明确了法院直接受理的自诉案件的范围、检察院直接立案侦查的案件范围，其他案件由公安机关侦查。审判管辖方面，明确了各级法院级别管辖和地域管辖的原则。二是回避制度，明确了审判人员、检察人员、侦查人员回避的情形和决定程序。三是辩护制度，规定了可以担任辩护人的人员范围、指定辩护的情形、辩护人的职责和权利。四是证据制度，规定了证据的概念和种类、收集、审查、认定证据的原则。明确严禁刑讯逼供和以威胁、引诱、欺骗以及其他非法的方法收集证据；对一切案件的判处都要重证据，重调查研究，不轻信口供。五是强制措施，规定了拘传、取保候审、监视居住、拘留和逮捕五种强制措施的适用条件、决定和执行程序。六是附带民事诉讼制度，规定被害人由于被告人的犯罪行为而遭受物质损失的，在刑事诉讼过程中，有权提起附带民事诉讼。

3. 规定了诉讼的基本阶段并规定了具体程序。一是立案程序，规定了立案条件和人民法院、人民检察院或者公安机关对于控告、检举和自首的材料进行立案审查的程序。二是侦查程序，规定了讯问被告人，询问证人，勘验、检查，搜查，扣押物证、书证，鉴定，通缉等侦查措施的程序和规范，侦查羁押的期限和侦查终结后案件的处理。三是起诉程序，规定了人民检察院审查起诉的程序和规范。规定人民检察院认为被告人的犯罪事实已经查清，证据确实、充分，依法应当追究刑事责任的，应当作出起诉决定，按照审判管辖的规定，向人民法院提起公诉。依照刑法规定不需要判处刑罚或者免除刑罚的，人民检察院可以免予起诉。

有依法不追究刑事责任情形的，人民检察院应当作出不起诉决定。四是审判程序，包括第一审程序、第二审程序。另外，还专门规定了死刑复核程序和审判监督程序，规定了当事人对生效裁判提出申诉的权利和法院自行决定再审、上级法院提审或者指令再审、人民检察院提起抗诉的程序和人民法院再审的基本程序。五是执行程序，规定了判处被告人无罪、免除刑罚和死刑立即执行、死刑缓期执行、无期徒刑、有期徒刑、拘役、管制等刑罚的执行程序，暂予监外执行的条件。

1979年刑事诉讼法是新中国第一部刑事诉讼法典，其颁布实施标志着我国刑事诉讼法律制度建设走上了正规化的轨道。这部法律的规定适应了当时政治、经济和社会发展状况，为司法领域拨乱反正、纠正冤假错案、审判林彪、“四人帮”反革命集团案件提供了法律依据。这部法律吸收了新中国成立以来刑事诉讼法制建设的经验，规定的一些基本原则和制度对依法惩治犯罪、保障诉讼参与人的合法权益具有重要意义，至今仍在司法实践中发挥着重要作用。当然，由于历史条件的限制，1979年刑事诉讼法出台的时间比较仓促，对有的诉讼程序的规定比较原则，这需要随着时代的发展予以完善。

（二）有关单行法：刑事诉讼法律制度的新发展

1979年刑事诉讼法实施后，为适应当时社会治安形势下与严重刑事犯罪作斗争的需要，以及明确有关部门执法主体地位，全国人大常委会陆续制定了一些法律和有关法律问题的决定，涉及刑事诉讼制度的调整。一是1981年6月10日，五届全国人大常委会第十九次会议通过了《关于死刑案件核准问题的决定》，规定在1981年至1983年内，对犯有杀人、抢劫、强奸、爆炸、放火、投毒、决水和破坏交通、电力等设备的罪行，由高级人民法院终审判决死刑的，或者中级人民法院一审判决死刑，被告人不上诉，经高级人民法院核准的，以及高级人民法院一审判决死刑，被告人不上诉的，都不必报最高人民法院核准。二是1983年9月2日，六届全国人大常委会第二次会议通过了《关于迅速审判严重危害社会治安的犯罪分子的程序的决定》，规定对杀人、强奸、抢劫、爆炸和其他严重危害公共安全应当判处死刑的犯罪分子，主要犯罪事实清楚，证据确凿，民愤极大的，应当迅速及时审判，可以不受刑事诉讼法规定的关于起诉书副本送达被告人期限以及各项传票、通知书送达期限的限制，并将上述犯罪分子的上诉期限和人民检察院的抗诉期限，由刑事诉讼法规定的十日改为三日。三是1983年9月2日，六届全国人大常委会第二次会议对人民法院组织法作出修改，规定杀人、强奸、抢劫、爆炸以及其他严重危害公共安全和社会治安判处死刑的案件的核准权，最高人民法院在必要的时候，得授权省、自治区、直辖市的高级人民法院行使。四是1983年9月2日，六届全国人大常委会第二次会议通过了《关于国家安全机关行使公安机关的侦查、拘留、预审和执行逮捕的职权的决定》，明确新设立的国家安全机关可以行使宪法和法律规定的公安机关的侦查、拘留、预审和执行逮捕的职权。五是1984年7月7日，六届全国人大常委会第六次会议通过了《关于刑事案件办案期限的补充规定》，对一些特殊情况下的办案期限作了补充规定。六是1993年12月29日，八届全国人大常委会第五次会议通过了《关于中国人民解放军保卫部门对军队内部发生的刑事案件行使公安机关的侦查、拘留、预审和执行逮捕的职权的决定》，明确军队保卫部门对军队内部发生的刑事案件，可以行使宪法和法律规定的公安机关的侦查、拘留、预审和执行逮捕的职权。

（三）1996年修改刑事诉讼法：根据改革开放的要求完善刑事诉讼法律制度

随着改革开放和社会主义现代化建设事业的不断深入，特别是国家由计划经济转为社会主义市场经济，我国社会生活的各领域都发生了深刻变化，刑事犯罪也呈现出新的特点，1979 年刑事诉讼法的一些内容已经不能适应新的情况和司法实践的需要。1996 年 3 月 17 日，八届全国人大第四次会议表决通过了《关于修改〈中华人民共和国刑事诉讼法〉的决定》，自 1997 年 1 月 1 日起施行。

1996 年修改刑事诉讼法的决定共 110 条，修改后的刑事诉讼法共 225 条。这次修改的主要内容包括：

1. 完善强制措施的有关规定。第一，针对司法实践中公安机关将根据行政法规采用的收容审查的措施用于刑事犯罪嫌疑人，造成以收审代替拘留、逮捕，扩大收审对象，延长收审时间的问题，将收容审查制度中与犯罪斗争有实际需要的内容吸收到刑事诉讼法中，对有关刑事强制措施的规定进行补充修改，不再保留作为行政强制措施的收容审查。

第二，完善逮捕条件的规定。1979 年刑事诉讼法将“对主要犯罪事实已经查清”作为逮捕的一个基本条件，在实践中，某些犯罪嫌疑人的犯罪事实有些已经查明，虽然主要犯罪事实尚未完全查清，仍然需要逮捕。这次将有关规定修改为“对有证据证明有犯罪事实”，可能判处徒刑以上刑罚，采取取保候审、监视居住等方法，尚不足以防止发生社会危险性，而有逮捕必要的，应即依法逮捕。

第三，完善取保候审和监视居住的规定。除保证人外，增加了财产保证；规定了保证人应当履行的义务和承担的责任；明确了被取保候审和监视居住的人应当遵守的规定；对取保候审、监视居住的对象、期限等也作了具体规定。

2. 进一步保障诉讼参与人的权利。第一，在基本原则中增加规定，未经人民法院依法判决，对任何人都不得确定有罪。对被侦查、审查起诉的人员，在人民检察院提起公诉以前，称为犯罪嫌疑人。增加规定经人民法院依法审判，对证据不足、不能认定被告人有罪的，应当作出证据不足、指控犯罪不能成立的无罪判决。

第二，修改律师参加诉讼的时间。将律师参与刑事诉讼的时间由审判阶段提前到侦查阶段，规定犯罪嫌疑人在被侦查机关第一次讯问后或者采取强制措施之日起，可以聘请律师为其提供法律帮助，在案件侦查终结移送检察院审查起诉之日起，律师可以担任犯罪嫌疑人的辩护人。

第三，保障被害人的诉讼权利。将被害人的诉讼地位确定为当事人，赋予被害人申请回避、委托代理人参加诉讼、申请人民检察院提起抗诉等权利，规定被害人有证据证明对被告人应当追究刑事责任，而公安机关或者人民检察院不予追究刑事责任的，有权向人民法院起诉。

3. 完善庭审方式，修改职能管辖、免予起诉等规定。第一，完善庭审方式。为了更好地加强庭审，发挥控辩双方的作用，适当吸收当事人主义模式的庭审方式，对有关规定草案作了以下修改补充：发挥合议庭在审判中的决定作用，刑事案件由合议庭依法判决，只有疑难、复杂、重大的案件，合议庭认为难以作出决定的，由合议庭提请法院院长决定提交审判委员会讨论决定；人民法院受理公诉案件，对起诉书中有明确的指控犯罪事实，并且附有证据目录、证人名单和主要证据复印件或者照片的，应当开庭审判，不需要在开庭前全面调查；增加规定了简易程序；凡是公诉案件，除依法适用简易程序审判的以外，检察机关都必须派人出庭支持公诉；在庭审时由公诉人、辩护人向法庭出示证据，公诉人、当事人和辩护人可以对证据和案件情况发表意见，互相质证、辩论，充分发挥公诉人、辩护人在法庭审理过程中的作用。

第二，完善人民检察院自侦案件范围的规定。为促进检察机关集中力量对贪污贿赂犯罪、国家工作人员的渎职等犯罪案件进行侦查，加强反腐败斗争，同时进一步发挥检察机关的监督职能作用，缩小了检察机关自侦案件的范围。

第三，扩大不起诉的范围，不再使用免予起诉。针对免予起诉制度在理论上和司法实践适用中存在的问题，取消了免予起诉制度，扩大了不起诉的范围。

4. 加强对刑事诉讼各环节的监督。在总则中规定，人民检察院依法对刑事诉讼实行法律监督，增加人民检察院对公安机关应当立案而不立案的监督措施；规定对人民检察院抗诉的案件，第二审人民法院应当开庭审理，同级人民检察院应当派员出庭；规定人民检察院发现人民法院审理案件违反法律规定的诉讼程序，或者认为人民法院减刑、假释的裁定不当，应当向人民法院提出书面纠正意见。

1996年修改刑事诉讼法，是我国刑事诉讼制度发展历史上的一次重大改革。这次修改进一步完善了依法惩治犯罪的机制，加强了对犯罪嫌疑人、被告人、被害人等诉讼参与人合法权利的保障，吸收控辩式诉讼模式的特点，对职权主义诉讼模式进行改革。这些修改顺应了改革开放的历史潮流，体现了社会主义民主法治建设的新成果。

2004年年底，中共中央转发的《中央司法体制改革领导小组关于司法体制和工作机制改革的初步意见》提出，将死刑核准权统一收归最高人民法院行使。2006年10月31日，十届全国人大常委会二十四次会议对人民法院组织法作出修改，明确死刑除依法由最高人民法院判决的之外，应当报请最高人民法院核准，自2007年1月1日起施行。这一改革是我国刑事诉讼制度的重要完善发展。

（四）2012年修改刑事诉讼法：刑事诉讼法治的重大发展进步

1996年刑事诉讼法修改后，我国改革开放进一步深入，经济社会快速发展，刑事犯罪方面也出现了新的情况。1997年党的十五大提出，依法治国，建设社会主义法治国家。2004年十届全国人大二次会议通过的宪法修正案将“国家尊重和保障人权”写入宪法。党中央对深化司法体制和工作机制改革提出了要求。刑事诉讼法需要根据新的形势进行修改。2012年3月14日，十一届全国人大第五次会议表决通过了《关于修改〈中华人民共和国刑事诉讼法〉的决定》，自2013年1月1日起施行。

2012年修改刑事诉讼法的决定共110条，修改后的刑事诉讼法共290

条。这次修改的主要内容包括：

1. 将“尊重和保障人权”明确写入刑事诉讼法第二条规定的刑事诉讼法的任务中。这是一项重要修改，也是修改的一大亮点。尊重和保障人权是我国宪法确立的一项重要原则，体现了社会主义制度的本质要求，刑事诉讼法在程序设置和具体规定中都贯彻了这一宪法原则。将这一原则写入刑事诉讼法，既有利于更加充分地体现我国司法制度的社会主义性质，也有利于司法机关在刑事诉讼程序中更好地遵循和贯彻这一宪法原则。

2. 完善证据制度。一是完善非法证据排除制度。增加了不得强迫任何人证实自己有罪的规定；规定了非法证据排除的标准，人民法院、人民检察院、公安机关排除非法证据的义务，以及法庭审理过程中对非法证据排除的程序。这对于从制度上进一步遏制刑讯逼供和其他非法收集证据的行为，维护司法公正和刑事诉讼参与人的合法权利，具有重要意义。二是明确证人出庭范围和强制出庭制度。明确规定证人出庭范围，规定强制出庭措施，以保证有必要出庭的证人能够出庭作证，同时明确了强制出庭作证的例外规定。三是加强对证人的保护。规定对于危害国家安全犯罪、恐怖活动犯罪、黑社会性质的组织犯罪、毒品犯罪等案件，证人、鉴定人、被害人因在诉讼中作证，本人或者其近亲属的人身安全面临危险的，办案机关应当采取必要的保护措施。

3. 完善强制措施。一是明确逮捕条件和审查批准程序。细化逮捕条件中“发生社会危险性，而有逮捕必要”的规定，同时明确规定了应当予以逮捕的情形。增加规定了人民检察院审查批准逮捕时讯问犯罪嫌疑人和听取辩护律师意见的程序，以及在逮捕后对羁押必要性继续进行审查的程序。二是重新定位监视居住措施，明确规定适用条件。将监视居住定位于减少羁押的替代措施，并规定了与取保候审不同的适用条件。根据司法实践需要，完善了指定居所监视居住的条件和程序。三是严格限制采取强制措施后不通知家属的例外情形。删去了逮捕后有碍侦查不通知家属的例外情形，将拘留后因有碍侦查不通知家属的情形，仅限于涉嫌危害国家安全犯罪、恐怖活动犯罪，并规定有碍侦查的情形消失以后，应当立即通知被拘留人的家属。

4. 完善辩护制度。一是明确犯罪嫌疑人在侦查阶段可以委托辩护人。将聘请辩护人的阶段由审查起诉阶段推进到侦查阶段。二是完善律师会见程序。与修改后的律师法相衔接，并考虑到从维护国家安全、公共安全的实际需要，规定危害国家安全犯罪、恐怖活动犯罪、特别重大贿赂犯罪案件，在侦查期间辩护律师会见在押的犯罪嫌疑人，应当经侦查机关许可。其他案件律师会见犯罪嫌疑人不需要经过许可。三是扩大法律援助的适用范围。将审判阶段提供法律援助修改为在侦查、审查起诉、审判阶段均提供法律援助，并扩大了法律援助的对象范围。

5. 完善侦查措施。一是完善关于侦查措施的规定。增加规定了口头传唤犯罪嫌疑人的程序，适当延长了特别重大、复杂案件传唤、拘传的时间，增加规定了询问证人的地点，完善人身检查的程序，在查询、冻结的范围中增加规定债券、股票、基金份额等财产，增加了严格规范技术侦查措施的规定。二是强化对侦查活动的监督。增加规定当事人和辩护人、诉讼代理人、利害关系人，对司法机关及其工作人员在侦查活动中的有关违法行为有权申诉、控告，并规定了相应程序。

6. 完善审判程序。一是调整简易程序适用范围，完善第一审程序。将适用简易程序审判的案件范围修改为基层人民法院管辖的可能判处有期徒刑以下刑罚、被告人承认自己所犯罪行的案件。对第一审普通程序中的案卷移送制度、开庭前的准备程序、与量刑有关的程序、中止审理的程序等作了补充完善。二是明确第二审应当开庭审理的案件范围，对发回重审作出限制规定。规定上诉人对第一审认定的事实、证据提出异议，可能影响定罪量刑的，被告人被判处死刑的上诉案件等，第二审人民法院应当开庭审理。增加规定对于因事实不清楚或者证据不足，第二审人民法院发回原审人民法院重新审判的案件，原审人民法院再次作出判决后，被告人提出上诉或者人民检察院提出抗诉的，第二审人民法院应当依法作出判决或者裁定。增加规定第二审人民法院发回重新审判的案件，除有新的犯罪事实，人民检察院补充起诉的以外，原审人民法院也不得加重被告人的刑罚。此外，还完善了查封、扣押、冻结的财物及其孳息的处理程序等。三是完善附带民事诉讼程序。增加规定被害人死亡或者丧失行为能力的，被害人的法定代理人、近亲属有权提起附带民事诉讼；附带民事诉讼的原告人或者人民检察院可以申请人民法院采取保全措施；人民法院审理附带民事诉讼案件，可以进行调解，或者根据物质损失情况作出判决、裁定。四是对死刑复核程序作出具体规定。对复核的裁定，复核中讯问被告人、听取辩护律师意见作出规定，规定在复核死刑案件过程中，最高人民检察院可以向最高人民法院提出意见。最高人民法院应当将死刑复核结果通报最高人民检察院。五是对审判监督程序进行补充完善。对申诉案件决定重审的条件，指令原审人民法院以外的下级人民法院审理，人民检察院派员出席法庭，再审案件强制措施的决定程序，原判决、裁定的中止执行等内容作了补充完善。

7. 完善执行程序。一是严格规范暂予监外执行的适用。进一步严格规范了暂予监外执行的决定、批准和及时收监的程序，并增加规定不符合暂予监外执行条件的罪犯通过贿赂等非法手段被暂予监外执行的，其在监外执行的期间不计入执行刑期；罪犯在暂予监外执行期间脱逃的，脱逃的期间不计入执行刑期。二是强化人民检察院对减刑、假释、暂予监外执行的监督。增加规定监狱、看守所提出减刑、假释建议或者暂予监外执行的书面意见的，应当同时抄送人民检察院。人民检察院可以向人民法院或者批准机关提出书面意见。三是明确规定对管制、缓刑、假释或暂予监外执行的罪犯进行社区矫正。

8. 增加规定特别程序。一是规定未成年人刑事案件诉讼程序。针对未成年人刑事案件的特点，对办案方针、原则、诉讼环节的特别程序作出规定。设置了附条件不起诉制度和犯罪记录封存制度。二是设置特定范围公诉案件的和解程序。明确公诉案件适用和解程序的范围，规定对于当事人之间达成和解协议的案件，可以依法对被告人从宽处罚。三是设置犯罪嫌疑人、被告人逃匿、死亡案件违法所得的没收程序。增加规定对于贪污贿赂犯罪、恐怖活动犯罪等重大犯罪案件，犯罪嫌疑人、被告人逃匿，在通缉一年后不能到案，或者犯罪嫌疑人、被告人死亡，依照刑法规定应当追缴其违法所得及其他涉案财产的，人民检察院可以向人民法院提出没收违法所得的申请。并设置公安机关移送人民检察院的程序和人民法院的审理程序。四是设置依法不负刑事责任的精神病人的强制医疗程序。增加规定实施暴力行为，危害公共安全或者严重危害公民人身安全，经法定程序鉴定依法不负刑事责任的精神病人，有继续危害社会可能的，由公安机关移送人民检察院，人民检察院向人民法院提出强制医疗的申请，由人民法院作出决定。并对案件的审理程序、法律援助和救济、强制医疗的解除和人民检察院的监督等作出规定。

2012 年修改刑事诉讼法，是我国刑事诉讼制度的一次重大完善和发展。这次修改进一步强化了刑事诉讼法在打击犯罪、保护人民方面的功能，同时进一步彰显和落实了尊重与保障人权的宪法原则，适应加强和创新社会管理，维护社会和谐稳定的需要，进一步推进了国家民主法治的进步。

2014 年 4 月，十二届全国人大常委会第八次会议根据司法实践中出现的情况，对刑事诉讼法有关条款的含义和适用问题作出了 3 个法律解释。这是全国人大常委会首次对刑事诉讼法作出法律解释，起到了回应实践需要，统一理解认识，增强法律规定的可执行性、可操作性的作用。这些法律解释是我国刑事诉讼法律制度的重要组成部分。

（五）2018 年修改刑事诉讼法：新时代刑事诉讼法律制度的新发展

党的十八大以来，以习近平同志为核心的党中央协调推进“四个全面”战略布局，在深化国家监察体制改革、反腐败追逃追赃、深化司法体制改革等方面作出了一系列重大决策部署，取得了重大成果和进展。从刑事诉讼制度来看，应当及时调整跟进。一是为保障国家监察体制改革顺利进行，需要完善监察与刑事诉讼的衔接机制；二是为加强境外追逃工作力度和手段，需要建立刑事缺席审判制度；三是总结认罪认罚从宽制度、速裁程序试点工作经验，需要将可复制、可推广的行之有效做法上升为法律规范，在全国范围内实行。2018年10月26日，十三届全国人大常委会第六次会议通过了《关于修改〈中华人民共和国刑事诉讼法〉的决定》，自公布之日起施行。

2018年修改刑事诉讼法的决定共26条，修改后的刑事诉讼法共308条。这次修改的主要内容包括：

1. 完善与监察法的衔接机制，调整人民检察院侦查职权。一是调整人民检察院的侦查职权。删去人民检察院对贪污贿赂等案件行使侦查权的规定，保留人民检察院在诉讼活动法律监督中发现的司法工作人员利用职权实施的非法拘禁、刑讯逼供、非法搜查等侵犯公民权利、损害司法公正的犯罪的侦查权。保留了人民检察院的“机动侦查权”。二是相应调整有关程序规定中涉及人民检察院职权的规定。根据监察法和修改后的刑事诉讼法的规定，人民检察院不再行使对贪污贿赂犯罪案件的侦查权，相应删去关于辩护律师会见在押的犯罪嫌疑人需经侦查机关许可、指定居所监视居住和采取技术侦查措施的规定中有关贪污贿赂犯罪的内容。三是对人民检察院审查起诉监察机关移送的案件、留置措施与刑事强制措施之间的衔接机制作出规定。明确在监察机关将案件移送人民检察院以后，对于监察机关在调查阶段已经采取了留置措施的案件，人民检察院应当对犯罪嫌疑人先行拘留，留置措施自动解除，人民检察院应当在十日以内作出是否逮捕、取保候审或者监视居住的决定。在特殊情况下，决定的时间可以延长。人民检察院决定采取强制措施的期间不计入审查起诉期限。

2. 建立刑事缺席审判制度。党的十八大以来，反腐败国际追逃追赃工作取得重大进展，得到人民群众的广泛拥护。根据中央统一部署，从2014年开始，全国人大常委会法工委会同有关部门，对在我国建立刑事缺席审判制度的必要性进行了深入研究。经过认真研究，在借鉴外国合理经验，总结违法所得没收程序实施情况的基础上，在刑事诉讼法第五编特别程序中增设缺席审判程序一章，主要规定以下内容：

一是建立缺席审判程序，明确缺席审判的案件范围。第一，明确可以缺席审判的案件包括两类：贪污贿赂犯罪案件；需要及时进行审判的严重危害国家安全犯罪、恐怖活动犯罪案件，这类案件如需要进行缺席审判，需经最高人民检察院核准。第二，犯罪嫌疑人、被告人在境外。第三，人民检察院移送缺席审判案件，应当符合“犯罪事实已经查清，证据确实、充分，依法应当追究刑事责任”的条件。第四，人民法院要对人民检察院的起诉进行审查，对于起诉书中有明确的指控犯罪事实，符合缺席审判程序适用条件的，决定开庭审判。

二是规定犯罪嫌疑人、被告人在境外的缺席审判的具体程序。明确由中级人民法院审判。明确传票和起诉书副本应当送达被告人。规定被告人未按要求到案的，人民法院应当开庭审理，依法作出判决，并对违法所得及其他涉案财产作出处理。

三是充分保障被告人的诉讼权利。明确缺席审判的案件，要有辩护人提供辩护，并对委托辩护和提供法律援助作出规定。赋予被告人的近亲属上诉权。规定了重新审判。

四是根据司法实践情况和需求，增加对被告人患有严重疾病中止审理和被告人死亡案件可以缺席审判的规定。

3. 完善刑事案件认罪认罚从宽制度和增加速裁程序。党的十八届四中全会提出，完善刑事诉讼中认罪认罚从宽制度。2014年6月，全国人大常委会作出授权最高人民法院、最高人民检察院在部分地区开展刑事案件速裁程序试点工作的决定。2016年9月，又作出授权最高人民法院、最高人民检察院在部分地区开展刑事案件认罪认罚从宽制度试点工作的决定，速裁程序试点纳入新的试点继续进行。总结认罪认罚从宽制度和速裁程序试点工作中行之有效的做法，这次对刑事诉讼法作了以下修改补充：

一是在刑事诉讼法第一编第一章中明确刑事案件认罪认罚可以依法从宽处理的原则，作为统领性规定。

二是完善刑事案件认罪认罚从宽的程序规定。包括侦查机关告知诉讼权利和将认罪情况记录在案；人民检察院在审查起诉阶段就案件处理听取意见，犯罪嫌疑人认罪认罚的，签署认罪认罚具结书；人民检察院提出量刑建议和人民法院如何采纳量刑建议；人民法院审查认罪认罚自愿性和具结书真实性合法性等。

三是增加速裁程序。明确速裁程序的适用范围；简化了速裁程序的法庭审理；规定相对于简易程序更快的办案期限；明确不宜适用速裁程序的，可以转化为普通程序或者简易程序审理。

四是加强对当事人的权利保障。明确诉讼权利告知；建立值班律师制度；明确将认罪认罚作为采取强制措施时判断社会危险性的考虑因素等。

另外，为了与已经制定或者修改的法律衔接，还作出其他一些相应修改。比如，为与2018年6月十三届全国人大常委会第三次会议通过的《关于中国海警局行使海上维权执法职权的决定》衔接，在刑事诉讼法附则中增加规定，中国海警局履行海上维权执法职责，对海上发生的刑事案件行使侦查权，以明确中国海警局的侦查主体地位，并规定中国海警局办理刑事案件，适用刑事诉讼法的有关规定。

2018年修改刑事诉讼法，是第一次由全国人大常委会对刑事诉讼法作出修改。这次修改深入学习贯彻习近平新时代中国特色社会主义思想和党的十九大精神，紧紧围绕推进全面深化改革、全面依法治国、全面从严治党，坚决贯彻落实党中央关于深化国家监察体制改革、建立刑事缺席审判制度、实行认罪认罚从宽制度和速裁程序的决策部署，对进一步完善中国特色刑事诉讼制度，深化司法体制改革，加强反腐败法律制度建设，推进国家治理体系和治理能力现代化，具有重要意义。

二、我国刑事诉讼法发展的特点

（一）刑事诉讼法的发展与改革开放的历史进程同步，体现出鲜明的时代特征

改革开放 40 年来，我们国家由高度集中的计划经济到充满活力的社会主义市场经济，由“无法无天”的状态到全面依法治国、建设社会主义法治国家，由只有屈指可数的几部法律到形成中国特色社会主义法律体系并不断完善，经济社会发展、法治建设状况都发生了翻天覆地的变化。刑事诉讼法律制度的发展与时代同步，既体现了鲜明的时代特征，又为改革发展提供了法治保障。

1979 年刑事诉讼法的制定，就是贯彻党的十一届三中全会精神，在刑事法制领域拨乱反正，加强法律制度建设的重要成果。乌兰夫同志在设立全国人大常委会法制委员会的说明中说，为了保障人民民主和社会主义现代化建设事业的顺利进行，必须加强社会主义法治。全国人大常委会法制委员会一设立，就在彭真同志领导下着手开始抓紧进行刑事诉讼法的起草工作，经过几个月的艰苦工作，形成了提请五届全国人大二次会议审议通过的刑事诉讼法草案稿。1996 年修改刑事诉讼法，对刑事诉讼各环节作出较为详尽的规定，调整检察机关侦查权的范围、取消免予起诉制度，改革庭审方式、增加控辩式的因素等，都体现了改革开放十几年中法治建设的新成果、对刑事诉讼规律的新认识。2012 年修改刑事诉讼法，体现了实行依法治国、建设社会主义法治国家、尊重和保障人权等法治领域改革的新精神，体现了司法体制和工作机制改革的成果。

2018年修改刑事诉讼法，贯彻落实党的十八大以来以习近平同志为核心的党中央协调推进“四个全面”战略布局，在深化国家监察体制改革、反腐败追逃追赃、深化司法体制改革等方面的重大决策部署，体现了全面深化改革的最新成果。

实行对外开放，吸收国外先进经验是40年来我国的基本国策。40年来刑事诉讼法律制度的发展也体现了对外开放的时代特征。一方面，刑事诉讼立法与我国批准或者签署的国际条约、公约相衔接，注重履行国际义务、符合国际准则，体现负责任大国的形象。如1996年刑事诉讼法对我国司法机关和外国司法机关相互请求刑事司法协助作出原则规定，为刑事司法方面的国际合作提供国内法依据。另一方面，刑事诉讼法的制定和历次修改中，有关制度的设计都在立足我国国情的基础上充分研究考虑和借鉴了国际规则和外国规定的积极因素，如1996年改革庭审方式增加控辩式因素，2012年增加规定不得强迫任何人证实自己有罪、排除合理怀疑，2018年增加缺席审判制度等。

（二）刑事诉讼法在落实宪法规定、保障宪法实施方面发挥了重要作用

宪法是国家的根本大法，是治国安邦的总章程。习近平总书记指出，全国人大及其常委会要加强重点领域立法，通过完备的法律推动宪法实施，保证宪法确立的制度和原则得到落实。刑事诉讼法涉及有关国家机关的职权配置和相互关系，也涉及对公民人身自由等基本权利的保障、限制和剥夺，宪法中还明确规定了一些刑事诉讼的基本原则。刑事诉讼法的制定和实施，与宪法的实施有着密切的关系。40年来，我国刑事诉讼法的制定和历次修改都贯彻落实宪法的规定和精神，通过有关法律制度的建立和不断完善，确保国家根本大法的规定在刑事诉讼领域落到实处。

一是通过制度设计保障宪法原则和规定的实施。对于宪法明确规定的涉及刑事诉讼的基本原则，如人民法院、人民检察院独立行使职权，公检法机关办理刑事案件分工负责、互相配合、互相制约，公民在法律面前一律平等，被告人有权获得辩护，公民有权使用本民族语言文字进行诉讼等，在刑事诉讼法基本原则中作出明确规定，并在有关具体程序制度中体现落实。对于宪法规定的有关公民权利和自由，在刑事诉讼制度设计中给予充分保障。如宪法第三十七条规定公民的人身自由不受侵犯。任何公民，非经人民检察院批准或者决定或者人民法院决定，并由公安机关执行，不受逮捕。刑事诉讼法对于剥夺和限制公民人身自由的强制措施，规定了严格的适用条件、决定执行程序、监督措施和救济措施。宪法第三十九条规定公民的住宅不受侵犯，禁止非法搜查或者非法侵入公民的住宅，刑事诉讼法对搜查公民住宅规定了严格的程序。宪法第四十一条规定了公民的申诉权，刑事诉讼法专门规定了司法机关对公民对生效判决、裁定提出的申诉进行处理，发现错误后予以纠正的审判监督程序。

二是及时跟进宪法的发展完善，调整补充刑事诉讼法的有关规定。40 年来，我国制定了 1982 年宪法并先后进行了五次修改。对于宪法中增加或者调整的有关刑事诉讼制度的规范，刑事诉讼法及时跟进作出调整补充，确保新的宪法精神落到实处。1996 年修改刑事诉讼法，在基本原则部分增加了 1982 年宪法规定的人民法院、人民检察院依法独立行使职权的原则。2012 年修改刑事诉讼法，在第二条关于刑事诉讼法的任务的规定中增加了 2004 年宪法修正案“尊重和保障人权”的规定，并在有关具体程序中补充了若干保障诉讼参与人合法权益的规定。2018 年宪法修正案根据党中央国家监察体制改革的精神，增加了监察委员会的有关规定。全国人大常委会随后通过的修改刑事诉讼法的决定落实宪法有关规定，与监察法相衔接，调整了人民检察院的侦查职权，增加规定了监察与刑事诉讼的衔接机制。

（三）刑事诉讼法体现了惩治犯罪与保障人权相结合，越来越重视人权保障

刑事诉讼法律制度，既要有利于保证准确及时地查明犯罪事实，正确应用法律，惩罚犯罪分子，又要保障无罪的人不受刑事追究，尊重和保障人权，保护公民的诉讼权利和其他合法权利。总的来看，40年来我国的刑事诉讼法律制度，在惩治犯罪和保障人权两方面都取得了发展完善的同时，越来越重视人权保障。

在惩治犯罪方面。1979年刑事诉讼法规定了办理刑事案件、依法惩治犯罪的基本程序制度。此后，随着经济社会的发展，犯罪的情况也发生了新的变化，刑事诉讼立法根据实际情况和司法实践需要不断丰富司法机关依法惩治犯罪的措施手段，完善惩治犯罪的程序。20世纪80年代根据严厉打击严重刑事犯罪的需要，全国人大常委会通过有关决定，下放了部分案件的死刑核准权，规定办理特定的严重刑事犯罪案件不受刑事诉讼法有关期限的限制。1996年修改刑事诉讼法根据办理流窜作案、多次作案、结伙作案案件的需要，延长了刑事拘留的期限；根据司法实践的需要适当放宽了逮捕犯罪嫌疑人的条件。2012年修改刑事诉讼法根据办理危害国家安全、恐怖活动等案件的需要增加了有关律师会见需经批准、指定居所监视居住、采取技术侦查措施的规定；适当延长了拘传时间；增加了犯罪嫌疑人、被告人逃匿、死亡案件违法所得没收程序。2018年修改刑事诉讼法为适应反腐败国际追逃追赃工作和惩治严重危害国家安全、恐怖活动犯罪的需要，增加规定了缺席审判程序。

在保障人权方面。1979年刑事诉讼法的制定，就是吸取“文化大革命”期间法制遭到严重破坏，公民人身财产权利被肆意侵犯的沉痛教训，以法律的形式确定司法机关追究犯罪的程序和刑事诉讼中当事人的基本权利，防止不讲程序、随意侵犯人权的悲剧再次发生。此后历次修改刑

事诉讼法，保障人权的规定不断完善、发展、丰富，主要体现在：

一是在刑事诉讼法的基本原则中根据宪法增加了尊重和保障人权的规定，又增加了认罪认罚从宽处理的规定。

二是在辩护制度方面。将律师介入刑事诉讼的时间由审判阶段提前到侦查阶段，侦查阶段律师的地位由“提供法律帮助的律师”改为辩护人，增加值班律师制度，完善律师会见、阅卷方面的规定，完善指定辩护的规定等。

三是在证据制度方面。明确规定不得强迫任何人证实自己有罪，建立非法证据排除制度，完善证人保护制度，明确举证责任和证明标准，明确证人出庭作证的条件等。

四是在强制措施方面。明确逮捕、取保候审、监视居住的适用条件和判断社会危险性的情形，严格限制拘留后不通知家属的情形，建立羁押必要性审查制度等。

五是在侦查程序方面。严格讯问、询问、搜查、查封、扣押、冻结等侦查措施的程序规范，规范技术侦查等特殊侦查措施的采取，保障当事人对侦查违法的救济权等。

六是审判程序方面。改进庭审方式，充分发挥控辩双方在法庭上的作用，建立简易程序、速裁程序，尊重当事人特别是认罪认罚案件当事人的程序选择权，明确二审一般应当开庭审理，限制发回重审，完善上诉不加刑制度，完善审判监督程序、收回死刑核准权等。

七是注重特别程序中的人权保障。在增加的五种特别程序中注重保障当事人的合法权益，如充分保障未成年人各项诉讼权利，在缺席审判程序中严格保障被告人的知情权、上诉权、救济权，在违法所得没收程序中保障利害关系人的合法权益等。

八是注重保护被害人权益。在保护犯罪嫌疑人、被告人权益的同时同等保护被害人权益，明确被害人的刑事诉讼当事人地位，保障被告人聘请律师、参与庭审、参与认罪认罚从宽制度、参与和解程序的权利等。

（四）刑事诉讼法律规范由简单到丰富，立法工作机制不断创新发展

1979年5月29日，中共中央政治局会议讨论刑法、刑事诉讼法草案时，邓小平同志指出，刑法、刑事诉讼法比较成熟，肯定有不完备的，将来发现了，人大常委会可以修改。五届全国人大二次会议通过的1979年刑事诉讼法共164条，在当时的条件下是比较成熟的，但受到客观条件的限制，许多规定还比较原则、粗疏。经过40年的发展，司法机关在依法惩治犯罪、保障人权方面积累了丰富的经验。刑事诉讼法经过三次修改，条文数量增加到308条，各方面的规定已经比较全面，对刑事诉讼的立案、侦查、起诉、审判和执行各环节都作了较详尽可操作的规定。在审判程序方面，根据案件不同情况和司法实践需要，分别规定了普通程序、简易程序、速裁程序。还规定了五种特别程序。

在40年的立法实践中，刑事诉讼立法的有关工作机制也不断创新发展。一是，在科学立法、民主立法的基础上，贯彻党的十九大提出的依法立法的要求，在由全国人民代表大会两次对刑事诉讼法作出全面修改的基础上，2018年首次由全国人大常委会对刑事诉讼法作出修改补充，丰富了修改完善刑事诉讼法的立法形式。并且在这次修改刑事诉讼法工作中第一次提出了“修正草案”这种法律修改形式，为新时代的立法工作积累了新经验。二是，根据不同情况，综合运用修改法律、作出法律解释、试点授权等形式完善刑事诉讼法律制度。对于刑事诉讼法有关规定理解和适用中存在不同认识的问题，2014年全国人大常委会首次对刑事诉讼法作出法律解释。对于建立速裁程序、实行认罪认罚从宽制度、改革人民陪审员制度等中央有部署、改革大方向明确，但具体制度设计尚待实践积累经验的改革事项，全国人大常委会通过作出决定的形式授权司法机关在部分地区先行试点，试点中取得可复制、可推广的经验后

再修改完善法律。这些新形式的立法实践都取得了较好的法律效果和社会效果。三是，注重与其他法律的衔接。中国特色社会主义法律体系形成之后，在一部法律修改后及时对其他法律的相关规定作出修改，保持法律规定间的衔接协调，成为立法工作新的要求。2012 年刑事诉讼法修改后，全国人大常委会及时对监狱法等 7 部法律中的相关规定作出修改。2018 年修改刑事诉讼法时，又注重与近年来修改或者制定的刑法、律师法、公证法、人民陪审员法等相衔接，对刑事诉讼法的有关规定作出相应修改。

三、做好刑事诉讼立法工作的体会

（一）坚持党的领导，坚持正确的政治方向，紧紧围绕党和国家工作大局进行刑事诉讼立法

刑事诉讼法是十分重要的基本法律，党中央对刑事诉讼立法工作十分重视，党中央的坚强领导和重大决策，是做好刑事诉讼立法工作的政治保证。1979 年刑事诉讼法就是报请中央政治局会议审议批准后，再提请全国人大审议的。2012 年刑事诉讼法修正案提请全国人大常委会审议前，法工委就修改刑事诉讼法涉及的有关问题向中央司法体制改革领导小组作了汇报。2018 年 4 月，全国人大常委会党组就刑事诉讼法修正草案几个主要问题向党中央作出请示，习近平总书记主持召开中央政治局常委会会议，审议并原则同意了全国人大常委会党组的请示。2012 年和 2018 年两次修改刑事诉讼法，都是根据党中央提出的改革部署，围绕党和国家工作大局，总结司法实践和改革试点经验，对刑事诉讼法进行修改完善。今后做好刑事诉讼立法工作，要继续坚持党中央对立法工作的集中统一领导，重大问题及时请示中央，确保正确的政治方向；紧紧围绕党和国家工作大局，贯彻落实党中央重大决策部署，做到立法决策与

改革决策相衔接。

（二）总结司法实践经验，把握客观规律，及时对刑事诉讼法律制度作出修改完善

法律来源于实践，服务于实践，也要接受实践的检验。40 年来我国经济社会发展状况、司法实践状况发生了深刻变化，刑事诉讼法律制度适应这种变化，及时作出调整，满足了实践需要。中国特色社会主义进入了新时代，我国社会的主要矛盾也发生了变化。在全面建成小康社会，建设社会主义现代化强国的进程中，司法体制综合配套改革进一步深化，科学技术继续发展进步，大数据、人工智能等广泛应用，对刑事司法必将产生深刻的影响。要做好新时代的刑事诉讼立法工作，必须保持对实践的高度关注和高度敏感，及时研究新情况、新问题，总结把握新规律，适时对法律制度作出调整与完善。

（三）处理好参与刑事诉讼的各机关间的关系，惩治犯罪与保障人权的关系

宪法规定，人民法院、人民检察院和公安机关办理刑事案件，应当分工负责，互相配合，互相制约，以保证准确有效地执行法律。监察机关办理职务违法和职务犯罪案件，应当与审判机关、检察机关、执法部门互相配合，互相制约。在设计刑事诉讼制度，包括监察与刑事诉讼衔接的有关制度时，应当以宪法的这些规定为基本遵循，根据诉讼规律和司法实践需要配置有关机关的职能和相互关系，既保证有关机关有充分的职权，又在各机关间形成有效的互相配合、互相制约的机制，以确保司法公正。

惩治犯罪与保障人权，是刑事诉讼的两大基本任务。刑事诉讼法律

制度建设既要根据实践需要，赋予有关机关必要的惩治犯罪的手段，并且根据新情况下犯罪的发展变化适时完善升级，同时也要通过制度设计保障犯罪嫌疑人、被告人等的诉讼权利和其他合法权利。作为诉讼程序法，要更加注重人权保障制度的构建，“努力让人民群众在每一个司法案件中都感受到公平正义。”

（四）依法立法，综合运用各种立法形式

刑事诉讼法是国家的基本法律，有关立法工作要严格遵守宪法、立法法规定的立法权限和程序，做依法立法的典范。在已经取得的成功经验基础上进一步探索和把握立法工作规律，根据不同情况，适时综合运用全面修改、部分修改、法律解释、试点授权等立法形式，推动刑事诉讼法律制度不断完善发展。对于条文序号编排、修改后的法律实施日期等立法技术问题，也还要进一步探索积累经验。

民事立法的法典化之路

——改革开放40年我国民事立法成就

一、肩负：一项重大政治任务

2014年10月23日，中国共产党第十八届中央委员会第四次全体会议通过《中共中央关于全面推进依法治国若干重大问题的决定》，决定提出，要加强市场法律制度建设，编纂民法典。这是在党中央的文件中第一次明确提出编纂民法典。这一决定出台后，整个国内法学界欢欣鼓舞，民法典再次成为法律界的热点。[1]

2015年3月20日，全国人大常委会法制工作委员会牵头成立了由最高人民法院、最高人民检察院、司法部（国务院法制工作办公室）、中国社会科学院、中国法学会五家单位参加的民法典编纂工作协调小组，并组建了工作专班，民法典编纂工作正式启动。

编纂民法典，是当下立法工作的一项重大政治任务。

---

〔1〕关于这点，从《中国知网（CNKI）》的论文发表情况可以看出，以“民法典”为篇名关键词检索论文，结果显示：1978年1月1日至2014年10月23日，在长达36年的时间里总共才844篇；2014年10月24日至2018年12月18日，短短4年间就有1014篇。

二、回忆：一段民法起草历史

新中国成立以后，党和国家先后五次启动民法制定工作。

（一）改革开放之前：第一次和第二次

1954年、1962年，我国分别启动了第一次和第二次民法起草工作，但由于政治原因被迫中断。[1]

（二）改革开放之后：第三次和第四次

改革开放之后，我们又先后启动过两次民法起草工作。

1. 第三次民法起草

1978年12月13日，邓小平同志在中央工作会议上作了《解放思想，实事求是，团结一致向前看》的讲话，提出“应该集中力量制定刑法、民法、诉讼法和其他各种必要的法律”。1979年7月1日，叶剑英委员长在五届全国人大二次会议的闭幕词中提出，要组织各方面力量，抓紧民法、婚姻法、合同法等各项法律的制定工作。1979年7月17日，法制委员会主任彭真找有关同志谈民法起草工作。彭真同志说，关于民法的范围，法学界看法不一致，要了解各国民法的有关情况，广泛收集，快点印些参考资料。

1979年11月2日，法制委员会正式成立了民法起草小组，民法起草小组由法制委员会副主任杨秀峰、陶希晋负责，来自司法机关、经济部门和法律教研机构等单位的30多位法学专家参加。彭真同志在民法起草

[1]《彭真传》（第4卷），中央文献出版社2012年版，第1537页。

小组成立大会的讲话中提出，民事立法要采取“两条腿走路”的方针，民法起草小组的任务是搞个总的民法，同时还要搞单个民事法律。

1980 年 8 月 15 日，民法起草小组拟出民法草案（征求意见稿），并发送各省、自治区、直辖市人大常委会和中央有关部门征求意见。8 月中旬至 10 月中旬，民法起草小组分为六个组，分赴十三个省、市直接听取意见。

1981 年春，民法起草小组根据各方面意见修改了草案征求意见稿，形成了民法草案（第二稿），共 6 编、42 章、226 条。1981 年 5 月 27 日，彭真在民法草案（第二稿）座谈会上提出，民法起草工作时间不长，成绩很大，已经有了第二稿，有了讨论的基础，就可以广泛征求、交换意见。并提出三点意见：一是，立法必须从中国的实际出发，调查研究现实的实际和历史的实际；二是，进行调查研究要听取干部、工人、农民、专家、知识分子等各方面的意见；三是，制定民法可以和制定单行法同时并进。民法不是短期可以制定出来的，这不是我们不努力，而是问题本身就十分复杂，加上体制正在改革，实际上有困难。因此，一方面要搞民法，另一方面要搞单行法，民法和单行法可以同时进行，也可以把民法草案中比较成熟的部分，作为单行法先提出审议、公布。

1981 年 7 月 31 日至 1982 年 6 月，民法起草小组修改出民法草案（第三稿），并发送各省、自治区、直辖市人大常委会和中央有关部门征求意见。民法草案（第三稿）分为八编：第一编任务和基本原则，第二编民事主体，第三编财产所有权，第四编合同，第五编智力成果，第六编亲属，第七编民事责任，第八编其他规定。各地方、各部门提出的意见和建议主要有：适用范围、合同编与合同法的关系、合同与国家计划的关系、法律溯及力等问题。

1982 年 5 月 7 日，法制委员会主任习仲勋同志主持召开会议，讨论了民法起草工作，提出由于起草民法典的难度较大，民法可以不要求一次全部通过，可以分开制定单行法律陆续通过。1982 年 6 月 3 日，习仲勋同志再次主持召开会议，听取关于民法草案（第四稿）的汇报。民法草案（第四稿）共465条，分为八编：第一编民法的任务和基本原则，第二编民事主体，第三编财产所有权，第四编合同，第五编智力成果权，第六编财产继承权，第七编民事责任，第八编其他规定。汇报提出，由于一次通过的难度大，可以对其中的各编视情况陆续审议制定。会议决定，撤销民法起草小组。

民法起草工作又一次中断，民事立法采取“批发转零售”的方式进行。尽管如此，这次民法起草的成果是丰硕的，影响也是巨大的，为后来的民事立法奠定了基础。在民法草案（四稿）的基础上，不仅同步修改了婚姻法，直接拆分制定了继承法，还为民法通则等民事单行法的起草打下了基础。

2. 第四次民法起草

1998年1月13日，王汉斌副委员长主持起草民法、物权法有关问题座谈会。会议决定成立民法起草小组。民法起草小组的成员包括江平、王家福、王保树、梁慧星、王利明、魏振瀛、费宗袆、肖峋。启动第四次民法起草工作。1998年2月9日，法制工作委员会召开研究如何起草民法的专家会议，民法起草工作小组成员及民法室有关同志参加会议。

1998年3月25日至27日，法制工作委员会副主任胡康生主持召开民法起草小组工作会议，研究起草民法典。会议决定由中国社会科学院、中国人民大学、中国政法大学等单位组织起草民法典大纲。

1998年9月3日，法制工作委员会副主任胡康生主持召开座谈会，研究中国社会科学院、中国人民大学、中国政法大学起草的民法大纲。

2002年1月11日，法制工作委员会主任顾昂然主持召开民法典起草专家研讨会。中国政法大学江平、巫昌祯，北京大学魏振瀛，清华大学王保树，中国人民大学王利明，中国社会科学院法学所王家福、梁慧星、郑成思，最高人民法院唐德华等参加会议。

2002年3月28日，李鹏委员长主持召开会议，听取法制工作委员会副主任胡康生同志关于民法典起草工作情况的汇报。

2002 年 9 月 4 日，法制工作委员会主任顾昂然同志主持召开会议，听取民法室关于民法起草中的主要问题的汇报，并讨论。

2002 年 12 月 23 日，法制工作委员会副主任顾昂然在九届全国人大常委会第 31 次会议上作关于民法草案的说明。这次民法草案共 1209 条、9 编（总则、人格权、物权、合同、知识产权、侵权、婚姻家庭、继承、涉外民事关系的法律适用）、101 章。

但是，由于种种原因，民法起草再次中断，民事立法工作继续以制定单行法的方式进行。第四次民法起草虽然中断，但对此后的民事法律制定具有直接影响，物权法、侵权责任法、涉外民事关系法律适用法都是在此基础上制定的。不仅如此，第四次民法起草甚至还影响着今天的民法典编纂，比如在民法典分编编纂过程中，就民法典体例结构问题发生的争论，对民法典各分编是否应包括人格权编、知识产权编、涉外民事关系法律适用编就有不同意见。

三、建构：一个民事法律制度体系

通过回顾四次民法起草的历史可以看出，编纂民法典是几代立法人孜孜以求的梦想。但我们不禁要问：为什么我们国家要一而再、再而三地启动民法典起草工作呢？民法典对我们的人民、对我们的社会、对我们的国家而言，到底有什么意义呢？或许可以从改革开放 40 年来，在中国特色社会主义民事法律制度体系建立的过程中，立法前辈们的一次次关于民事实践的调研、一次次关于民法问题的思考、一次次关于具体民法制度的决断中找到答案。

（一）市民之法：民法的温度

1. 继承法的一次调研。1984 年 8 月，民法国家法室在昌平召开座谈会，征求农村干部和社员（一个有时代感的词，人民公社社员，按现在的说法就是村民）对继承法草案的意见，有的意见提出关于寡妇继承权问题。1985年4月10日，六届全国人大三次会议上通过的继承法。继承法共5章37条，第一章总则，规定了立法目的、继承开始、遗产的范围、继承方式、继承权丧失等；第二章法定继承，规定了继承权男女平等原则、继承人的范围和顺序、代位继承、丧偶儿媳和女婿继承权、遗产的分配等；第三章遗嘱继承和遗赠，规定了遗嘱形式、遗嘱见证人、遗嘱的撤销和变更、遗嘱的无效等；第四章遗产的处理，规定了继承开始的通知、遗产的保管、继承和遗赠的接收或者放弃、遗产确认与分割、遗赠抚养协议、无人继承的遗产归属、债务清偿等；第五章附则，规定了少数民族地区的变通适用，涉外继承的法律适用等。继承法构建了一套比较完整的继承法律制度。其中，继承法第三十条专门作出规定，夫妻一方死亡后另一方再婚的，有权处分所继承的财产，任何人不得干涉。民事立法就是这样，关心着一个个丧偶妇女的幸福！

2. 收养法的一次调研。1991年7月8日至21日，民法室同志到四川省调研收养法草案有关问题，听取各方面意见，有人提出弃婴收养的问题。我们都知道，中国是一个传统农业国，重男轻女观念非常突出，因而很多弃婴都是女婴。1991年12月29日，七届全国人大常委会第二十三次会议通过收养法。收养法共6章、33条，第一章总则，规定了收养的原则、计划生育等；第二章收养关系的成立，规定了收养的条件和限制、共同送养和共同收养、收养的形式要件、优先抚养权、禁止违反计划生育和买卖儿童、涉外收养、保密等；第三章收养的效力，规定了收养的效力、养子女的姓氏、收养无效等；第四章收养关系的解除，规定了收养解除的条件、解除的程序、解除的法律后果等；第五章法律责任；第六章附则。收养法建立了我国的收养制度。1998年11月，九届全国人民代表大会常务委员会第五次会议通过了修改收养法的决定，对收养关系的设立程序、收养关系当事人的条件、收养关系的解除等有关规定进行了修改，以适应收养现实的需要。收养法第八条、第十五条专门规定了收养弃婴、孤儿的特殊条件和程序。民事立法就是这样，关爱着一个个弃婴、孤儿的生存与幸福！

3. 消费者权益保护法的两次调研。1993 年 9 月 13 日，法制工作委员会副主任胡康生主持召开调研座谈会，听取北京市部分企业的负责人对消费者权益保护法草案的意见，有人就产品“三包”问题提出意见。1993 年 10 月 31 日，八届全国人大常委会四次会议通过的消费者权益保护法。消费者权益保护法共 8 章、55 条，第一章总则，规定了立法目的、调整范围、交易原则、国家和社会对消费者的保护等；第二章消费者的权利，规定了消费者享有的安全保障权、知情权、自主选择权、公平交易权、获得赔偿权、受尊重权、监督权等权利；第三章经营者的义务，规定了经营者的守法义务、接受监督义务、安全保障义务、告知义务、质量保证义务等；第四章国家对消费者合法权益的保护，规定了国家立法保护、政府监管、行政执法保护、司法保护等；第五章消费者组织，规定了消费者协会的成立、消费者协议的职能等；第六章争议的解决，规定了争议解决的途径、赔偿请求权的行使对象、企业合并或者分立时责任主体的确定等内容；第七章法律责任，规定了承担民事责任的情形、人身伤害的民事责任与刑事责任、行政责任及行政处罚的程序等内容；第八章附则。消费者权益保护法为我国消费者构筑起了权益保护的法律屏障。其中第二十三条就规定了经营者的“三包（包修、包换、包退）”义务。2013 年 1 月 14 日至 17 日，法制工作委员会主任李适时到湖北省调研，有意见提出，要增加规定非现场购物经营者的无条件退货义务。2013 年 10 月 25 日，十二届全国人大会常委会五次会议修改的消费者权益保护法，其中第二十五条明确规定通过网络、电视、电话、邮购等方式购物的消费者，有 7 天无理由退货的权利。从最简单的“三包”，到无理由退货，随着改革开放的不断深入，消费者对市场的需求越来越高，法律也不断提高对消费者权益的保护水平。民事立法就是这样，维护着一个个消费者心中的“小算盘”！

正是这一次次深入基层的调研，一场场贴近群众的座谈，让民事立法紧接地气、贴近百姓，让民事立法有了深厚的实践基础，也让千千万万的百姓感受到民法的温度。民事立法，正如孟德斯鸠在《论法的精神》中所说的那样，在民法慈母般的眼里，每一个人就是整个国家。从改革开放 40 年民事立法进程不难看出，民法典是亿万市民百姓期盼的一部法典！

（二）国民之法：民法的深度

1. 两次婚姻法修改中的讨论。1980 年 2 月，法制委员会在讨论婚姻法修改草案时，就离婚条件问题进行了讨论。有的意见提出，一方坚持离婚的就应判决离婚。最终修改后的婚姻法规定，人民法院审理离婚案件，应当进行调解；如感情确已破裂，调解无效，应准予离婚。2000 年，婚姻法再次修改时，讨论的焦点问题之一就是如何应对当时比较突出的“包二奶”现象，修改后的婚姻法增加了“夫妻应当互相忠实，互相尊重”的内容。婚姻法两次修改中，关于这两个问题的讨论，都涉及一个民法理论问题，那就是婚姻自由的内涵是什么。从婚姻法两次修改的讨论可以折射出，改革开放 40 年来，婚姻制度随着婚姻法理论的发展和婚姻观念的转变而不断完善：在法理上，婚姻自由的内涵从宣示结婚自由，到注重离婚自由，再到强调对自由的合理约束；在制度上，从保护国民的婚姻自由，发展到保护自由的同时，注重约束自我、尊重他人，尊重社会公序良俗。民事立法就是这样，引导我们的国民不断走向成熟。

2. 著作权法制定中的讨论。1990 年著作权法起草时，讨论的一个问题就是，被剥夺政治权利的人是否享有著作权。从法理上讲，这涉及的是公民出版自由的实现问题。经研究认为，被剥夺政治权利的人并没有被剥夺民事权利，对其合法作品，还是享有著作权。1990 年 9 月 7 日，七届全国人大常委会十五次会议通过著作权法。著作权法共6章、56条，第一章总则，规定了立法目的、立法依据、调整对象、适用范围等；第二章著作权，规定了著作权的主体、著作权的权利内容、著作权归属、权利的保护期、权利的限制等内容；第三章著作权许可使用合同，规定了著作权许可使用合同的内容、期限以及使用作品的付酬标准等；第四章出版、表演、录音录像、播放，规定了图书、报刊的出版者、表演者、音像制作者，广播电台、电视台在使用他人作品过程中和著作权人之间的权利义务关系；第五章法律责任，规定了侵犯著作权和违反著作权合同的法律责任，著作权纠纷的解决办法等；第六章附则。2001年10月，九届全国人大常委会第二十次会议还对著作权法进行了修改，进一步完善了我国的著作权保护制度。在著作权法中并没有限制被剥夺政治权利的人依法享有的著作权。民事立法就是这样，最大限度地保护国民的基本权利和自由。

3. 担保法制定中的讨论。1993年，在担保法起草过程中，民法室同志到福建调研，有银行的同志反映，有的企业为他人提供担保是行政命令的结果。这在今天看来有点不可思议，然而在当时，市场经济尚未完全建立，行政权力介入市场活动的现象时有发生。就法理而言，这涉及的是合同自由问题。为了确立和弘扬契约自由这一市场经济的基本理念，1995年6月30日，八届全国人大常务委员会第十四次会议通过了担保法。担保法共7章、96条，第一章总则，规定了立法目的、适用范围、担保方式和基本原则等；第二章保证，规定了保证人的资格、保证合同、保证方式和保证责任等；第三章抵押，规定了抵押和抵押物、抵押合同和抵押物登记、抵押的效力、抵押权的实现和最高额抵押；第四章质押，规定了动产质押和权利质押的概念、形式，生效、合同内容、担保范围等；第五章留置，规定了留置和留置权、留置担保的范围、留置权的范围、留置权人的保管义务、留置权的实现和消灭等；第六章定金，规定了定金的概念、约定定金的方式、定金合同生效的时间、定金数额的限制等；第七章附则。担保法建立了完整的担保制度，为促进资金融通和商品流通，保障债权的实现，发展市场经济奠定了法治基础。担保法第三条，重申了民法通则规定的自愿原则，同时明确规定，任何单位和个人不得强令金融机构或者企业为他人提供保证。民事立法就是这样，不断捍卫市场主体的经济自由，为市场经济的健康发展提供价值引领和法治保障。

4. 合同法制定中的讨论。在合同法起草过程中，就合同的订立进行了深入研究和讨论，并从国际上引入了一组全新的概念，“要约”“意思表示”“要约邀请”和“承诺”等。这些术语对外行人而言，实在是抽象、费解，很多人都不理解这个“意思表示”究竟是啥意思。这些民法概念的背后，都涉及民法的一个核心——法律行为理论。简单来说，意思表示的核心包括两个层次：一方面是，所作出的表示是当事人的内心真实意思；另一方面是，当事人作出的表示是希望实现一定的目的且有约束力的。通俗而言，就是说话算话、言而有信。1999 年 3 月 15 日，九届全国人大二次会议通过了合同法。合同法在总结经济合同法、涉外经济合同法和技术合同法三部合同法实践经验的基础上，充分借鉴国外合同法律的有益经验，建立了符合国情、适应国际潮流的中国特色社会主义市场经济合同法律制度。合同法分总则与分则，共 23 章 428 条，总则规定了合同法的调整范围、基本原则、合同的订立、合同的效力、合同的履行、合同的变更和转让、合同的权利义务终止、违约责任等内容。分则规定了买卖合同，供用电、水、气、热力合同，赠与合同，借款合同，租赁合同，融资租赁合同，承揽合同等有名合同的具体规则。合同法第八条明确规定，依法成立的合同对当事人具有法律约束力，说白了就是——合同是当事人之间的法律。民事立法就是这样，逐步培育国民的规则意识，不断引导国民信奉诚实守信的价值。

5. 侵权责任法制定中的讨论。2009 年 12 月 26 日，十一届全国人大常委会第十二次会议通过的侵权责任法，规定了责任构成、责任方式、责任的减轻与免除以及各种特殊侵权的侵权责任，这部法律在保护民事主体合法权益、明确侵权责任、预防和制裁侵权行为等方面发挥了重要作用。而在侵权责任法制定时，就承担侵权责任的原则（归责原则）展开深入的讨论。我们知道，近代自由资本主义民法的三大原则就是私权神圣、契约自由和过错责任，经历了长期发展才逐渐建立了无过错责任制度。我国侵权责任法明确，侵权责任的归责原则实行过错责任和无过错责任相结合的原则。可以说我们的侵权责任法直接跨越了资本主义民法200多年的发展历程。民事立法就是这样，在大力保护民事权利的同时，不断强化国民的责任意识。

正是这一次次理论上的探索，一次次法理上的讨论，为民事立法奠定了坚实的理论基础，让我们体会到民法的深度。改革开放40年来，随着民事立法的不断完善，法律对各项权利和自由的保障越来越全面、越来越深入，宪法上的自由和权利转化为实实在在的民事权利和自由，让国民有了制度上的获得感，也不断激发了国民的义务观念、责任意识，使一个个精打细算的市民逐渐成为成熟、理性、克制的现代国民。民法典是国民期盼的一部法典。

（三）人民之法：民法的高度

1. 民法通则制定过程中的大争论。在民法通则起草过程中，关于民法和经济法的关系问题，一直存在争论。1985年12月，国务院经济法规研究中心和中国经济法学研究会在广州联合召开全国第二次经济法理论工作会议。会上，不少与会学者对民法通则草案，有关民法调整范围的规定提出了批评意见，认为草案的规定否定了经济法的独立存在。这次会议使得这一争论掀起高潮。为此，法制工作委员会多次以不同方式广泛听取经济法专家的意见，并及时向党中央汇报。1986年3月12日，这场大争论达到了白热化程度，一些经济法专家试图利用媒体阻止民法通则的审议。新华社《国内动态清样》第537期刊登了题为“经济法专家呼吁《民法通则》和《经济法纲要》应协调同步制定”的文章。1986年3月14日，陈丕显副委员长主持召开委员长会议，彭真委员长出席并讲话，最后一锤定音，决定按计划将民法通则草案提请六届全国人大四次会议审议通过，同时向党中央汇报。一场长达七年的有关民法与经济法的理论争论终于告一段落。1986年4月12日，六届全国人大四次会议审议并通过了民法通则。民法通则规定了民事主体、民事法律行为、民事权利和民事责任等基本民事制度，可以说是一部“微民法典”。重温这段历史，我们不难看出，民法通则起草制定过程中，有关民法调整范围的大争论，表面上是关于学科边界的学术之争，而背后的实质，是中国经济走向之争，是中国经济改革中计划作用与市场作用之争。[1] 民事立法就是这样，不仅决定着法学理论的发展，还直接影响着国家改革发展的走向。

2. 农村土地承包法制定修改中的争论。2001年11月，民法室的同志到江西、甘肃调研农村土地承包情况，2002年1月，又到云南、贵州等地调研。在调研过程中，各地争论的焦点问题之一就是承包期内是否允许调整承包地。经过慎重研究、认真讨论，结合党中央有关农村土地制度的文件精神，2002年8月29日，九届全国人大常委会第二十九次会议通过的农村土地承包法，规定承包期内因自然灾害严重毁损承包地等特殊情形，可以适当调整承包地。2018年，农村土地承包法修改过程中，是否调整承包地的问题，再次成为立法过程中的争论焦点之一。为此，在向中央的请示中还专门作了汇报，结合中央的最新文件精神，建议继续沿用现行法规定。民事立法就是这样，在人民群众争论的关键问题上砍一刀，划一道杠杠，为重大分歧定分止争。

3. 物权法制定过程中的大争论。1998年1月，法制工作委员会开始

---

〔1〕 江平：《沉浮与枯荣——八十自述》，法律出版社2010年版，第311页。

着手研究起草物权法。2005 年 7 月 8 日，三审后的物权法草案公开向社会各界征求意见。在征求意见过程中，2005 年 8 月 12 日，一位北京大学的教授通过网络向吴邦国委员长和全国人大常委会发出了题名为“一部违背宪法和背离社会主义基本原则的《物权法（草案）》”的公开信。这封公开信，一石激起千层浪，引起了立法史上前所未有的大争论。这就是物权法制定过程中，有关平等保护国家、集体和私人物权的问题之争。这场争论使得物权法草案成为常委会审议次数最多的一部法律草案，并多次向党中央汇报。真理总是越辩越明，2007 年 3 月 16 日，十届全国人大五次会议上，2889 名出席代表中有 2799 人投了赞成票，高票通过了物权法。物权法共 5 编、19 章、247 条。第一编总则，规定了立法目的、适用范围、物权法的基本原则，物权的设立、变更、转让和消灭，以及物权的保护等。第二编所有权，规定了所有权人的权利，国家所有权和集体所有权、私人所有权，业主的建筑物区分所有权、相邻关系、共有和所有权取得的特别规定等内容。第三编用益物权，规定了用益物权人的权利，自然资源的有偿使用制度，以及土地承包经营权、建设用地使用权、宅基地使用权、地役权等用益物权。第四编担保物权，规定了担保物权的共通规则，以及抵押权、质权、留置权等担保物权的具体规则。第五编占有，规定了占有的保护和无权占有人的侵权责任等内容。物权法坚持了平等保护的原则，第四条规定：“国家、集体、私人的物权和其他权利人的物权受法律保护，任何单位和个人不得侵犯。”民事立法就是这样，在党中央的坚强领导下，就改革开放的关键问题、重大事项，作出立法决策，为我国的改革开放把准脉搏。

正是在一次次的立法大争论中，在一份份向党中央的请示中，民事立法始终站在改革开放的时代前沿，站在人民的立场，在党中央的坚强领导下，顺应改革开放的潮流和方向，就一些重大法律制度问题作出历史性抉择，让我们认识到民法的高度。民法典可以说是时代需要的法典，是人民期盼的法典。

改革开放40年来，我国先后修改制定了婚姻法、继承法、民法通则、著作权法、收养法、消费者权益保护法、担保法、合同法、农村土地承包法、物权法、侵权责任法、涉外民事关系法律适用法等主要民事法律。通过这些民事立法，确立了老百姓生产生活的基本规则，让百姓有了满足感，建立了市场经济的基本秩序，让市场主体有了安全感，构建了保护民事权利的基本制度，让人民有了获得感。改革开放40年的民事立法，既是此前民法起草的延续和发展，也为今天我们编纂民法典奠定了很好的法制基础。回顾改革开放40年的民事立法成就，我们不难发现，民法典是市民期待的法典，是国民需要的法典，更是人民呼唤的法典，民法典承载着的是中国人民的法治中国梦！

四、展望：一部中国特色的民法典

编纂民法典这一重大立法任务，对于推进全面依法治国，实现国家治理体系和治理能力现代化，促进社会主义市场经济健康发展，维护最广大人民的根本利益，都具有重大的现实意义和深远历史意义。2015年3月，民法典编纂工作正式启动以来，根据安排，编纂工作采取“两步走”的思路进行：第一步先出台民法总则；第二步编纂民法典各分编，适时出台民法典。2017年3月15日，十二届全国人大五次会议通过了民法总则。民法总则是民法典的开篇之作，在民法典中起统领性作用。民法总则规定民事活动必须遵循的基本原则和一般性规则，统领民法典各分编，各分编将在总则的基础上对各项民事制度作出具体规定。民法总则以民法通则为基础，采取“提取公因式”的办法，将民事法律制度中具有普遍适用性和引领性的规定写入其中，就民法基本原则、民事主体、民事权利、民事法律行为、民事责任和诉讼时效等基本民事法律制度作出规定。既构建了我国民事法律制度的基本框架，也为各分编的规定提供依据。民法总则的出台为民法典编纂迈出了坚实的第一步。

民法总则通过后，全国人大常委会法制工作委员会立即与五家民法典编纂工作参加单位全力推进民法典各分编编纂工作。在系统梳理、研究全国人大代表、政协委员提出的修改完善相关民事法律的议案、建议和提案，开展立法调研、深入基层了解实践情况，开展比较研究、了解国外民事立法新发展，广泛听取地方人大、有关部门和单位、基层立法联系点、人大代表、专家学者等方面的意见和建议的基础上，以现行民事法律为基础，结合我国社会的发展实际，形成了民法典各分编草案。2018 年 8 月，十三届全国人大常委会第五次会议对民法典各分编进行了初次审议，各分编的二次审议工作也正紧锣密鼓地有序进行。让我们共同期待，立法机关编纂出一部体例科学、结构严谨、规范合理、具有中国特色、体现时代精神、反映人民意志的二十一世纪民法典！

民事诉讼法立法 40 年

民事诉讼法是国家的基本法律，是规范民事诉讼程序的基本规则。改革开放 40 年来，我国民事诉讼法立法从 1982 年制定至今共经历了五个阶段。

一、构建基本框架，开启民事诉讼法立法新征程

1978 年 12 月，中国共产党召开了十一届三中全会，作出了把党和国家的工作重心转移到经济建设上来、实行改革开放的历史性决策，并提出要加强社会主义民主与法制建设。当时对于立法的一个总体思路是，“有比没有好”“快搞比慢搞好”“宜粗不宜细”。这是符合当时形势的。经济社会步入正轨急需法律发挥重要调节作用，要先把基本的法律尽快立起来，把法律的基本框架和制度先立起来。我国民事诉讼法的制定也在这一背景下被提上立法议程。

1979 年 9 月，全国人大常委会法制委员会组建民事诉讼法起草小组，开始起草民事诉讼法。经过两年多反复讨论、修改，并先后三次在全国范围内广泛征求意见，1981 年，五届全国人大第四次会议原则批准了《中华人民共和国民事诉讼法（草案）》，并授权常务委员会根据代表和其他方面所提出的意见，在修改后公布试行。在试行中总结经验，再作

必要的修订，提交全国人民代表大会审议通过公布施行。1982 年 3 月 8 日，五届全国人民代表大会常务委员会第二十二次会议通过了《中华人民共和国民事诉讼法（试行）》[以下简称 1982 年民事诉讼法（试行）]。

1982 年民事诉讼法（试行）有以下几个特点：一是继受了新民主主义时期解放区民事诉讼的一些习惯、做法，吸取了 1949 年以来国内的民事审判经验，如重视调解、两审终审制度等；二是移植了大陆法系国家和地区的一些诉讼制度；三是借鉴了原苏联民事诉讼法的某些制度，如检察监督制度。从经济社会发展阶段来看，当时党和国家的工作重心刚转移到经济建设上来，经济体制改革还处于初步探索阶段，对如何界定并实现民事诉讼法的目的与任务还缺乏充分认知，在理论研究方面对现代民事诉讼的特点和规律把握不深、认识不够，新阶段的民事诉讼实践探索尚不充分，这些因素导致 1982 年民事诉讼法（试行）的规定相对粗疏。但总体来说，1982 年民事诉讼法（试行）的及时出台对促进民事纠纷的解决，保障经济发展和社会稳定起到了重要作用，在我国民事诉讼法立法发展历程上无疑具有里程碑的意义。

1982 年民事诉讼法（试行）立足中国国情和实际，创设性规定了基本原则和基本诉讼制度，为此后的民事诉讼法奠定了基础和基本框架，内容包括 5 编、24 章，共计 205 条，涵盖了现行民事诉讼法的大部分规范，包括基本原则、管辖制度、当事人制度、证据制度、一审程序、二审程序、审判监督程序、执行程序和涉外特别规定等。

二、丰富和发展制度体系，创建正式的民事诉讼法

1982 年民事诉讼法（试行）通过实施后，商品经济得到了进一步发展，经济纠纷大量增加，出现了很多新情况、新问题，全国人大和人大常委会陆续制定了民法通则等一批重要的民事实体法，人民法院在实践中也积累了不少经验，这些为我国制定正式的民事诉讼法提供了实践依

据。经过广泛的讨论和研究，民事诉讼法草案最终于1991年4月提交七届全国人大四次会议审议通过，由此诞生了新中国成立后第一部正式的民事诉讼法。

1991年民事诉讼法对1982年民事诉讼法（试行）主要从以下几个方面进行了丰富和发展：

一是关于民事诉讼法的立法任务。1991年民事诉讼法在1982年民事诉讼法（试行）规定的立法任务基础上，增加“保护当事人行使诉讼权利”，并将其列为第一项立法任务。这体现了我国对民事诉讼规律认识的深化，程序正义在民事诉讼立法上得到进一步尊重。

二是关于民事主管范围。1982年民事诉讼法（试行）没有对法院主管民事案件的范围作出明确规定，1991年民事诉讼法对此进行了明确，第三条规定：“人民法院受理公民之间、法人之间、其他组织之间以及他们相互之间因财产关系和人身关系提起的民事诉讼，适用本法的规定。”这样规定，是基于以下几点考虑：（1）使得作为程序法的民事诉讼法在主观范围上与1986年民法通则关于民法调整对象的规定保持了一致，体现了程序法与实体法的统一；（2）建立了“民行”分立的诉讼体制，删除了1982年民事诉讼法（试行）有关人民法院审理行政案件也适用民事诉讼法规定的内容，在法律上确定了民事、行政案件审理的分离；（3）明确了我国民事诉讼程序的统一性，即人民法院审理经济纠纷案件也适用民事诉讼法，不存在所谓独立于民事诉讼之外的经济诉讼程序。[1]

三是关于调解的原则。1982年民事诉讼法（试行）确立了对民事案件实行“着重调解”原则，该规定在当时是符合人们对调解在纠纷解决中所起作用的预期的。随着商品经济的发展，人们的观念也在不断变化，更加注重对自己权利的处分自由，同时司法实践中也出现了法院久调不决等不适当的做法。基于此，1991年民事诉讼法确立了“自愿、合法”

---

〔1〕张卫平：《中国民事诉讼法立法四十年》，载《法学》2018年第7期。

调解原则，规定人民法院审理民事案件，应当根据自愿和合法的原则进行调解，调解不成的，应当及时判决。

四是确立了协议管辖制度。实践中，一些地方法院受地方保护主义影响，对合同纠纷案件，不属于自己管辖的，也抢着受理争管辖。为了解决该问题，1991 年民事诉讼法确立了协议管辖制度，将确定管辖法院的权利赋予双方当事人，允许合同的双方当事人在书面合同中协议选择被告住所地、合同履行地、合同签订地、原告住所地、标的物所在地人民法院管辖。

五是设立了代表人诉讼制度。随着商品经济的发展，发生了一些侵害众多当事人民事权益的案件，如几十人的食物中毒请求赔偿的案件，出售劣质种子、化肥、农药坑害广大农民的案件，以及污染环境使众多当事人受到损害的案件等。为了便利众多当事人进行诉讼，便利人民法院审理这类案件，1991 年民事诉讼法规定了代表人诉讼制度，以有利于更好解决群体纠纷。

六是关于法院调查取证。1982 年民事诉讼法（试行）规定，全面地、客观地收集和调查证据是人民法院的义务。1991 年民事诉讼法对此作了调整，人民法院不再负有全面调查取证的义务，而是具有一定的裁量权，只对于当事人及其诉讼代理人因客观原因不能自行收集的证据，或者人民法院认为审理案件需要的证据，负责调查收集。民事诉讼法作出该规定，是基于以下几点考虑：（1）适应了案件大量增加的需要，有利于减轻法院的审判压力；（2）体现了对民事诉讼法内在规律认识的深化。

七是落实了检察监督制度。1982 年民事诉讼法（试行）仅是对检察监督作了原则性规定，即人民检察院有权对人民法院的民事审判活动实行法律监督。1991 年民事诉讼法在审判监督程序一章增加抗诉程序，使检察监督原则得以落实。

此外，1991 年民事诉讼法还增加规定了督促程序、公示催告程序，以促进高效、便捷实现民事权利；增加了企业法人破产还债程序，便于法院处理破产案件；进一步丰富了执行程序和涉外民事诉讼程序等内容。

三、聚焦难点问题，集中完善相关制度

随着改革开放和经济社会的发展，经济成分、组织形式、利益关系日趋多样化，新情况新问题不断出现，民事纠纷日益增多，民事主体向人民法院提起民事诉讼维护自身合法权益的民事案件大量增加，人民法院在审理和执行过程中遇到了许多新的矛盾和难题，尤其是对“申诉难”和“执行难”问题，人民群众反映强烈。据统计，十届全国人大代表联名提出修改民事诉讼法的议案共90件，其中针对当事人“申诉难”“执行难”，要求完善审判监督程序和执行程序的议案57件，占总数的近三分之二。为了回应人民群众的呼声，民事诉讼法修改再次被提上全国人大常委会立法议程，这一次修改主要是围绕审判监督程序和执行程序两部分内容进行。民事诉讼法修正案草案最终于2007年10月提交第十届全国人大常委会第三十次会议审议通过，主要修改的内容有：

在审判监督程序方面，旨在解决当事人“申诉难”，切实保障当事人申请再审的权利，同时规范申请再审的行为。一是进一步将再审事由具体化，将民事诉讼法规定的再审事由从五项情形具体化为十六项情形；二是针对实践中当事人向人民法院多头申诉、反复申诉，人民法院重复审查以及原审人民法院自己纠错较为困难的问题，明确规定当事人申请再审应当向上一级人民法院提出；三是完善检察机关法律监督的规定，将人民检察院的抗诉事由进一步具体化，明确规定接受抗诉的人民法院的再审期限等。

在执行程序方面，旨在有利于解决“执行难”问题，维护法律和司法的权威，保障胜诉当事人的合法权益。一是强化执行措施，增设了被执行人财产报告制度，增加了限制出境、在征信系统记录不履行义务信息等执行措施，加大了执行处罚力度；二是规范执行行为，针对有的执行案件受到地方保护主义干扰，长期得不到执行等情况，赋予当事人向

上级人民法院申请由其他人民法院执行的权利，并进一步完善了执行异议制度；三是适当延长申请执行期限，将当事人申请执行的期限统一规定为三年；四是完善执行机构等。

四、大范围修改，最大限度地满足司法实践需求

为了适应经济社会发展的需要，全面满足人民群众的司法需求，从 2011 年年初，全国人大常委会法制工作委员会正式开始民事诉讼法的全面修改工作，当时设想的是只要有修改的必要，都应当修改。经过广泛征求意见、反复研究讨论，2012 年 8 月，十一届全国人大常委会第二十八次审议通过了民事诉讼法修改决定。该修改决定共 60 条，改了将近 100 处，各个章节均有修改，主要修改的内容有：

一是增设诚实信用原则。引导当事人在诉讼活动中应当恪守诚信，不得滥用诉讼权利。

二是完善调解与诉讼的衔接制度。增加先行调解制度，将法院的调解活动向立案前拓展，并在特别程序中专门规定了对调解协议的司法确认制度。

三是进一步保障当事人的诉讼权利。针对立案难问题，规定人民法院对不符合起诉条件的案件，即使不予受理，也应当作出正式的裁定书；针对环境污染和食品安全事故频发的情况，设立了公益诉讼制度；针对当事人通过恶意诉讼等手段侵害案外人合法权益的情况，设立了第三人撤销之诉制度；完善了裁判文书公开制度，规定公众可以查阅发生法律效力的裁判文书。

四是完善了当事人举证制度。规定了当事人逾期提供证据的法律后果，即人民法院根据不同情形可以不予采纳该证据，或者采纳该证据但予以训诫、罚款；增设了专家辅助人制度。

五是创设小额诉讼制度。为了提高审判效率，降低当事人的诉讼成

本，规定对于标的额较小的简单民事案件，实行一审终审。

六是强化法律监督。规定了检察建议的监督方式，扩大了检察监督的范围，并明确人民检察院有权对民事执行活动实行法律监督。

七是完善了审判监督程序。将当事人申请再审的事由明确限制为十三项情形，不再保留兜底性规定，缩短申请再审的期限等。

此外，还进一步完善了执行程序，强化执行措施，加大对拒不执行的惩处力度等。

五、个别调整，完善民事公益诉讼制度

2017年，全国人大常委会在总结检察机关提起公益诉讼试点工作经验的基础上，再次对民事诉讼法作出修改，在已有的民事公益诉讼制度基础上，增加检察机关提起民事公益诉讼的规定，对人民检察院提起民事公益诉讼的适用范围、条件等作了规定。民事诉讼法第五十五条第一款规定，对污染环境、侵害众多消费者合法权益等损害社会公共利益的行为，法律规定的机关和有关组织可以向人民法院提起诉讼。2017年修改后的民事诉讼法在第五十五条增加第二款规定，即人民检察院在履行职责中发现破坏生态环境和资源保护、食品药品安全领域侵害众多消费者合法权益等损害社会公共利益的行为，在没有前款规定的机关和组织或者前款规定的机关和组织不提起诉讼的情况下，可以向人民法院提起诉讼。前款规定的机关或者组织提起诉讼的，人民检察院可以支持起诉。

六、做好民事诉讼法立法工作的体会和经验

（一）要坚持党的领导，确保立法工作的正确政治方向

党的十一届三中全会提出，要加强社会主义民主与法制建设。随后

不仅是民事诉讼法，其他基本法律包括民法、刑法等，都经历了从无到有，从简单、粗疏到丰富、完善的过程，并于2011年形成了中国特色社会主义法律体系。辉煌立法成就的取得，首先是因为有中国共产党的正确领导。只有坚持中国共产党的领导，才能确保我们的立法工作沿着正确的方向前进，才能不走、少走弯路。当前，我国正处于社会转型期，各种矛盾交织、错综复杂，对我们今后的立法工作提出了更高的要求。做好今后的立法工作，首要的就是坚持以习近平新时代中国特色社会主义思想为指导，在立法工作中认真贯彻落实中央各项文件精神，自觉在思想上、政治上、行动上同以习近平同志为核心的党中央保持高度一致。

（二）要立足中国的国情和实际，体现中国特色

1981年5月，彭真同志在民法座谈会上说："立法必须从中国的实际出发，调查研究现实的实际和历史的实际。我们的民法是中华人民共和国的民法，不是苏联、东欧的民法，也不是英美、欧洲大陆或者日本的民法。我国的民法从哪里产生？要从中国的实际产生……如果说什么是民法的母亲的话，就法律体系本身来说是宪法，但归根到底，还是中国的实际是母亲，九百六十万平方公里的十亿人民是母亲。"他的这段经典讲话，不仅适用于民事立法工作，而且适用于制定其他法律。外国有的法律制度，中国不一定要有，不能说其他国家都有了，中国也要有。当然也不能说，外国没有的法律制度，中国也不能有。衡量的标尺就是看一项制度是否符合中国的国情和实际。

相对于实体法，一国的诉讼制度更是受到政治制度、司法体制、民族传统、文化习俗等方方面面的影响，更具鲜明的本国特色。比如我国的调解制度就具有深厚的历史和文化传统。我国传统文化注重"无讼"，不愿对簿公堂，遵从道德权威的教化、调解。抗日战争时期陕甘宁边区著名的"马锡五审判方式"的一个重要特点就是注重调解，由裁判者直

接深入纷争现场，了解纠纷的形成过程，对当事人双方进行说服教育，最终化解纠纷。1982年民事诉讼法（试行）基于中国的国情和实际，将“着重进行调解”作为民事诉讼的基本原则。1991年民事诉讼法将“自愿、合法”作为调解原则的基础，不再强调“着重”二字，但调解在司法实践中仍然发挥着重要作用。2012年民事诉讼法继续将调解作为重要的纠纷解决方式，对调解制度作了进一步的丰富、完善。如何进一步发挥好调解的作用，如何处理好调解与诉讼的关系，仍然是下一步民事诉讼法立法工作需要研究的重要课题。

在民事诉讼制度中，比较有中国特色的还有检察监督制度，该制度虽然移植于苏联，但在我国得到保留、发展。从民事诉讼法这几次修改来看，检察监督制度在立法中逐步强化，1982年民事诉讼法（试行）仅是对检察监督作了原则性规定，1991年民事诉讼法增设抗诉程序，2007年民事诉讼法对抗诉事由进一步具体化，2012年民事诉讼法将监督范围扩展到对执行活动的监督，2017年民事诉讼法又明确赋予检察机关提起公益诉讼的主体资格。这些修改都是基于中国司法实践的需求，不能也无法照搬国外的立法。

历次民事诉讼法修改都面临的一个重要问题就是如何解决“执行难”“执行乱”问题。这一问题的成因非常复杂，不单纯是诉讼制度问题。对这类问题的解决，外国没有现成的经验，只能立足于我们中国的国情和实际，研究探索解决之道。民事强制执行法已经列入十三届全国人大常委会立法规划，我们将在下一步立法工作中，加强调查研究，在深入了解和认识中国实际的基础上，完善强制执行法律制度，促进“执行难”“执行乱”问题的解决。

（三）在工作方式方法上，坚持从群众中来，到群众中去

做好立法工作要符合中国的国情和实际，但是中国的国情和实际情

况不会自动送上门来，去认识国情、去深入发掘实际情况需要有正确的方式方法。坚持群众路线的工作方法，是做好立法工作的重要保障。1943年6月，毛泽东同志在为中央起草的《关于领导方法的若干问题》一文中，从辩证唯物主义认识论的高度，对党的群众路线的工作方法进行了精辟概括，他指出："在我党的一切实际工作中，凡属正确的领导，必须是从群众中来，到群众中去。这就是说，将群众的意见（分散的无系统的意见）集中起来（经过研究，化为集中的系统的意见），又到群众中去作宣传解释，化为群众的意见，使群众坚持下去，见之于行动，并在群众行动中考验这些意见是否正确。然后再从群众中集中起来，再到群众中坚持下去。如此无限循环，一次比一次更正确、更生动、更丰富。"

立法工作首先要深入群众中去，了解人民群众的呼声，民有所呼，法有所应。我们历次民事诉讼法修改都在全国范围内广泛征求意见，1982年起草民事诉讼法的时候还没有普及互联网，也做到了三次全国范围内征求意见，人民群众通过来信来函的方式提出自己的意见。尤其值得一提的是，2007年民事诉讼法修改中，相当重视全国人大代表的意见。全国人大代表是从广大人民群众中产生，最能集中反映人民群众的呼声和意见。2007年全国人民代表大会召开期间，湖南团江必新等30名代表提出《关于修改民事诉讼法以解决"执行难""申诉难"的议案》，并提出了民事诉讼法修正案（草案）的建议稿。为了发挥全国人大代表积极提出高质量议案、促进立法工作的作用，全国人大常委会法制工作委员会以该议案为基础，吸收其他代表有关议案的意见，并考虑专家的建议，经多次研究修改，形成了最终的民事诉讼法修正案（草案）。

做好"从群众中来"，除了向社会公开征求意见外，比较常见的是深入基层召开座谈会、进行实地调研，现在全国人大常委会法工委也在开展短期蹲点调研，下一步需要进一步创新调研方式，真正了解到群众最需要的东西，从群众的意见和建议中寻找解决问题的办法。做好"到群众中去”，要求法律通过后也要密切跟踪，及时了解掌握法律的实施情况，必要时要依照立法法的规定，组织对有关法律或者法律中有关规定进行立法后评估。

（四）遵循法律制度的内在规律，作出科学决策

掌握了人民群众的呼声和意见，对所涉及的实际情况有了充分了解之后，就涉及立法决断问题。作出立法决断必须要遵循法律制度的内在规律，掌握事物当前的发展阶段。

比如，1991年民事诉讼法设立协议管辖制度，表面是为了防止不同法院争抢管辖权，但更深层的背景就是当时商品经济有了初步发展，当事人要求更多地在诉讼中发挥自己的作用，诉讼权利要求得到更多的尊重。掌握了民事诉讼制度这一发展阶段的特点和发展趋势，也就比较容易作出科学决策。1991年民事诉讼法弱化了法院调查取证义务，强化了当事人举证责任，也是根据当时的民事诉讼发展阶段作出的决断，让当事人在诉讼中更多地发挥作用，搜集哪些证据、提出哪些证据，由当事人自主判断，而不是由法院大包大揽。

再如，对公益诉讼制度的创设经历了一个从起步到逐渐完善的过程。2012年修改民事诉讼法，考虑到公益诉讼在我国是一项全新的制度，既要适度开展，又要有序进行，仅对公益诉讼的适用范围和提起主体作了原则性规定。随后2013年消费者权益保护法修改、2014年环境保护法修改分别对民事公益诉讼和环境民事公益诉讼作了进一步的规定，2017年又根据试点情况明确赋予检察机关提起民事公益诉讼的主体资格，从而分步骤、分阶段促进公益诉讼制度逐步完善。

（五）要善于发挥立法的引领和推动作用

立法既要总结过去，对实践中比较成熟的做法予以认可，更要面向

未来，发挥好引领和推动作用。民事诉讼本质上就是当事人双方在集中约束的场景下，通过举证、质证的过程再现案件事实，进而作出判决，使纠纷得以解决。基于司法资源的有限性和保障社会秩序的安定性，各国民事诉讼法均对再审程序的启动作了非常严格的限制。一直以来，我国存在重实体轻程序的传统，一些当事人往往认为应当无限制地追求实体正义，忽视程序价值，反映到司法实践中就是反复申请再审，甚至缠诉，导致“终审不终”的问题较为突出。解决“终审不终”的问题，除了要提高审判质量之外，还要注重对社会观念的引导，发挥好立法的引领和推动作用。为了规范申请再审的行为，2007 年修改民事诉讼法将再审事由进一步具体化，2012 修改民事诉讼法对再审事由作了进一步限定，并对当事人申请再审的期限等作了一定的限制。这些立法举措有利于引导当事人正确理解“有错必纠”，正确认识程序价值的意义，处理好实体正义与程序正义的关系。

我国对外开放的法治保障

开放带来进步，封闭必然落后。开放是国家繁荣发展的必由之路。改革开放40年来，中国坚持对外开放的基本国策，坚持打开国门搞建设，逐步形成了全方位多层次宽领域的对外开放格局，实现了从封闭半封闭到全方位开放的伟大历史转折。在这一历史进程中，法治建设一直与对外开放相辅相成、相伴而行，立法工作与对外开放紧密结合、协调推进，建立了中外合资经营企业法、外资企业法、中外合作经营企业法（以下简称“外资三法”）等外资法律和外贸法律为主体的涉外法律制度体系，为对外开放的顺利推进提供了坚实的法治保障。

一、制定“外资三法”和对外贸易法，建立对外开放的制度体系

（一）以“外资三法”为基本框架的外商投资法律制度

中国的对外开放立法是从外资立法起步的。在改革开放之初，邓小平同志就指出，“关起门来搞建设是不可能成功的，中国的发展离不开世界”“要吸收外国的资金和技术来帮助我们发展”。

宪法为引进和利用外资提供了最高法律依据。1982年通过的宪法第

十八条规定，“中华人民共和国允许外国的企业和其他经济组织或者个人依照中华人民共和国法律的规定在中国投资，同中国的企业或者其他经济组织进行各种形式的经济合作。在中国境内的外国企业和其他外国经济组织以及中外合资经营的企业，都必须遵守中华人民共和国的法律。它们的合法的权利和利益受中华人民共和国法律的保护”。宪法的上述规定，为引进、保护和规范外商投资提供了根本遵循。同时，全国人民代表大会先后制定了中外合资经营企业法、外资企业法、中外合作经营企业法，并通过制定上述法律的实施条例和相关具体规定，建立起了比较完备的外商投资法律制度，确定了外国投资者在中国投资应当尊重中国国家主权，以及中国保护投资者合法权益、平等互利、遵循国际通行规则等原则，为外国投资者在中国进行投资创造了良好的制度环境。

中外合资经营企业法是改革开放后制定第一部外资法律。党的十一届三中全会前后，邓小平同志多次指出，搞社会主义建设，尤其利用外资，引进技术装备，要有法，要按法办事，不能少数人说了算数，要抓紧做好经济立法工作。当时在引进外资的一线工作的同志也提出来，引进外资，搞合营企业，单靠章程和合同还不够，还应当有法源，要制定法律明确对外商投资给予法律保护，增强外商投资的信心和安全感。1979 年 7 月 1 日，五届全国人大二次会议通过了中外合资经营企业法，是全国人大在改革开放后首批制定的 7 部法律之一，对于法治建设具有里程碑的意义，对于开启改革开放的历史进程也具有标志性的意义。

中外合资经营企业法对合资企业这一外商投资企业组织形式进行了规范，其中的许多规定，对以后制定的规范外商投资的法律起到了重要的指导作用。1986 年 4 月 12 日，六届全国人大四次会议通过了外资企业法，规定了外资企业的组织形式。1988 年 4 月 13 日，七届全国人大一次会议通过了中外合作经营企业法，规定了合作企业的组织形式。

1. 关于外商投资企业的法律地位

中外合资经营企业法明确规定，中国政府依法保护外国合营者按照经中国政府批准的协议、合同、章程在合营企业的投资、应分得的利润和其他合法权益。外资企业法和中外合作企业法也规定，国家依法保护外国投资者的合法权益。上述规定明确了外商投资企业的法律地位，确立了吸引外商投资的基础和法律保障。同时，对外国投资者关心的国有化和征收问题，中外合资经营企业法、外资企业法明确规定，国家对外商投资企业不实行国有化和征收；在特殊情况下，根据社会公共利益的需要，对外商投资企业可以依照法律程序实行征收，并给予相应的补偿。

为体现国家主权原则，中外合资经营企业法规定，合营企业的一切活动应遵守中华人民共和国法律、法规的规定。外资企业法、中外合作经营企业法规定，外资企业、合作企业必须遵守中国的法律、法规，不得损害中国的社会公共利益。

2. 关于外商投资企业的组织形式

中外合资经营企业法规定，合营企业由中外合营者举办，按照注册资本比例分享利润和分担风险及亏损，外国合营者的投资比例一般不低于25%。合营企业的组织形式为有限责任公司，设董事会决定企业重大问题，董事由合营各方委派和撤换。

外资企业法规定，外资企业的全部资本由外国投资者投资，利润和风险、亏损均由外国投资者承担。外资企业符合法律关于法人条件的规定的，依法取得中国法人资格。

中外合作经营企业法规定，合作企业由中外合作者共同举办，按照合作合同的约定分享利润、分担风险和亏损。同时，为吸引外资，中外合作经营企业法还专门对外方提前收回投资制度作了规定，即合作企业合同中约定合作期满时合作企业的全部固定资产归中国合作者所有的，可以在合作企业合同中约定外国合作者在合作期限内先行回收投资的办法。合作企业设董事会或者联合管理机构，决定企业重大问题。合作企业符合法律关于法人条件的规定的，依法取得中国法人资格。

3. 关于外商投资企业的监督管理

“外资三法”规定，设立合营企业，由国家对外经济贸易主管部门审查批准；设立合作企业，由国务院对外经济贸易主管部门或者国务院授权的部门和地方政府审查批准；设立外资企业，由国务院对外经济贸易主管部门或者国务院授权的机关审查批准。外商投资企业的设立经批准后，向国家工商行政管理部门登记，领取营业执照，开始营业。

同时，规定合营企业延长合营期限、提前终止合同，外资企业分立、合并、重要事项变更、延长经营期限，合作企业对合同作重大事项变更、合作一方转让其在合作合同中的全部或者部分权利义务、延长合作期限，也应当报审查批准机关批准。

“外资三法”奠定了我国利用外资的法律基础，为推动对外开放进程做出了历史性贡献。多年来，中国吸收外资稳居世界第二、发展中国家第一的地位。截至 2018 年 10 月，我国外商投资企业累计近 95 万家，实际利用外资累计超过 2 万亿美元。外商投资企业创造了近一半的对外贸易，四分之一的规模以上工业企业利润，五分之一的税收收入，外资已经成为推动中国经济社会发展的重要力量。

（二）制定对外贸易法，确立统一、透明的对外贸易制度

发展对外贸易，是加快现代化建设、促进经济发展和提高综合国力的重要途径。为适应对外贸易体制改革深化和对外贸易事业发展的需要，1994 年 5 月 12 日，八届全国人大常委会第七次会议通过了对外贸易法，规定了我国对外贸易的基本方针政策、主要管理制度。对外贸易法确立了社会主义市场经济条件下的对外贸易体制，规范了对外贸易经营者的权利和义务，健全了货物进出口、技术进出口和国际服务贸易管理制度，建立了具有中国特色的对外贸易促进体制，确立了统一、透明的对外贸易制度。

在调整范围方面，将货物进出口、技术进出口、国际服务贸易统一

纳入本法，全面进行规范。

在对外贸易原则方面，规定国家实行统一的对外贸易制度，依法维护公平的、自由的对外贸易秩序；根据平等互利的原则，促进和发展同其他国家和地区的贸易关系。

在对外贸易管理方面，实行货物与技术进出口自由贸易制度，规定除法律、行政法规另有规定外，准许货物与技术的自由进出口；在国际服务贸易方面，根据我国所缔结或者参加的国际条约、协定中所作的承诺，给予其他缔约方、参加方市场准入和国民待遇；明确了限制和禁止进出口的情形与范围。

在规范对外贸易秩序方面，规定对外贸易经营者在对外贸易经营活动中，应当依法经营，公平竞争；对保护本国贸易安全的反倾销、反补贴、保障措施等贸易救济措施作出原则性规定。

在对外贸易促进方面，规定国家建立和完善为对外贸易服务的金融机构，设立对外贸易发展基金、风险基金；通过信贷、出口退税及其他促进措施发展对外贸易；鼓励依法成立的有关协会、商会开展对外贸易促进活动；扶持和促进民族自治地方和经济不发达地区发展对外贸易。

对外贸易法对于规范对外贸易行为，维护对外贸易秩序，促进对外贸易发展发挥了重要作用。改革开放 40 年来，我国对外贸易由小到大不断发展，实现了历史性跨越。2017 年，中国实现进出口总额 27. 79 万亿元，其中出口 15. 33 万亿元，进口 12. 46 万亿元，再次成为世界第一贸易大国。对外贸易的发展有力推动了中国的现代化建设，为对外开放和经济社会发展作出了重要贡献。

二、为适应加入世界贸易组织需要修改完善相关法律

以世界贸易组织为核心的多边贸易体制是国际贸易的基石，是全球贸易健康发展的支柱。2001 年 12 月 11 日，中国正式加入世贸组织，成

为该组织第143个成员。中国加入世贸组织，是中国深度参与经济全球化的里程碑，标志着中国改革开放进入历史新阶段。

为全面遵守和执行世贸组织规则、履行中国“入世”承诺，中国在“入世”前后开展了大规模的法律法规清理工作。中央政府层面清理法律法规和部门规章2300多件，地方层面清理地方性政策法规19万多件，覆盖投资、贸易和知识产权保护等多个方面。在法律层面，主要是：

（一）修改“外资三法”

根据《与贸易有关的投资措施协议》（以下简称TRIMs协议）的要求，2000年10月31日，九届全国人大常委会第十八次会议对中外合作经营企业法和外资企业法作出修改；2001年3月15日，九届全国人大四次会议对中外合资经营企业法作出修改（为保证投资环境的稳定，1979年制定该法时规定“本法修改权属于全国人民代表大会”）。主要是：

一是根据TRIMs协议关于“各成员不得以任何形式限制企业购买、使用当地生产的或者来自于当地的产品”的要求，删除了“外资三法”中关于外商投资企业所需原材料、燃料、配套件等，“应尽先在中国购买”的规定。

二是根据TRIMs协议关于“各成员不得通过外汇平衡的要求，限制企业进口”的要求，删除了外资企业法、中外合作经营企业法中关于中外合作经营企业、外资企业“应当自行解决外汇收支平衡”的规定。

三是根据TRIMs协议关于“各成员不得限制企业产品出口的数量、价值或者份额”的要求，删去了外资企业法中关于外资企业产品应当“全部出口或者大部分出口”的规定。

（二）修改对外贸易法

根据我国加入世贸组织议定书等有关承诺，以及运用世贸组织规则保障我国产业和市场健康发展的需要，2004 年 4 月 6 日，十届全国人大常委会第八次会议对对外贸易法作出修改。主要是两个方面：

一是为履行入世承诺，作出以下修改：进一步放宽外贸经营权的范围，将外贸经营主体范围扩大到自然人；取消货物与技术贸易的外贸经营权审批，改为备案登记管理；按照世界贸易组织《进口许可程序协定》的要求，增加对部分自由进出口的货物实行自动许可管理的规定。

二是运用世贸组织规则，为保障我国产业和市场健康发展的需要，作出以下修改：为充分保护我国的经济安全和国家利益，在世贸组织协定允许的范围内，对限制和禁止进出口的情形作了补充和明确；根据《与贸易有关的知识产权协定》（以下简称 TRIPs 协定），增加了关于与对外贸易有关的知识产权保护的规定，通过实施贸易措施，防止侵权产品进口和知识产权权利人滥用权利，并促进我国知识产权在国外的保护；为应对针对我国入世承诺而滥用救济措施的行为，维护国内产业利益，增加了关于对外贸易调查的规定，为保护本国产业和市场秩序提供重要的法律手段；根据世贸组织有关协定，对反倾销、保障措施、反规避措施等贸易救济制度进行了完善，保护和支持国内产业。

（三）修改知识产权相关法律

为适应加入世贸组织需要，在入世前后对专利法、商标法、著作权法作出修改。

一是修改专利法。为推进恢复中国在关贸总协定中缔约国地位的谈判，使专利保护水平进一步向国际标准靠拢，1992 年 9 月 4 日，七届全国人大常委会第二十七次会议对专利法作出修改，将药品、化学物质纳入专利保护范围；延长了专利权期限（发明专利期限由 15 年延长至 20 年，实用新型和外观设计专利期限由 5 年延长至 10 年）；增加了对专利产品进口的保护，将“进口”规定为专利权的内容。根据加入世贸组织的需要，2000 年 8 月 25 日，九届全国人大常委会第十七次会议再次对专利法作出修改，根据 TRIPs 协定要求，增加了对专利产品许诺销售的保护，将“许诺销售”规定为专利权的内容；将专利复审委员会对实用新型和外观设计专利的复审决定纳入司法审查范围，不再作为终局决定；增加规定了诉前禁令和财产保全措施，权利人或者利害关系人可以在起诉前向人民法院申请责令停止有关行为、申请保全财产。

二是修改商标法。2001 年 10 月 27 日，九届全国人大常委会第二十四次会议对商标法作出修改，根据 TRIPs 协定和《保护工业产权巴黎公约》的要求，将字母、数字、三维标志和颜色组合纳入可注册为商标的要素；增加了关于集体商标、地理标志、驰名商标制度的规定；规定了商标注册申请国际优先权制度，在外国第一次提出商标申请，或者在中国政府主办或者承认的国际展览会展出的商品上首次使用商标，六个月内可以享有优先权；将商标评审委员会的决定纳入司法审查范围，不再作为终局决定；增加规定了诉前禁令和财产保全措施。

三是修改著作权法。2001 年 10 月 27 日，九届全国人大常委会第二十四次会议对著作权法作出修改，根据 TRIPs 协定和《保护文学和艺术作品伯尔尼公约》的要求，将出租权、表演权规定为著作权的独立财产权利；在著作权保护的客体中增加建筑作品；按照伯尔尼公约对著作权“合理使用”的具体范围进行限定；规定了广播电视组织播放已出版录音制品的付酬制度；增加规定了诉前禁令和财产保全措施。

此外，为适应入世需要，全国人大常委会还对海关法、进出口商品检验法等作出修改，在海关知识产权保护、原产地规则、进出口商品检验管理等方面与世贸组织有关协定进行了衔接。

中国加入世贸组织 17 年来，积极践行自由贸易理念，全面履行加入承诺，大幅开放市场，实现了广泛的互利共赢。中国加入世贸组织既发展了自己，也造福了世界。当前，贸易保护主义抬头、多边贸易体制受到冲击。对此，习近平总书记明确指出，“经济全球化是不可逆转的历史大势”，“历史大势必将浩荡前行”。面向未来，中国将继续坚定支持多边贸易体制，以更加积极的姿态融入经济全球化进程。

三、积极做好新时代对外开放立法工作

党的十八大以来，以习近平同志为核心的党中央着眼于国内国际发展大局，在对外开放方面作出一系列重大决策部署：

党的十八届三中全会决定提出，构建开放型经济新体制，统一内外资法律法规，保持外资政策稳定、透明、可预期。

党的十八届四中全会决定提出，适应对外开放不断深化，完善涉外法律法规体系，促进构建开放型经济新体制。

党的十八届五中全会关于国民经济和社会发展“十三五”规划建议提出，坚持开放发展，完善法治化、国际化、便利化的营商环境，健全有利于合作共赢并同国际贸易投资规则相适应的体制机制。

党的十九大报告提出，要推动形成全面开放新格局，实行高水平的贸易和投资自由化便利化政策，全面实行准入前国民待遇加负面清单管理制度，大幅度放宽市场准入，扩大服务业对外开放，保护外商投资合法权益。

在中国特色社会主义进入新时代的历史起点上，要按照党中央的决策部署，坚持开放发展理念，积极做好新时代对外开放立法工作，继续为对外开放提供坚实的法治保障。

（一）加强自贸试验区法治建设，依法推进自由贸易试验区改革发展

设立自贸试验区，是在新形势下全面深化改革、扩大对外开放的一项战略举措。自2013年9月设立中国（上海）自贸试验区至今，已设立

了 12 个自贸试验区。五年来，自贸试验区发挥试验田作用，在加快政府职能转变，创新对外开放模式等方面积极探索，取得了重要阶段性成果，自贸试验区建设取得重大进展。

为依法推进自贸试验区改革创新，复制推广自贸试验区改革创新成果，全国人大常委会先后三次作出决定：

2013 年 8 月 30 日，十二届全国人大常委会第四次会议作出决定，授权国务院在中国（上海）自由贸易试验区暂时调整“外资三法”关于外商投资企业设立及变更审批的规定，试行外商投资准入前国民待遇加负面清单的管理方式，将负面清单以外的审批事项改为备案管理，为在中国（上海）自贸试验区内探索深化改革开放经验提供法律依据。

2014 年 12 月 28 日，十二届全国人大常委会第十二次会议作出决定，授权国务院在中国（广东）、中国（天津）、中国（福建）自由贸易试验区以及中国（上海）自由贸易试验区扩展区域暂时调整“外资三法”和台湾同胞投资保护法有关行政审批的规定，为在更大范围内探索改革开放经验提供法律依据。

在自贸试验区的探索试验取得显著成效，形成了可复制推广的改革成果后，2016 年 9 月 3 日，十二届全国人大常委会第二十二次会议通过了关于修改外资企业法等四部法律的决定，对“外资三法”和台湾同胞投资保护法作出修改，将自贸试验区试点的改革创新成果上升为法律，复制推广到全国。

在自贸试验区改革立法工作中，我们对通过立法进行先行先试，探索制度创新，主要有以下初步的认识和体会：

一是先行先试应当在法治轨道上进行。要坚持“立法先行”，需要调整有关法律适用的，应当依法由全国人大常委会统一授权后实施。通过法定程序对改革试点作出安排，有利于防止可能出现的失序、偏差。比如规定试点期限，就可以防止因试点久拖不决造成的政策差异和不公平；要求先行先试，行就改法，不行就恢复法律实施，强调先行先试的目的是形成可复制、可推广的经验，及时叫停中看不中用的尝试。通过法定程序作出安排，也有利于增强改革试点的穿透力和实效性，保障改革试点有序推进。

二是立法保障先行先试。要坚持问题导向，具体问题具体分析，不宜进行概括性立法授权。40 年来，改革开放和法治建设都取得了巨大成就，社会主义市场经济和中国特色社会主义法律体系都已经比较健全和完善，笼统进行立法授权，可能不一定适合现在的需要。2018 年 4 月，中央出台了《关于支持海南全面深化改革开放的指导意见》，确定的原则是："本意见提出的各项改革政策措施，凡涉及调整现行法律或行政法规的，经全国人大或国务院统一授权后实施。"没有采取对有关地方进行概括性立法授权的办法。

三是先行先试应当实事求是。把制度创新作为核心任务，把探索形成可复制、可推广的经验作为基本要求。这就需要有关方面在先行先试时要加强设计和谋划，实事求是，不能盲目，头脑发热。试验要有针对性，设计正确途径，实际上就是应当形成清晰、明确的改革方案，梳理、提炼出明确、具体的改革立法需求。

（二）全力以赴做好外商投资法立法工作

十三届全国人大常委会立法规划对未来五年立法作出了统筹安排。在对外开放方面，重点是制定外商投资法。

党中央高度重视外商投资法的制定工作。习近平总书记指出，要加快出台外商投资法规，完善公开、透明的涉外法律体系，全面实施准入前国民待遇加负面清单管理制度，营造国际一流营商环境。

近年来，我国对外开放面临新的形势。全球引资竞争日趋激烈，迫切需要加强外资法治建设，通过营造法治化、可预期的营商环境，培育引资竞争新优势。早期制定的"外资三法"，对推动改革开放进程作出了历史性贡献。在新的形势下，“外资三法”已难以完全适应实践要求，需要制定外商投资法，总结40年来外资工作经验，巩固外资管理改革创新成果，突出扩大对外开放和积极利用外资的主基调，鲜明展现我国坚定不移推动新一轮高水平对外开放的原则和立场。

改革开放40周年，最好的纪念就是改革更深化，开放更扩大。1979年的中外合资经营企业法开启了改革开放的历史进程，今天制定外商投资法，就是对改革开放精神的致敬和延续。做好外商投资法立法工作，责任重大，使命光荣。要全力以赴做好外商投资法立法工作，为新形势下积极有效利用外资、扩大对外开放提供有效法律保障。

习近平总书记多次强调，“过去40年中国经济发展是在开放条件下取得的，未来中国经济实现高质量发展也必须在更加开放的条件下进行”“中国开放的大门不会关闭，只会越开越大”。在新的历史起点上，我们要在党中央的坚强领导下，继续做好对外开放立法工作，更加充分发挥立法的引领、推动和规范作用，为进一步扩大开放，推动形成全面开放新格局提供更加坚实的法治保障贡献力量！

坚持党的领导　尊重农民的主体地位和首创精神

——改革开放40年来农业农村立法

习近平总书记指出，改革开放在认识和实践上的每一次突破与发展，无不来自人民群众的实践和智慧。改革的星星之火，正是萌芽于广大人民群众。40年前，安徽小岗村的18位农民签下“生死状”，从小岗村起步、最终在全国铺开的家庭联产承包责任制，成为拉开全国农业农村改革序幕的“一声春雷”。在党中央坚强领导下，我国农业农村进行了波澜壮阔的改革实践，农业农村立法也取得了丰硕成果。认真回顾“三农”立法的历程，总结成就、展望未来，对于推动农业农村立法实现更大发展具有重要意义。

一、改革开放以来“三农”立法的三个阶段

农业农村立法是与农业农村的改革发展密切相关的，经梳理，我们选取了三个时间点，把涉农立法分为三个阶段：

第一个阶段是1978～1992年，即从党的十一届三中全会到党的十四大，为农业农村立法逐步展开阶段。

1978年12月，党的十一届三中全会决定将工作重点转移到经济建设上来，在农业农村方面开展了一系列改革措施，实行家庭联产承包责任

制，废除人民公社，突破计划经济模式，初步构筑了适应社会主义市场经济要求的农业农村新经济体制框架。1982 年至 1986 年连续五年的中央一号文件以农业农村为主题，对农业农村改革发展作出部署。以家庭联产承包责任制为基础的改革措施，极大地调动了亿万农民的生产积极性，推动了农业农村快速发展。这一时期，农业农村立法的重点是适应解放农业农村生产力的需要，建立以家庭承包经营为基础的农业生产体制。这期间，全国人大常委会制定和修改了森林法、草原法、土地管理法、渔业法、野生动物保护法、村民委员会组织法、水法、水土保持法、进出境动植物检疫法等十多部法律。特别是在 1986 年 6 月，六届全国人大常委会第十六次会议表决通过了土地管理法，规定：集体所有的土地，全民所有制单位、集体所有制单位使用的国有土地，可以由集体或者个人承包经营，从事农、林、牧、渔业生产。这一规定首次在法律层面明确了集体和个人承包经营的法律地位。

总的来说，这一时期的农业农村立法具有以下特点：一是立法总体上比较滞后。社会处于急剧转型变革时期，各项政策措施需要在实践中检验、总结后，才能上升为法律制度。二是法律制度总体上较粗。当时遵循的是“有比没有好，宜粗不宜细”，首先解决的是“有法可依”的问题，根据轻重缓急和现实条件，先建立基本的法律制度框架，对实践中亟须解决的问题作出规定，满足改革发展的需要。例如，1985 年制定的草原法仅有 23 条，对草原经营管理作了原则规定。三是立法重点主要集中在资源配置利用方面，满足农业农村生产发展的需要。如森林法、草原法、渔业法、野生动物保护法等。

第二个阶段是 1993 ~ 2012 年，即从党的十四大到党的十八大，为农业农村法律体系初步形成阶段。

1992 年，党的十四大提出建立社会主义市场经济体制的目标。以这一目标为指引，农业农村立法蓬勃发展，制定了一系列具有“四梁八柱”作用的法律，农业农村法律体系的框架基本形成。这一时期制定和修改了农业法、土地管理法、农业技术推广法、乡镇企业法、动物防疫法、种子法、农村土地承包法、农业机械化促进法、畜牧法、农产品质量安全法、农民专业合作社法、农村土地承包经营纠纷调解仲裁法等多部法律。1993 年 7 月，八届全国人大常委会第二次会议表决通过了农业法，成为规范农业农村经济社会发展的基础性法律，为保障农业在国民经济中的基础地位，发展农村社会主义市场经济，维护农民合法权益发挥了重要作用。这部法的法名原来是“农业基本法”，但是按照宪法规定，制定和修改刑事、民事、国家机构和其他的基本法律属于全国人民代表大会的职权，这部法律的审议就要等到第二年召开的全国人大八届二次会议才能表决通过。为了使该法早日实施，最后将法名改为“农业法”，由全国人大常委会于 1993 年 7 月表决通过，但其内容规范了农业生产、农产品流通、农业投入等农业生产经营领域的基本方面。2005 年 12 月，十届全国人大常委会第十九次会议决定废止农业税。《左传》记载：“宣公十五年秋七月，初税亩。”据此，早在春秋时期的公元前 594 年，鲁国实行“初税亩”，农民种地就开始缴税了。从那时至 2006 年，中国农民缴纳农业税这一“皇粮国税”已经延续了 2600 年。“千年税赋一朝免”，全国人大常委会这一决定终结了我国农民种地缴纳“皇粮国税”的历史，当时每年可减轻农民负担 500 亿元左右。

这一时期是农业农村立法的繁盛时期：一是制定或修改了农业法、土地管理法、农村土地承包法等具有基础性作用的法律；二是立法数量多，全国人大常委会制定或修改了 20 余部涉及农业农村的法律；三是立法内容更加多元，包括资源配置、生产经营、农村管理等方面。

第三个阶段为 2013 年至今，即党的十八大以后，为农业农村立法与改革同频率、与实践同发展的新时代。

党的十八大以来，以习近平同志为核心的党中央坚持把解决好“三农”问题作为全党工作重中之重，持续加大强农惠农富农政策力度，扎实推进农业现代化和新农村建设，全面深化农业农村改革。党中央对农业农村改革发展提出了一系列新理念、新举措：党的十八届三中全会在农村土地制度、农业经营体系、赋予农民更多财产权利、推进城乡要素平等交换等方面对农业农村改革作了部署；2015 年党中央专门出台了深化农村改革综合性实施方案；党的十九大提出了实施乡村振兴战略的重大决策，2019 年中央一号文件对实施乡村振兴战略作了全面部署。为了保障农业农村改革持续深入推进，全国人大常委会先后作出了农村土地制度改革三项试点授权、土地经营权和宅基地使用权抵押试点等授权决定，为农业农村相关制度改革试点提供法治保障；修改了种子法、野生动物保护法、农民专业合作社法等法律；采取一揽子方式统筹修改畜牧法、草原法、渔业法、动物防疫法等法律，取消或下放行政审批权限，激发市场活力。

这一时期的立法特点：一是注重立法与改革决策相衔接，在法治下推进改革，在改革中完善法治；二是注重在深层次上完善农业农村发展的体制机制，在产权、生产经营体制等方面完善了相关法律制度。

二、农业农村立法的主要成就

（一）稳定和发展了以家庭承包经营为基础的农村基本经营制度

经历“文化大革命”后，我国农业农村十分萧条，1978 年，全国有近 40% 的农民吃不饱饭，解决吃饭问题是当时农民探索农业农村改革的最根本动力。从安徽省凤阳县小岗村的“包干到户”，到土地承包制在全国推广，粮食产量极大提高，农民尝到了承包制的好处。但最初的土地承包期限只有 3 年，承包到期后是否还能承包，群众心里没底，农民有怕政策变化的担心。中共中央《关于 1984 年农村工作的通知》提出，承包期“一般在 15 年以上”，承包地“可以经集体同意，由社员自找对象协商转包”。1993 年，宪法修正案对“家庭联产承包”予以确认。同年制定的农业法明确规定，国家稳定农村以家庭联产承包为主的责任制，完善统分结合的双层经营体制。1993年11月，中共中央、国务院发布《关于当前农业和农村经济发展的若干政策措施》，提出“在原定的耕地承包期到期之后，再延长三十年不变”；提倡在承包期内“增人不增地、减人不减地”；“允许土地的使用权依法有偿转让”；“实行适度的规模经营”。1998年在修改土地管理法时，按照党中央关于新一轮农村土地承包合同30年不变的要求，明确规定土地承包经营期限为30年。也就是说，直到土地管理法大修，土地承包经营期限为30年才第一次写入法律。接下来，2002年制定的农村土地承包法进一步分别规定了耕地、草地、林地的承包期限，为稳定和完善农村基本经营制度提供了法律保障，让农民吃到了“定心丸”。土地承包经营权作为一种财产权的观念逐步深入人心，“耕地的承包期为30年”的规定逐步落到实处，农户的合法权益越来越得到保障。以家庭承包经营为基础的农村基本经营制度的确定和稳定，推动了农业生产极大发展，我国农产品生产实现了由长期短缺向供求基本平衡的历史性跨越。粮食总产量由1978年的6000亿斤增加到2017年的1.2万亿斤，亩产从336斤增加到734斤，在人口增加、耕地面积减少的情况下，我国人均粮食产量由637斤增加到889斤。肉类、油料、蔬菜、水果等产量长期稳居世界第一。曾经在中国人生活中必不可少的粮票、油票、肉票等票证，早已成了一种收藏品。农民人均纯收入由134元增加到1.3万余元。这是农业对国民经济稳定发展的重大贡献，是了不起的成就。实践证明，以家庭承包经营为基础的农村基本经营制度，是适应社会主义市场经济体制和我国国情的好制度，具有良好的自我变革能力和旺盛的生命力。农村基本经营制度是党的农村政策的基石，必须始终坚持，动摇不得。

随着时代的变迁，为适应现代农业发展的需要，农村基本经营制度也在不断完善。继家庭联产承包责任制后，农村改革又开展重大制度创新，实行农村土地所有权、承包权、经营权“三权分置”，推动集体经营性建设用地入市，推动土地使用权和宅基地使用权抵押，推动宅基地“三权分置”，促进土地资源合理利用。全国人大常委会积极落实党中央决策部署，及时作出改革试点授权决定，推动修改农村土地承包法、土地管理法等法律，及时完善相关法律制度。

（二）建立和稳定了以公有制为主体、多种所有制经济共同发展的基本经济制度

改革开放以前，我国农村实行生产资料集体所有制，农民个人不允许拥有生产资料，也不允许开办企业。实行家庭承包经营后，农民获得了生产经营自主权，成为独立的财产主体和市场主体，为农村多种所有制经济的发展提供了基础。在坚持土地集体所有制基础上，全国人大常委会通过立法，赋予农村各种所有制经济组织同等的市场主体地位。

一是乡镇企业异军突起。乡镇企业是中国农民的伟大创造，是继“大包干”后中国农民首创精神再次体现，在我国农村经济体制改革进程中，人们常把乡镇企业的兴起和家庭承包制，称为中国农民的两项“伟大创造”。乡镇企业开始是农民自发性创造的，在当时的环境中是受到很多限制，例如当初有关部门曾发文件，让它们只搞农副产品加工，不要搞工业。由于当时市场上物资紧缺，客观上需要它们，乡镇企业一经出现，就以势不可当的势头向前发展，全国一下子冒出一两千万户。在1980～1990年，乡镇企业数增长了12.2倍。邓小平同志称赞乡镇企业“是农村改革中我们完全没有预料到的最大的收获”。1996年全国人大常委会颁布了乡镇企业法，明确了乡镇企业的法律地位，极大地促进了乡镇企业的蓬勃发展。

二是农民专业合作社蓬勃发展。以家庭承包经营为基础、统分结合的双层经营体制，使农民获得了生产经营自主权，极大地解放了农村生产力。但是，随着经济社会快速发展、市场竞争日趋激烈，小规模家庭

经营的弱点也逐渐显现。如何提高家庭经营抗御自然风险和市场风险的能力，将小规模的分散经营与国内、国际大市场对接，是我国加快农业农村经济发展的重要问题。面对这个问题，广大农民群众在家庭承包经营的基础上，创办了多种形式的农民专业合作经济组织，并使其成为农业产业化经营的重要组织载体。实践证明，农民专业合作社是解决“三农”问题的一个重要途径，可以提高农业生产和农民进入市场的组织化程度，有利于推进农业产业化经营和农业结构调整，稳定地增加农民收入，也为落实国家对农业的支持保护政策提供了一个崭新的渠道。2006年全国人大常委会通过了农民专业合作社法，从法律上明确了农民专业合作社的市场主体地位，极大地促进了农民专业合作社的发展。2017年又对农民专业合作社法作了修改完善。截至2017年年底，全国农民专业合作社已发展到200余万家，入社农户近1.2亿户，约占全国农户总数的48.1%，大大提高了农民在市场中的地位和话语权。人们形象地说，农民专业合作社是一条致富的“路”，能拓宽农民稳定增收的渠道；是一座过河的“桥”，能加快小农户与大市场的联结；是一道防火的“墙”，能增强农户抵御风险的能力；是一棵摇钱的“树”，能催生“三变”（资源变资产、资金变股金、农民变股民）改革的红利；是一个连心的“家”，能激发贫困群众的内生动力。

此外，全国人大常委会还制定了有关农业农村市场主体、农业产业发展、农业资源环境保护、农业科技进步、农产品质量安全、农业生产资料等方面的法律，从各个方面提出了促进农业发展的措施，形成了法律对农业农村的支持体系，为各项支持农业农村发展的措施提供了法制保障。

（三）建立健全了具有中国特色的土地制度和土地管理体系

一是实行国有土地使用权与所有权分离，土地使用权可以有偿出让、转让。1987 年 11 月 26 日，深圳市政府划出一块面积 8588 平方米的土地，进行 50 年土地使用权的有偿出让拍卖。这是新中国第一次将土地权利作为商品。1 个月后，广东省人大常委会通过了《深圳经济特区土地管理条例》，规定特区国有土地实行有偿使用和有偿转让制度。又过了 4 个月，1988 年宪法修正案通过，将“任何组织或者个人不得侵占、买卖、出租或者以其他形式非法转让土地”修改为“任何组织或者个人不得侵占、买卖或者以其他形式非法转让土地。土地的使用权可以依照法律的规定转让”。同年 12 月，全国人大常委会对土地管理法进行了修改和完善。

土地使用权制度改革是我国整个经济体制改革的重要组成部分，也是其中浓墨重彩的一笔。如果说农村土地承包制搞活了农村经济，那么国有土地使用权与所有权分离则使国有土地使用权在经济上得到了实现，对于培育完善土地市场、推进城镇化，起到至关重要的作用。首先，这一创新在维护我国社会主义公有制的前提下，突破了土地不是商品的禁区，改变了长期以来我国土地无偿、无期限、不流动的计划模式，实现了土地从单纯的资源属性到资源资产属性并重的转变，从根本上巩固了社会主义土地公有制；其次，这一创新建立了用地的自我约束机制，改变了过去粗放用地、浪费土地的现象，促进了集约节约用地。更重要的是，通过土地出让，我国较快实现了土地资源的市场化配置，对我国经济发展起到了关键性作用。

二是实行最严格的耕地保护制度，实行土地用途管制制度。1998 年以前，一些地方违法批地、乱占耕地、浪费土地的问题时有发生，造成耕地面积锐减，土地资产流失。据统计，1986 ~ 1995 年，农业结构调整占用耕地和灾害损毁耕地 7000 多万亩，非农业建设占用耕地 2960 万亩。城镇外延扩张、村庄分散建设占用耕地严重，人地矛盾已经十分尖锐。保护耕地是关系国家前途、命运和子孙后代生存发展的重大问题，保护耕地就是保护我们的生命线。1998 年修订的土地管理法突出了保证耕地总量动态平衡，加重了各级人民政府保护耕地的责任：明确国家实行土地用途管制制度，严格限制农用地转为建设用地，对耕地实行特殊保护；将农用地转为建设用地的审批权限集中于省级以上人民政府；实行占用耕地补偿制度，非农业建设经批准占用耕地的，“占多少，垦多少”；省级人民政府应当确保本行政区域内耕地总量不减少；国家实行基本农田保护制度，基本农田一般应当占耕地的80%以上。此外，还对禁止破坏耕地和闲置、荒芜耕地以及对地力的保护等作了明确规定。

（四）建立和稳定了以村民自治为主要内容的农村基层民主政治制度

家庭承包经营制度的确立，使农民更加关注本村事务管理，用政治上的民主权利来保障经济上的自主经营权利。在农村建立基层群众性自治组织，实行农村基层群众直接行使民主权利，是社会主义民主政治的一项重要制度，是人民当家作主的一个重要方面。1980年2月，广西宜山合寨村85户农民，以无记名投票方式选举产生了我国第一个村民委员会，实行村民自治、自我管理，这一实践为农村改革后乡村治理提供了新的经验。合寨村村民或许想不到，他们通过选举成立村委会的做法，竟会成为中国8亿农民实现自我管理的一项基本制度，也成为举世关注的中国基层民主的发端。1982年，村委会这一组织形式被写进了修改后的宪法，1987年11月，全国人大常委会通过了村民委员会组织法（试行），确定了村民自治的原则及基本框架，将农村基层自治和民主管理纳入法制化轨道，对于扩大基层民主，保证农村基层群众直接行使民主权利，改善干群关系，维护农村社会稳定起了重要作用，具有深远意义。在总结实践经验的基础上，1998年全国人大常委会通过了村民委员会组织法，2010年又作了修改完善，在选人、议事、监督三个关键环节上对村民自治制度作了完善，对推进以民主选举、民主决策、民主管理和民主监督为主要内容的村民自治发挥了重要作用，村民自治制度已经发展成为中国特色的社会主义民主政治的重要组成部分。

三、农业农村立法的两点体会

（一）农业农村立法要始终坚持党的领导

习近平总书记指出，党管农村工作是我们的传统，这个传统不能丢。农业农村改革是在国民经济濒于崩溃边缘时开始的，农业农村立法是在农业农村急剧转型过程中开始的，没有多少前例可循，与改革一样也是摸着石头过河。40 年来，农业农村立法取得的成就，最根本的是在党中央的正确领导下，实事求是、与时俱进，坚持社会主义市场经济改革方向，坚持走中国特色农业现代化道路。中国共产党是与广大人民群众血肉相连的政党，始终将为人民谋幸福作为目标。在改革开放中，党中央充分尊重农民的创造，作出的每一项农业农村方面的重大改革决策都将提高农民生活水平作为最终目标，带领广大人民群众逐步过上了幸福生活。农业农村立法牵一发而动全身，事关亿万百姓的福祉，事关经济社会长远发展，只有在党的领导下进行，站在党和国家事业全局的高度，从国家和人民的整体利益、长远利益出发，紧紧围绕落实党中央作出的重大决策部署、实现党中央提出的重大目标任务，才能确保立法的正确政治方向。

（二）农业农村立法要充分尊重农民的主体地位和首创精神

农业农村改革，没有现成的经验和成功的模式可以照搬照抄，始终在探索中前行。人民群众是历史的创造者，推进农业农村改革的举措，无不是从群众中来，到群众中去。农业农村改革的每一步，都是来自农民的创造和选择，立法中的每一项制度是否合理可行也都是在农民的实践中得到检验的。从家庭联产承包到村民自治，从乡镇企业到农民专业合作社，从国有土地使用权与所有权分离到农村承包土地“三权分置”和宅基地“三权分置”，可以说，农业农村立法中的每一项制度都是人民群众创造出来或者通过实践探索出来的。正是在农业农村改革中，我们党始终坚持从群众中来、到群众中去，把农民在生产生活中创造的好做法及时总结凝练，上升为法律制度，农业农村法律制度才得以建立、充实和完善。邓小平同志说过，我们改革开放的成功，不是靠本本，而是靠实践，靠实事求是，农村搞家庭联产承包，这个发明权是农民的。农村改革中有很多好东西，都是基层创造出来的，我们把它拿来加工提高作为全国的指导。这既是我国农业农村立法进程的客观反映，也是农业农村立法的宝贵经验。调动广大农民的积极性，核心是保障农民的物质利益，尊重农民的民主权利。农业农村立法应当始终遵循这个基本准则，充分保障农民的自主权，把调动广大农民的积极性作为首要出发点。

四、下一步农业农村立法展望

步入新时代，农业依然是国民经济最薄弱的环节，农村依然是全面建成小康社会的最大难点。党的十九大提出了实施乡村振兴战略的重大决策，并作为七大战略之一写入党章，在我国农业农村发展进程中具有划时代的意义。做好新时代农业农村立法工作，必须以习近平新时代中国特色社会主义思想为指导，深化农业农村改革，深入实施乡村振兴战略，为加快推进中国特色农业农村现代化提供法制保障。

（一）充分发挥立法的引领和保障作用，推动实现乡村全面振兴

党的十九大报告提出了实施乡村振兴战略，2018 年中央一号文件对

实施乡村振兴战略作出全面部署，将这些部署贯彻好、落实好是推动农业农村发展的基石。农业农村立法要紧紧围绕乡村振兴战略的实施，强化乡村振兴法律制度供给。要认真总结实施乡村振兴实践中的经验做法，将之转化为具体的法律制度，及时将行之有效的乡村振兴政策法定化。对需要通过试点的改革举措，要及时作出授权决定，推动相关改革试点工作，为相关改革提供法律支撑。要通过立法合理引导各类社会资源流向农业农村，充分发挥亿万农民的主体作用和首创精神，调动他们的积极性、主动性和创造性，充分发挥立法在乡村振兴中的保障和推动作用。

（二）继续完善农村基本经营制度，充分发挥市场在农业农村资源配置中的作用

农村基本经营制度是农业农村改革取得重大成就的基础，也是实现中国特色农业现代化最重要的制度保障，必须长期坚持并不断完善。我国有 2 亿多农业经营户，户均耕地面积只有 7 亩多，仅相当于欧盟的 1/40、美国的 1/400，规模效应不明显，生产经营成本偏高。将来即使城镇化率达到了 70%，全国仍有 4 亿多人生活在农村，人多地少的矛盾仍然突出。同时，我国农业体量大，但总体是大而不强、多而不优，农业质量效益不高，加工业与农业总产值比仅为 2.2∶1，“谁来种地”的问题依然突出。这就要求我们要发展多种形式适度规模经营，推动家庭经营、集体经营、合作经营、企业经营共同发展，利用市场手段，推动土地、资金等资源有效利用，实现小农户和现代农业发展有机衔接。要稳定农村土地承包经营制度，落实农村土地承包关系稳定并长久不变政策，将第二轮土地承包到期后再延长 30 年确定为法律制度。要深化农村土地制度改革，完善承包地所有权、承包权、经营权“三权分置”制度，依法引导土地经营权有序流转，依法平等保护土地经营权。要完善集体经营性建设用地入市制度，不断增加集体经济组织及其成员的财产收入，拓

展土地多元化利用方式，提高土地利用效率。要完善农民闲置宅基地和闲置农房政策，探索宅基地所有权、资格权、使用权“三权分置”，落实宅基地集体所有权，保障宅基地农户资格权和农民房屋财产权，适度放活宅基地和农民房屋使用权。

（三）推动城乡融合发展，加快形成城乡经济社会发展一体化新格局

当前，我国最大的发展不平衡是城乡发展不平衡，最大的发展不充分是农村发展不充分。农业发展质量、效益和竞争力不高，农民增收后劲不足，农村自我发展能力较弱，城乡发展差距依然很大。新时代农业农村改革发展不能就农业论农业、就农村论农村，必须按照城乡融合发展的要求，促进城镇化和新农村建设协调推进，努力推动形成城乡一体化发展的新格局。要通过立法做好农村土地制度、农村集体产权制度等方面的改革，盘活农村资产，建设城乡统一的资源配置市场，推动城乡要素自由流动、平等交换，提高农村各类资源要素的配置和利用效率，赋予农民更多的自主权和财产权。要通过立法引导各类资金、技术、人才、管理等生产要素向农业农村流动，加快形成工农互促、城乡互补、全面融合、共同繁荣的新型工农城乡关系。要通过立法促进城镇市政设施和服务向农村延伸，做好农村公共服务供给的统筹规划，农村基础设施建设、公共教育服务、公共医疗卫生服务等要同城镇一起布局，推动城乡之间教育、医疗、住房、就业、社会保障等城乡基本公共服务均等化水平。

邓小平同志说过，“向后看是为了向前看”。回望过去，成就非凡；展望未来，前景美好。站在新的历史起点上的农业农村立法，只要坚持党的领导，尊重农民的主体地位和首创精神，坚定不移走中国特色农业现代化道路，就一定能开创中国农村改革发展的新局面！

立法引领、推动中国的可持续发展

1978 年，中国开启了改革开放的历史进程。在这一伟大历程中，中国坚持创新、协调、绿色、开放、共享的发展理念，在发展中保障和改善民生，在发展中保护和改善生态环境，在发展中促进城乡协调发展和人民共同富裕，从而实现全面、协调、可持续发展。同改革开放的历史进程相适应，中国从本国国情和实际出发，总结和运用改革开放的成功经验，不断制定、完善各领域立法，引领和推动中国可持续发展。

一、引领和推动农业农村农民发展，实现共同富裕

农业农村农民问题，是中国可持续发展中的根本性问题。发展现代化农业、建设新农村、千方百计提高农民收入，历来是我们党和政府工作的重中之重。改革开改之初，中国的农业农村十分萧条，全国有近 40% 的农民吃不饱饭。1978 年，正是从安徽凤阳小岗村开始，率先在农村发起改革，并以磅礴之势推向全国，逐步形成了具有中国特色的农业农村农民可持续发展之路。

（一）稳定和发展以家庭承包经营为基础的农村基本经营制度

从 1978 年开始，中国逐步废除人民公社，推行土地承包制，形成了

以家庭承包经营为基础、统分结合的双层经营制度，并写入了中国宪法。统分结合的双层经营制度，是指不改变农村土地集体所有的性质，将土地以户为单位按人口数进行分配，由农民家庭承包经营；同时，以农民为成员的农村集体经济组织对集体所有的其他财产进行统一经营，以发展本集体经济，增加集体成员收入，并为集体成员提供福利和保障。在改革初期，农村土地承包期限只有3年，农民有土地承包制度变化的担心。1993年，中国政府决定将土地承包经营的期限明确为30年，之后又决定30年到期后继续延长。土地承包关系保持长久不变，给了广大农民坚实、稳定的预期和信心。1998年修改的土地管理法、2002年制定的农村土地承包法，对土地承包的期限、承包双方的权利义务、土地承包经营权的流转和保护等内容作了具体规定，通过立法进一步保障农民的土地权益。同时，通过制定森林法、草原法确立了林地、草原承包经营制度。实践证明，以家庭承包为基础的农村基本经营制度，推动了中国农业生产极大的发展，我国农产品实现了供求基本平衡，粮食产量由改革开放之初的6000亿斤增加到1.2万亿斤，亩产从336斤增加到734斤，肉类、油料、蔬菜、水果等产量长期稳居世界第一，基本解决了14亿中国人的吃饭问题。与此同时，农村土地承包经营制度极大地解放了农村生产力，为大量富余劳动力在本地从事个体、私营经济活动，或者前往城市务工、就业、创业创造了条件，当农民群众在市场经济大潮中遇到各种艰辛困难时，在农村的承包地也为其提供了基本的物质保障，仍能够返乡安居乐业。在城乡之间浩浩荡荡流动的广大农民群众，成为中国经济高速发展重要动力，成为中国社会深刻变革的一大亮色。为适应新时代农业农村改革发展的客观要求，2018年全国人大常委会对农村土地承包法又进行了修改，明确了农村集体土地所有权、土地承包权、土地经营权“三权分置”，第二轮土地承包到期再延长30年，完善土地承包经营权权能，维护进城落户农民和妇女的土地承包权益，在坚持农村基本经营制度不动摇的基础上，进一步赋予农民充分而有保障的土地权利，为提高农业农村现代化水平，推动实施乡村振兴战略和城乡融合发展，保持农村社会和谐稳定提供制度保障。

（二）发展中国特色农业农村经济主体

改革开放以前，不允许农民个人拥有生产资料，也不允许农民个人开办企业。实行家庭承包经营后，农民获得了生产经营自主权，成为独立的财产主体和市场主体，农民在解决温饱后有了经济剩余，进一步提高生活水平的需求日益高涨，乡镇企业开始出现。1996 年全国人大常委会通过乡镇企业法，明确了乡镇企业的法律地位，规定了税收优惠等扶持措施，鼓励、支持乡镇企业发展。随着我国经济社会快速发展、市场竞争日趋激烈，小规模家庭经营抗御自然风险和市场风险能力弱的缺点逐渐显现。面对这个问题，广大农民群众在家庭承包经营的基础上，创办了多种形式的农民专业合作经济组织。2006 年全国人大常委会通过农民专业合作社法，从法律上明确了农民专业合作社的市场主体地位，明确了社员出资、入社、退社以及合作社的组织机构、决策程序、利润分配等规则，支持、引导农民专业合作社健康发展。截至 2017 年年底，全国农民专业合作社已发展到 200 余万家，入社农户近 1. 2 亿户，约占全国农户总数的 48. 1%，大大提高了农民在市场经济中的话语权、竞争力。

（三）健全农业农村发展支持体系

1993 年全国人大常委会通过的农业法，是支持农业农村经济社会发展的基础性法律，为保障农业在国民经济中的基础地位，发展农村社会主义市场经济，维护农民合法权益发挥了重要作用。2005 年全国人大常委会作出决定，废止农业税，终结了在我国沿袭二千多年农民种地缴纳“皇粮国税”的历史。此外，全国人大常委会还先后制定了渔业法（1986

年)、农业技术推广法(1993年)、种子法(2000年)、农业机械化促进法(2004年)、农产品质量安全法(2006年)等法律,形成了比较完善的支持农业农村发展的资金投入、税收优惠、技术推广、社会化服务法律体系。

中国的农业农村虽然发生了翻天覆地的变化,但城乡发展不平衡仍然是我国最大的发展不平衡,农村发展不充分仍然是我国最大的发展不充分。农业发展基础薄弱、质量效益不高,农村自我发展能力弱,教育、医疗、卫生等社会事业发展滞后,农民增收后劲不足,城乡居民收入差距依然较大。2017年,中国作出了实施乡村振兴战略的重大决策,按照产业兴旺、生态宜居、乡风文明、治理有效、生活富裕的要求,加快推进农业农村现代化。全国人大常委会正在积极推动乡村振兴促进法的制定,将行之有效的乡村振兴政策法定化,为乡村振兴,为决胜全面建成小康社会提供坚实的法制保障。

二、引领和推动生态环境保护,建设美丽中国

人与自然是生命共同体,优美生态环境是人民对美好生活向往的重要内容,中国的现代化建设必定是人与自然和谐共生的现代化。中国将节约资源和保护环境作为基本国策,将人与自然和谐共生作为基本方略,将建设美丽中国作为全面建设社会主义现代化国家的重大目标,坚持节约优先、保护优先、自然恢复为主的方针,建立了比较完善的生态环境保护法律制度。

(一)建立最严格的环境保护制度

早在1979年,全国人大常委会就制定了环境保护法(试行),确立了保护自然环境、防治污染的一系列基本制度。以此为基础,从20世纪

80 年代开始，中国根据污染防治和生态保护各领域特点，相继制定了海洋环境保护法（1982 年）、水污染防治法（1984 年）、大气污染防治法（1987 年）、固体废物污染环境防治法（1995 年）、环境噪声污染防治法（1996 年）、环境影响评价法（2002 年）、环境保护税法（2016 年）、土壤污染防治法（2018 年）等法律，并根据经济社会发展的新形势、环境保护工作面临的新问题，及时对相关法律进行修改完善。这些法律明确了保护优先、预防为主、综合治理、公众参与、损害担责的原则，建立了最严格的环境保护制度：通过环境质量标准制度，构建了比较完备的环境质量标准体系；通过环境影响评价制度，构建各类开发利用规划和建设项目的环境影响评价机制；通过重点污染物排放总量控制制度，将重点污染物排放总量控制指标分解落实到企业事业单位；通过跨行政区污染防治制度，对重点区域、流域环境污染和生态破坏实行联合防治；通过社会参与制度，构建以政府为主导、企业为主体、社会组织和公众共同参与的环境治理体系；通过环境保护税制度，以税收手段实行排污收费，减少污染物排放。

（二）保护和合理利用自然资源

我国人口众多，人均资源量相对贫乏。人均耕地 1.4 亩，人均水资源量约 2300 立方米，都只有世界人均占有量的 1/4。只有大力保护各类资源，促进资源的节约集约利用，才能实现可持续发展。为此，中国先后制定了森林法（1984 年）、草原法（1985 年）、矿产资源法（1986 年）、土地管理法（1986 年）、水法（1988 年）、野生动物保护法（1988 年）、海域使用管理法（2001 年）、畜牧法（2005 年）、海岛保护法（2009 年）等法律，并根据经济社会发展需要，对有关法律作了修改完善。这些法律对森林、草原、土地、矿产、水、海域、海岛等自然资源的权属、管理、保护、利用等作了规定，对各类自然资源实行严格保护，防止开发利用活动对环境生态的破坏。

在对自然资源进行严格保护的同时，中国建立了土地、矿产资源等自然资源的有偿、有期限使用制度，确保自然资源可持续利用。土地管理法、矿产资源法、水法、海域使用管理法、海岛保护法等法律，在确保自然资源国家所有的前提下，确立了建设用地、矿产、水、海域、无居民海岛等资源的有偿使用制度，赋予使用人以相应的用益物权，对资源使用的条件、期限、监督管理等作了规定，防止资源无序、过度利用，并通过使用权的市场化交易制度合理配置资源，提高资源利用效率。

（三）促进清洁绿色发展

在加强生态环境和资源保护的同时，中国采取措施，调整能源结构，积极鼓励新能源、可再生能源发展，提高资源利用率。为此，中国先后制定了节约能源法（1997年）、清洁生产促进法（2002年）、可再生能源法（2005年）、循环经济促进法（2008年）等法律。通过这些立法，推广节能、节约资源新技术，支持太阳能、风能等可再生能源发展，支持清洁生产，以减少污染，促进资源的减量化、再利用，推动全社会形成绿色生产、生活方式。

（四）完善防灾救灾体系

中国是自然灾害较多的国家，洪水、干旱、地震等严重威胁着人民群众的生命财产安全。中国人民经过长期奋斗，灾害预防和应对工作取得巨大成就，但各种自然灾害以及因生态环境的改变导致的灾害仍时有发生。为此，中国先后制定了水土保持法（1991年）、气象法（1991年）、防洪法（1997年）、防震减灾法（1997年）、防沙治沙法（2001年）等法律，形成了重大自然灾害风险监控、预警、应急处置、灾害救助、恢复重建等预防和治理措施，不断提高灾害综合防范和抵御能力。

三、引领和推动和谐社会建设，创造人民美好生活

中国的发展始终以人民为中心，不断加强社会事业建设，努力完善公共服务体系，满足人民日益增长的美好生活需要，提升人民的获得感、幸福感、安全感，让改革发展成果更多更公平惠及14亿全体人民。在此过程中，中国不断加强立法，保障人民各项权利，促进社会公平正义，推进教育、医疗、养老、慈善、社会保障、社会救助事业发展，加强妇女儿童、老年人、残疾人权益保护以及劳动者权益保护，促进社会公平、和谐、可持续发展。

（一）发展教育、医疗事业

教育是提高人民综合素质、促进人的全面发展的重要途径，是民族振兴、社会进步的基石。中国先后制定了义务教育法（1986年）、教师法（1993年）、教育法（1995年）、职业教育法（1996年）、高等教育法（1998年）、民办教育促进法（2002年），保障人民受教育的权利，完善现代国民教育体系，促进教育事业发展。一是，实行九年制义务教育制度，保障适龄儿童、少年就学并完成义务教育。2017年，我国九年义务教育入学率93.8%，高中阶段入学率88.3%，教育普及程度显著提高。二是，推进职业教育和继续教育，发展并保障公民接受职业学校教育或者各种形式的职业培训，使公民接受适当形式的继续教育，推动全民终身学习。三是，加大教育投入，建立以财政拨款为主、其他多种渠道筹措教育经费为辅的体制，要求国家财政性教育经费支出占国民生产总值的比例、各级财政支出总额中教育经费所占比例，随着国民经济的发展和财政收入的增长逐步提高。经过努力，近几年国家财政性教育经费占

国内生产总值比例保持在4%以上。四是，大力发展高等教育，支持采用广播、电视、函授及其他远程教育方式实施高等教育。2017年，全国共有在学研究生260多万人，普通本专科生2700多万人。五是，鼓励社会组织和个人面向社会举办学校及其他教育机构，促进民办教育发展。六是，保障教师的合法权益，明确教师的平均工资水平不低于国家公务员的平均工资水平，提高教师的社会地位，形成全社会尊重教师的良好氛围。

医疗关乎公民生命健康、国家安全和社会稳定。中国先后制定了药品管理法（1984年）、传染病防治法（1989年）、母婴保健法（1994年）、精神卫生法（2012年）、中医药法（2016年），正在制定基本医疗与健康促进法，不断推进健康中国战略的实施，深化分级诊疗、现代医院管理、医疗保障、药品供应等在内的医药卫生体制改革，加强基层医疗卫生服务体系建设、提升公共卫生服务水平。截至2017年年底，全国共有医疗卫生机构99.5万个，卫生技术人员891万人，医疗卫生机构床位785万张，全年总诊疗81亿人次，基本满足了人民的就医需求。

（二）切实加强劳动者保护

为了适应中国经济社会发展的需要，保护劳动者合法权益，中国先后制定了劳动法（1994年）、职业病防治法（2001年）、安全生产法（2002年）、劳动合同法（2007年）、就业促进法（2007年），形成了比较完善的劳动者保护法律制度。一是，明确了劳动者享有平等就业和选择职业的权利、取得劳动报酬的权利、休息休假的权利、获得劳动安全卫生保护的权利、接受职业技能培训的权利、享受社会保险和福利的权利、提请劳动争议处理的权利以及法律规定的其他劳动权利。二是，确立劳动合同制度，规定劳动合同的必备条款，限制用工单位违反法律和劳动合同规定随意解除劳动合同。三是，确立集体合同制度，由工会参与协商，由企业职工代表大会或者全体职工讨论通过，由工会或职工代表代表职工与企业签订集体劳动合同，增强劳动者在劳动关系中的主动权和话语权。四是，实行劳动者每日工作时间不超过 8 小时、平均每周工作时间不超过 44 小时的法定工时制度，保证劳动者的休息、休假权利。五是，确立工资分配的按劳分配、同工同酬原则，实行最低工资保障制度，最低工资的具体标准由省、自治区、直辖市人民政府规定并适时调整。六是，建立健全安全生产制度，要求用人单位必须严格执行国家劳动安全规程和标准，对劳动者进行劳动安全教育，防止劳动过程中的事故，保护劳动者安全。七是，建立健全职业病防治制度，劳动者在职业活动中因接触粉尘、放射性物质和其他有毒、有害因素而引起的疾病，保护劳动者健康。八是，对女职工和未成年工实行特殊劳动保护，禁止使用童工，禁止安排女职工和年满 16 周岁未满 18 周岁未成年工特定范围的危险和高强度劳动。

（三）完善社会保障体系

中国不断加强覆盖全民、城乡统筹、权责清晰、保障适度、可持续的多层次社会保障体系建设，基本实现了老有所养、病有所医、住有所居、弱有所扶。

在社会保险方面，2010 年制定了社会保险法，在多年实践的基础上，以立法确立了基本养老保险、基本医疗保险、工伤保险、失业保险、生育保险制度，规定了保险费征缴及保险基金运作、监管制度。2014 年将新型农村社会养老保险和城镇居民社会养老保险两项制度合并实施，建立统一的城乡居民基本养老保险制度。2016 年将城镇居民基本医疗保险和新型农村合作医疗两项制度合并实施，建立统一的城乡居民基本医疗保险制度。2016 年全国人大常委会决定授权国务院在河北省邯郸市等 12 个行政区域将生育保险基金并入职工基本医疗保险基金征缴和管理。

2018年建立养老保险基金中央调剂制度，均衡地区间企业职工基本养老保险基金负担，确保基本养老保险制度可持续发展。截至2017年年底，基本养老保险参保人数超过9亿，基本医疗保险参保人数超过10亿，工伤保险参保人数超过2亿，失业保险、生育保险参保人数均将近2亿。

在军人优抚安置方面，2012年制定了军人保险法，建立健全军人服役期间的伤亡补偿，退役后与地方社会保险的衔接以及随军未就业的军人配偶参加社会保险等制度。2017年，国家抚恤、补助各类优抚对象859万人。2018年成立退役军人事务部，负责退役军人教育培训、优待优抚等，以加强退役军人服务保障工作。

在社会救助方面，中国已经建立了包括居民最低生活保障、特困人员供养、受灾人员救助、医疗救助、教育救助、住房救助、就业救助和临时救助在内的完善制度，充分发挥社会救助的兜底保障作用。2017年，1200多万人享受城市低保，4000多万人享受农村低保，3500多万人次接受医疗救助。目前，有关方面正在研究制定社会救助方面的专门法律。

在慈善事业方面，中国制定了公益事业捐赠法（1999年）、慈善法（2016年），通过立法鼓励和支持社会力量开展社会互助、志愿服务活动，激发全社会崇德向善。

（四）加强特殊群体保护

中国先后制定了残疾人保障法（1990年）、未成年人保护法（1991年）、妇女权益保障法（1992年）、老年人权益保障法（1996年）、预防未成年人犯罪法（1999年）、反家庭暴力法（2015年）等法律，切实保障特殊群体权益，解决特殊群体困难，为特殊群体融入社会、参与社会发展创造良好条件。一是，建立完善的残疾人康复、教育、劳动就业、文化生活、社会保障、无障碍环境建设等法律制度；二是，完善国家、社会、学校和家庭多方参与的未成年人保护和预防未成年人犯罪体系；

三是，将男女平等确立为基本国策，全面保障妇女政治、文化教育、劳动和社会保障、人身、财产、婚姻家庭等合法权益；四是，完善老年人在家庭赡养与扶养、社会保障、社会服务、社会优待等方面的权利，实现老年人老有所养、老有所医、老有所为、老有所学、老有所乐；五是，明确反家庭暴力工作机制，通过强制报告制度、人身安全保护令制度等切实保护家庭成员，特别是妇女、儿童等弱势群体的合法权益，传承文明家风，维护平等、和睦、文明的家庭关系。

四、引领和推动对外开放，发展更高层次的开放型经济

40 年来，中国坚持对外开放的基本国策，打开国门搞建设，逐步形成了全方位、多层次、宽领域的对外开放格局。在这一过程中，全国人大及其常委会发挥立法的规范、引领和保障作用，制定、修改了一批重要法律，对于积极有效利用外资、推动国民经济发展发挥了重要作用。

（一）“外资三法”助力吸引和保护外国投资

为贯彻对外开放方针，促进外商投资，扩大对外经济合作和技术交流，1979 年 7 月，五届全国人大二次会议通过了中外合资经营企业法，是全国人大在改革开放后首批制定的 7 部法律之一，具有里程碑的意义。这部法律对中外合营者的投资、按投资比例分享利润、风险分担，合营企业的章程制定、组织形式、产品采购、使用外汇等事项作了规定；明确规定中国政府依法保护外国合营者按照经中国政府批准的协议、合同、章程在合营企业的投资、应分得的利润和其他合法权益。1986 年 4 月，六届全国人大四次会议通过了外资企业法，规定了全部资本由外国投资者投资的外资企业组织形式。1988 年 4 月，七届全国人大一次会议通过了中外合作经营企业法，规定了中外合作者共同举办并按合作合同约定

分享利润、分担风险的合作经营企业组织形式。“外资三法”奠定了中国利用外资的法律基础。从改革开放初期引进外国资金、技术、管理经验和出口渠道，发展到今天引进现代服务业态、新型经营理念、高端人才，“外资三法”为推动中国对外开放进程做出了历史性贡献。多年来，中国吸收外资稳居世界第二、发展中国家第一的地位。外商投资企业已经成为推动中国经济社会发展的重要力量。在改革开放40周年之际，替代“外资三法”的外商投资法草案于2018年12月提请全国人大常委会审议，该法在总结利用外资工作实践经验的基础上，进一步完善外商投资管理法律制度，落实高水平的贸易和投资自由化便利化政策，全面实行准入前国民待遇加负面清单管理制度，大幅放宽市场准入，侧重投资促进和投资保护，鲜明展现中国坚定不移推动新一轮高水平对外开放的原则和立场，为新形势下进一步扩大对外开放、积极有效利用外资提供更加有力的法治保障。

（二）积极履行“入世”承诺

2001年12月11日，中国正式加入世界贸易组织，成为该组织第143个成员。中国加入世界贸易组织，是中国深度参与经济全球化的重要标志。为全面遵守和执行世贸组织规则、履行中国“入世”承诺，在“入世”前后，中国开展了大规模的法律法规清理工作。中央政府层面清理法律法规和部门规章2300多件，地方层面清理地方性政策法规19万多件，覆盖投资、贸易和知识产权保护等多个方面。一是，修改“外资三法”，根据世贸组织《与贸易有关的投资措施协议》（TRIMs协定）的要求，删除了法律中要求外商投资企业实现外汇收支平衡、尽先在中国采购物资、产品全部或大部出口、向主管部门报送生产经营计划等规定。二是，修改对外贸易法，根据中国“入世”承诺，将外贸经营主体范围扩大到个人，将外贸经营权改为备案管理，调整了禁止和限制出口的范围，增加了对外贸易调查和救济等方面的内容。三是，修改知识产权相关法律，根据世贸组织《与贸易有关的知识产权协定》（TRIPs 协定），修改专利法，扩大专利保护范围（将药品、化学物质等纳入），增加专利权利内容（增加进口权、许诺销售权），延长专利权期限；修改商标法，增加驰名商标制度、商标注册申请国际优先权制度；修改著作权法，调整著作权保护范围，完善著作权利内容（明确出租权、表演权），增加广播电视播放录音制品的付酬制度，完善著作权合理使用的规定等。同时，还在上述法律中增加诉前禁令和保全制度，并将专利、商标行政复审决定纳入司法审查。四是，修改海关法、进出口商品检验法等法律，修改与技术性贸易壁垒协定等不符的规定。

（三）推进自贸试验区改革发展

设立自由贸易试验区，是中国在新形势下推进改革开放的重大举措。自 2013 年 9 月设立中国（上海）自贸试验区以来，目前已设立了 11 个自贸试验区，在加快政府职能转变，创新对外开放模式等方面积极探索，取得了重要阶段性成果，并得到复制推广。为依法推进自贸试验区改革创新，全国人大常委会先后于 2013 年 8 月和 2014 年 12 月两次作出决定，分别授权国务院在上海自贸试验区，以及广东、天津、福建自贸试验区和上海自贸试验区扩展区域内，暂时调整适用“外资三法”等法律中有关外商投资审批的规定，保障在自贸试验区试行外商投资准入前国民待遇加负面清单的管理方式。经实践证明，自贸试验区的上述试验取得了显著成效，具备了复制推广的条件。2016 年 9 月，全国人大常委会对 4 部相关法律作出修改，将在自贸试验区试点的相关措施上升为法律，复制推广到全国。

经过改革开放 40 年的不懈努力，中国稳定解决了十几亿人的温饱问题，总体上实现了小康，中国特色社会主义进入了新时代，我国社会主要矛盾主要是人民日益增长的美好生活需要和不平衡不充分的发展之间的矛盾。我们将深入贯彻新发展理念，通过法治引领、推动和保障全面深化改革，着力解决发展不平衡不充分问题，不断满足人民多方面日益增长的美好生活需要，更好推动人的全面发展，努力实现更高质量、更有效率、更加公平、更可持续的发展！

行政立法40年

2018年是改革开放40周年，40年来我国改革开放事业取得了举世瞩目的伟大成就。行政法作为调整政府与公民关系的法律部门，与改革开放同频共振，在改革开放中压茬推进，乘着改革开放春风取得丰硕成果。

一、发展历程

改革开放40年来，全国人大及其常委会高度重视行政立法工作，我国行政立法经历了四个发展阶段：

（一）起步阶段（1978～1986年）

1978年，党的十一届三中全会决定提出“加强社会主义民主法制建设”。邓小平同志总结历史经验教训时着重指出，为了保障人民民主，必须加强法制，要加强立法，有比没有好，快搞比慢搞好，应当集中力量制定刑法、民法、诉讼法和其他各种必要的法律。改革开放后，社会主义法制建设、依法行政成为关键词，刑事、民事、诉讼、国家机构等方面的法律陆续出台，为了适应“开放、搞活、改革”的需要，有关经济方面的法律逐步成为立法工作重点，海洋环境保护法等23部法律，赋予环境保护部门等19个行政机关相关监督管理职权。同时，开始探索行政监督救济机制，中外合资经营企业所得税法等3部法律规定，企业、个人对税收争议有申请行政复议和提起行政诉讼的权利。1982年民事诉讼法（试行）第三条第二款规定："法律规定由人民法院审理的行政案件适用本法规定。"之后陆续有海上交通安全法等多部法律规定当事人不服罚款、吊销证书等决定，可以向人民法院起诉。

（二）发展阶段（1987~1996年）

1987年，党的十三大报告提出，"为了巩固机构改革的成果并使行政管理走上法制化的道路，必须加强行政立法，为行政活动提供基本的规范和程序"。1993年，党的十四届三中全会决定对探索建立社会主义市场经济体制作了全面部署，明确提出了法制建设的目标，"加快经济立法，进一步完善民商法律、刑事法律、有关国家机构和行政管理方面的法律，本世纪末初步建立适应社会主义市场经济的法律体系"，"各级政府都要依法行政、依法办事"。这一阶段党中央文件首次提出了加强行政立法、依法行政，行政立法指导思想有了重大发展，出台了一批规范制约行政权、保护公民合法权益的法律。一是继续制定修改行政职权方面的法律，海关法等17部法律，赋予海关等18个行政机关相关监督管理职权。二是开启行政程序制度建设。1996年制定的行政处罚法，成为我国第一部明确保障和监督行政机关依法行使行政职权，统一规范行政处罚程序的法律，确立了处罚法定、公正公开、过罚相当、处罚与教育相结合等原则，对于推动行政机关形成程序观念产生重大影响。三是行政监督救济制度取得突破性进展。1989年制定的行政诉讼法普遍建立行政诉讼制度，塑造民可以告官的社会观念，在我国行政法发展史上起到了"母法"作用，对于推动行政机关树立依法行政理念产生深远影响。1994年制定的国家赔偿法，对行政赔偿的范围、赔偿义务机关及赔偿的方式、标准、程序等作了全面规定，进一步落实了行政机关违法对公民造成损害给予赔偿的宪法原则。

（三）体系形成阶段（1997～2011年）

1997年，党的十五大报告将“依法治国”确立为治国基本方略，提出“建设社会主义法治国家”，“一切政府机关都必须依法行政”。1999年，宪法修改增加规定“中华人民共和国实行依法治国，建设社会主义法治国家”。2005年，党的十六届五中全会决定中提出，“加快建设法治政府，全面推进依法行政，健全科学民主决策机制和行政监督机制”。这一阶段的特点是“法治”取代“法制”，关键词是：依法治国，建设法治政府。行政立法继续扎实推进，理念更明确、规范更科学、框架趋近完备。一是行政职权方面的法律更加完善，食品安全法等28部法律，赋予食品安全监督管理部门等26个行政机关相关监督管理职权。二是行政程序制度建设“三部曲”完成。2003年制定的行政许可法，调整政府与市场的关系，统一规范行政许可行为，全面构建行政许可实施程序，并对行政许可设定权作出明确。2009年制定的行政强制法，统一规范行政强制措施和行政强制执行，全面构建行政强制措施实施程序、行政强制执行程序和申请人民法院强制执行程序，并对行政强制设定权作出较为严格的规定。三是行政监督救济制度完成升级。1997年制定的行政监察法，将《行政监察条例》上升为法律，确立行政监察领导体制，保障行政监察机关依法履行监察职能，促进行政机关及其工作人员廉洁奉公、遵纪守法。1999年制定的行政复议法，将《行政复议条例》上升为法律，规定行政复议的范围、原则、程序及责任，通过行政机关内部自我纠正错误机制，防止和纠正违法或者不当的行政行为，为公民、法人和其他组织合法权益提供救济途径。四是对行政机关立法行为和公务员管理制度作出统一规范。2000年制定的立法法对国务院及其部门、地方人民政府的立法权限作了规定，规范行政机关制定行政法规、国务院部门规章、地方政府规章等立法行为。2004 年制定的公务员法，明确公务员权利义务，确立新陈代谢机制、竞争择优机制、权益保障机制、监督约束机制，着力打造一支政治坚定、业务精通、纪律严明、作风过硬的公务员队伍。

（四）完善深化阶段（2012 年至今）

2012 年，党的十八大报告提出，法治是治国理政的基本方式，要加快建设社会主义法治国家，全面推进依法治国；到 2020 年，依法治国基本方略全面落实，法治政府基本建成，司法公信力不断提高，人权得到切实尊重和保障。2013 年，党的十八届三中全会决定提出，“建设法治中国，必须坚持依法治国、依法执政、依法行政共同推进，坚持法治国家、法治政府、法治社会一体建设”。2014 年，党的十八届四中全会通过了《中共中央关于全面推进依法治国若干重大问题的决定》，在我党历史上首次将依法治国作为中央全会的主题，提出“依法治国，是坚持和发展中国特色社会主义的本质要求和重要保障，是实现国家治理体系和治理能力现代化的必然要求，事关我们党执政兴国，事关人民幸福安康，事关党和国家长治久安。”“全面推进依法治国，总目标是建设中国特色社会主义法治体系，建设社会主义法治国家。”“形成完备的法律规范体系、高效的法治实施体系、严密的法治监督体系、有力的法治保障体系，形成完善的党内法规体系。”“实现科学立法、严格执法、公正司法、全民守法，促进国家治理体系和治理能力现代化”。2017 年，党的十九大报告将全面依法治国总目标是建设中国特色社会主义法治体系、建设社会主义法治国家作为新时代中国特色社会主义思想的重要组成部分，把坚持全面依法治国作为新时代坚持和发展中国特色社会主义基本方略的重要组成部分。党的十八大以来，以习近平同志为核心的党中央从关系党和国家前途命运的战略全局出发，从前所未有的高度谋划法治，以前所未有的广度和深度践行法治，开辟出全面依法治国理论和实践的新境界。这个阶段的关键词是：法治中国，全面依法治国，中国特色社会主义法治体系。行政立法根据新形势和新要求，进入“深水区”、迈向“新高度”、掀起新高潮，注重对接协同、纵深拓展，综合运用重点领域立法、打包修法、授权决定等方式，主动与改革相适应、相衔接，推动行政法律规范框架体系更完善、针对性更强。一是适应党和国家机构改革实践需要，强化机构设立重组、职责调整和管理执法工作的合法性，确保机构改革在法治轨道上有序推进，及时作出决定和修改法律。根据《中共中央关于深化党和国家机构改革的决定》和十三届全国人大一次会议批准的《国务院机构改革方案》，2018年出台了《关于国务院机构改革涉及法律规定的行政机关职责调整问题的决定》《关于中国海警局行使海上维权执法职权的决定》。同时，分两批对大气污染防治法等21部法律中行政管理机关名称进行了相应修改。二是适应“放管服”改革实践需要，修改法律、作出授权决定。从2013年开始，共十四次对112部法律进行打包修改，依法取消调整大量行政审批事项。出台了《关于授权国务院在广东省暂时调整部分法律规定的行政审批的决定》。两次作出有关国务院在上海、广东、天津、福建自由贸易试验区暂时调整有关法律规定的行政审批的授权决定，在认真总结试点经验后对外资企业法等4部法律作出统筹修改，将自由贸易试验区试点的改革措施上升为法律。三是两次修改行政诉讼法，完善行政诉讼制度。2014年行政诉讼法第一次修改，保障当事人诉讼权利，推动行政机关积极应诉，保障法院依法独立审理，着力解决“立案难、审理难、执行难”问题，切实发挥行政诉讼制度的作用。2017年行政诉讼法第二次修改，增加了检察机关提起行政公益诉讼制度。四是行政监察法改为监察法，完善监察制度。2018年监察法规定，成立监察委员会行使国家监察职能的专责机关，与党的纪律检查机关合署办公，实行一套工作机制、两个机关名称，履行纪检、监察两项职能，对党中央或地方党委全面负责，把党对反腐败工作的集中统一领导机制固定下来，形成监督合力、增强监督实效。同时，保障各级监察机关履行好监督、调查、处置职责，赋予监察委员会必要的权限和调查措施，将“双指”修改为更为规范的留置措施，增加了技术调查、通缉、限制出境等规定。五是修改立法法，进一步明确行政机关立法权限。2015年立法法作了修改，落实税收法定原则，规定税种的开征、停征和税收征收管理的基本制度只能由法律规定，赋予设区的市地方立法权，对部门规章和地方政府规章权限进行规范，规章没有上位法依据，不得设定减损公民、法人和其他组织权利或者增加其义务，不得增加本部门的权力、减少本部门的法定职责。

二、主要成就

伴随中国特色社会主义事业的蓬勃发展，我国用40年的时间走完了西方用300年、甚至400年才走完的立法进程，其中行政立法亦取得了突出成就。

（一）行政法律规范框架制度逐步形成并不断完善

我国行政法律规范“四梁八柱”逐步形成，涵括所有行政领域和各级行政机关，覆盖行政职权、行政程序和监督救济各环节，将行政立法、行政许可、行政处罚、行政强制、行政征收等各类行政行为纳入法治轨道。一是，行政职权方面，法律实现领域全覆盖，职权法定得到全面体现。2018年3月《国务院机构改革方案》设置了53个行使对外行政职权的国务院组成部门、直属特设机构、直属机构、直属事业单位、部委管理的国家局，这些行政机关都有相关行政职权和行政监督管理方面的法律。其中，38个行政机关法律规定了较为全面的行政职权，如教育部有教育法、高等教育法、义务教育法、职业教育法等 7 部法律；生态环境部有环境保护法、水污染防治法、大气污染防治法、土壤污染防治法等 11 部法律；国家卫生健康委员会有传染病防治法、执业医师法等 7 部法律；国家移民管理局有护照法、出境入境管理法；国家中医药管理局有中医药法；国家药品监督管理局有药品管理法等。其他 15 个行政机关也都有某一方面或某几方面职权的法律。二是，行政程序方面，法律点面结合不断推进，重要的程序制度基本确立，逐步搭建起我国行政程序制度框架。行政诉讼法规定，行政行为违反法定程序的，法院判决撤销。对依照法定程序作出行政行为作出了总的规定。行政处罚法、行政许可法、行政强制法分别对行政处罚、行政许可、行政强制的决定和实施程序作出规定。税收征收管理法对税收征收程序作了较为完备的规定。价格法对政府指导价、政府定价相关程序作了规定。同时，一些重要程序制度散见于多部法律中，传染病防治法等 20 部法律确立了出示证件表明身份程序，环境保护法等 5 部法律确立了行政决定公开程序，食品安全法等 23 部法律确立了告知和说明理由程序，治安管理处罚法等 7 部法律确立了听取当事人意见程序，公务员法等 8 部法律确立了回避程序，核安全法等 7 部法律确立了听证程序，行政许可法等 5 部法律规定了时限制度，民办教育促进法等 6 部法律确立行政决定送达当事人程序。另外，一些法律还确立了集体决定、审执分离等重要程序。三是，监督救济方面，法律更加完善，全面覆盖人员、行为和财政资金使用，并通过修法使法律制度更加严密、科学。监察法明确监察机关对行政机关工作人员的违法违纪行为实施监察，追究其个人政纪责任。行政复议法和行政诉讼法赋予公民不服行政行为的申请复议和提起诉讼权利，由行政复议机关监督纠正违法和不合理的行政行为，由人民法院监督纠正违法和明显不当的行政行为，并通过检察机关提起行政公益诉讼制度，着重加强对行政不作为的法律监督。国家赔偿法建立了国家赔偿制度，行政机关不仅要纠正行政违法行为，而且要对违法行为承担责任，给受到不法侵害的公民予以金钱赔偿，并且要消除影响、恢复名誉、赔礼道歉。预算法、审计法规定了预算监督制度和审计监督制度，对行政机关的财政收支情况进行监督。

（二）推动依法行政理念全面确立并不断发展

我国长期形成了“人治”文化、“官本位”观念、“程序虚无主义”、“无讼”思想等法文化传统。新中国成立初期，我们党高度重视法制，但从20世纪50年代开始，不再那么重视宪法和法律，把法律作为办事的参考，甚至明确提出要人治不要法治。“移山填海易，移风易俗难”。改革开放后，经过不懈努力，中国特色社会主义法治理念从“法制”到“法治”，再到“良法善治”逐步推进。行政立法始终与中国特色社会主义法治理念同步，在政府依法行政关键领域，用一个个具体的行政法律制度，逐步破除旧法传统的桎梏，推动依法行政理念全面确立，并不断与时俱进。一是从依政策办事到依法律办事，从“落实政策”到国家赔偿，行政立法推动人治向法治转变，为依法行政理念夯实基础。“法治”是众人之治，“人治”是一人或几人之治。我国法文化传统中，君主权力始终至高无上，君权高于法律，从宋代开始，皇帝经常“以例破法”，“人治”文化根深蒂固。新中国成立以后，实行计划经济体制，国家权力事无巨细渗透到社会各个方面，国家治理主要靠政策和领导指示。改革开放后，邓小平同志指出，“以后，党委领导的作用第一条就是应该保证法律生效、有效。没有立法之前，只能按政策办事；法立了之后，就要坚决按法律办事”。20世纪80年代，先后出台的30多部行政职权方面的法律为行政机关依法办事提供了法制保障，有力地推动了依政策办事、依领导指示办事向依法办事的转变，为依法行政理念的树立迈出坚实步伐，法律虚无主义逐步退出历史舞台。1997年党的十五大报告将“法制”发展为“法治”，一字之差，突出实行法治、摒弃人治的坚定决心。行政诉讼法建立的行政诉讼制度，明确行政行为没有法律法规依据的要承担败诉责任，倒逼行政机关依法办事。行政处罚法规定没有法定依据的，行政处罚无效，有力推动了依法行政理念的确立。国家赔偿法建立的国家赔偿制度，取代了长期以来带有明显人治色彩的“落实政策”做法，进一步推动树立依法行政理念。党的十八大以来，确立重大改革于法有据原则，行政立法领域开展了大量生动实践，尤其是《关于废止有关劳动教养法律规定的决定》,《关于完善生育政策的决议》和人口与计划生育法修改，标志着中国法治建设在重点领域取得重大进步，依法行政理念更加深入人心。二是从“官贵民轻”“民不与官斗”到民可以告官，行政立法迈出关键一步，依法行政理念取得重大突破。长期以来，人治文化集中表现为根深蒂固的“官贵民轻”“民不与官斗”观念，儒家“无讼”思想大行其道。状告官府、以行政机关为被告提起诉讼，在过去是难以想象的事。即便是在行政诉讼制度刚刚开始建立的 20 世纪 80 年代初期，人们也并不能完全理解认同。当时一部单行法律里规定，公民不服行政机关的处理决定，可以向法院提起诉讼。执法主管部门对此就很不容易接受，认为自己是代表国家执法，帽子上戴着国徽，不应该也不能在法院当被告。行政诉讼制度是依法行政取信于民的试金石，也是判断一国法治状况的风向标。1989 年行政诉讼法普遍建立了行政诉讼制度，在我国民主法制建设进程中具有划时代的里程碑意义，不仅正面阐释了“法大于权”的法治理念，而且通过赋予公民广泛诉权，用看得见可得的方式践行法治理念。行政诉讼制度一经全面建立，依法行政中最为关键、最难攻克的环节有效破解，人们对行政机关与公民之间关系的认识发生深刻变化，人治传统根基轰然倒塌，法治理念价值得以彰显。事实也证明，随着行政诉讼制度的深入贯彻实施，行政诉讼从早期的轰动新闻变成平常事，行政机关从不愿当被告到正确对待积极应诉，老百姓从不愿状告行政机关到敢于拿起法律武器将行政机关告上法庭，依法行政理念逐步成为行政常识、社会共识。党的十八大以后，行政诉讼法作了重要修改，增加行政机关负责人出庭应诉制度，庄严宣示依法行政理念，同时建立立案登记制，保障公民诉权，畅通“民告官”启动渠道，完善多项行政审判机制，解决法院依法监督“梗阻”，提高“民告官”审理质量，从贯彻落实全面依法治国、推动法治政府建设的整体布局中，保障行政诉讼法得到切实执行，强化行政机关依法行政理念。三是从治民、管事到治官、管权，行政立法突出保障与规范并重，依法行政理念日趋成熟。新中国成立以后，受苏联影响，法律工具主义一度盛行，认为法律是国家和政府管理社会的工具，其基本主张是行政法理论是管理论、行政法是管理法、行政法主要任务是治民、管事。这一观念直到改革开放前期仍大有市场。1982年宪法明确宣示包括政府在内的任何组织不得有超越宪法和法律的特权，都必须遵守宪法和法律，同时对公民基本权利作了全面规定，赋予公民申诉、控告和国家赔偿的权利，为治民、管事转为重在治官、管权的依法行政理念形成提供了宪法依据。随着依法治国、保护人权等现代法治理念的确立，法律工具主义被逐步摒弃，以依法治官、治权为核心的依法行政理念成为行政立法的主旋律。从行政诉讼法开始，出台了一系列重在规范行政机关权力行使的一般行政法，遵循行政机关法定职责必须为、“法无授权不可为”原则，通过规范事前设定权、设置事中程序、严格事后监督等环环相扣的严密制度，实现依法治官、治权。党的十八大以后，行政立法更加重视对行政权的规范，目前出境入境管理法等15部法律明确将规范行政行为作为立法目的，精神卫生法等50部法律明确将保护公民合法权益作为立法目的，海关法等4部法律专章规定“执法监督”。同时，行政机关及其工作人员应当依法行使职权、履行职责，对违法行为追究法律责任，已成为行政立法的“标配”。四是从“严管”到“善治”，行政立法不断丰富发展，依法行政理念实现跨越。在公共行政语境中，“管理”为了解决市场失灵，“治理”为了解决市场和政府双失灵。党的十九大报告提出，打造共建共治共享的社会治理格局，加强社会治理制度建设，完善党委领导、政府负责、社会协同、公众参与、法治保障的社会治理体制。治理的主要思路是社会各方合作、协同，统筹自治、共治、法治、德治方式，综合运用市场、行业、经济、行政手段，重在预防和治本。党的十八大以后，我国行政立法适应公共行政的发展变化，超越了“法律家长主义”，内容不断丰富充实，推动依法行政理念逐步实现由严管到善治的跨越。环境保护法及相关环保法律中进一步完善环境影响评价制度，事先控制污染增量无序发展。食品安全法规定食品安全工作实行预防为主、风险管理、全程控制、社会共治。突发事件应对法明确预防为主、预防与应急相结合的原则，反洗钱法、反垄断法等法律明确将预防违法行为发生作为立法目的。

（三）不断夯实法治政府建设的法律基础

党的十八届四中全会决定中提出，“加快建设职能科学、权责法定、执法严明、公开公正、廉洁高效、守法诚信的法治政府”。行政立法为法治政府建设的六个方面均提供了基本遵循。

一是关于职能科学。宪法规定，国有企业在法律规定的范围内有权自主经营，集体经济组织在遵守有关法律的前提下，有独立进行经济活动的自主权。1988年制定的全民所有制工业企业法，完善国有企业经营自主权的“权利束”，这在计划经济向市场经济转变过程中有着重要意义。企业国有资产法、乡镇企业法、公司法、证券法等规定了企业享有自主经营权。行政复议法和行政诉讼法将“行政机关侵犯法律规定的经营自主权的”和“行政机关违法要求履行义务的”纳入复议和诉讼的受案范围。行政许可是行政机关管理社会经济事务的重要手段，关系政府的权力边界。行政许可法规定了“一原则六设四不设”，行政许可应当遵循经济和社会发展规律，有利于发挥公民、法人或者其他组织的积极性、主动性，维护公共利益和社会秩序，促进经济、社会和生态环境协调发展。明确规定了可以设定行政许可的六类情形，还规定了四类可以不设行政许可的情形。上述规定对行政审批制度改革有重要指引作用。行政处罚法、行政许可法、行政强制法对行政法规、部门规章和地方政府规章的设定权限作了规定，从源头上规范政府权力边界，有效解决了行政处罚、行政许可和行政强制来源和数量过多、过乱突出问题。为了解决多头执法、执法力量过于分散、执法标准不统一等问题，行政处罚法首创相对集中行政处罚权，规定国务院或者经国务院授权的省、自治区、直辖市人民政府可以决定一个行政机关行使有关行政机关的行政处罚权。随后的行政许可法、行政强制法均规定了相对集中行政许可和行政强制权。农业法规定实行综合执法，提高执法效率和水平。相对集中执法权和综合执法制度，完善了我国分散型行政执法体制，有利于推进职能科学，提高执法效率。

二是关于权责法定。如前文所述，目前所有的国务院部门都有相应的行政职权的法律，其中超过一半的国务院部门均有了本领域的基础性法律，较为全面地规定了行政职权，其他国务院部门也都有某一方面行政职权的法律，职权法定做到各领域全覆盖。

三是关于执法严明。行政处罚法、行政许可法、行政强制法和其他行政法律规定了较为严密的执法程序，明确从轻减轻免予行政处罚、行政强制适用情形等，严明执法有了很好的法律保障。明确不得以罚代管、重许可轻监管。行政处罚法规定，行政机关实施行政处罚时，应当责令当事人改正或者限期改正违法行为。传染病防治法等88部法律同时规定行政处罚和责令改正，环境保护法等18部法律规定拒不改正的可以处以按日计罚、责令停业整顿、拆除等。行政许可法规定，行政机关应当对公民、法人或者其他组织从事行政许可事项的活动实施有效监督；应当建立健全监督制度，通过核查履行检查责任。明确不得以罚代刑。行政处罚法规定，违法行为构成犯罪，应当移送司法机关，依法追究刑事责任，不得以行政处罚代替刑事处罚。食品安全法等7部法律规定，行政机关发现行政违法行为涉嫌犯罪的，应当及时将案件移送司法机关处理。

四是关于公开公正。银行业监督管理法等6部法律规定行政机关实施监督管理或者实施有关公共资源配置行政许可，应当遵循公开、公正的原则。核安全法等8部法律规定行政机关应当公开相关政府信息。出境入境管理法等9部法律规定行政机关应当公正执法。

五是关于廉洁高效。监察法、公务员法、审计法、行政诉讼法、行政复议法、国家赔偿法等法律规定了严格的监督制度和行政法律责任体系，行政诉讼法还规定了检察机关提起行政公益诉讼制度，主动监督和纠正行政乱作为、不作为，为廉洁政府建设提供法律保障。效率政府是法治政府的应有之义。宪法第二十七条规定："一切国家机关实行精简的原则，实行工作责任制，实行工作人员的培训和考核制度，不断提高工作质量和工作效率，反对官僚主义。"公务员法等5部法律要求行政机关遵循效率原则，提高工作效率。行政许可法等3部法律规定，实施行政许可应当遵循便民的原则，提高办事效率。行政处罚法规定了当场作出处罚决定和当场收缴罚款制度，行政强制法规定当场实施行政强制措施情形，通过简易程序，推行繁简分流，提高行政效率。明确时效，切实提高行政效率。行政处罚法规定，违法行为在两年内未被发现的，不再给予行政处罚。行政许可法规定，除当场作出行政许可决定的外，行政机关应当自受理行政许可申请之日起20日内作出行政许可决定。行政强制法针对久扣、久封、久冻不放突出问题规定了明确时限，查封、扣押、冻结的期限不得超过30日。同时规定，行政机关申请人民法院强制执行，应当自法定期限届满之日起3个月内提出。

六是关于守法诚信。公务员法规定了模范遵守社会公德是公务员的法定义务，行政许可法规定了信赖保护制度，政府采购法、招标投标法规定政府采购、招标投标活动应当遵循诚实信用原则。

三、有益经验

行政立法 40 年攻坚克难，在岁月磨砺中积累了很多宝贵经验，这些有益经验必将指引行政立法工作取得更多成绩。

（一）坚定不移坚持党的领导，全面贯彻落实各项决策部署

习近平总书记总结改革开放 40 年历史和实践作出重要论断，“坚持党的领导，全面从严治党，是改革开放取得成功的关键和根本”。改革开放 40 年波澜壮阔的伟大实践，充分说明了办好中国的事情，关键在党。我国行政立法带有明显的自上而下建构性特点，由党中央通过顶层设计和政治引领，统筹协调各方面的资源和力量，不断推动制度建设和实践创新。行政立法从起步、发展到完善深化，第一条经验就是坚持党中央对立法工作的集中统一领导，全面贯彻落实党中央在各个历史时期关于行政立法的重大决策部署。

一是 1978 年党的十一届三中全会决定提出“加强社会主义民主法制建设”，1979 年五届全国人大二次会议一天之内通过 7 部法律，“一日七法”成为我国法治史上标志性事件之一，中国踏上行政立法之路。

二是 1987 年党的十三大报告提出，“为了巩固机构改革的成果并使行政管理走上法制化的道路，必须加强行政立法，为行政活动提供基本的规范和程序”。1993 年党的十四届三中全会决定提出，“各级政府都要依法行政、依法办事”。全国人大及其常委会聚焦行政立法，从 1989 年行政诉讼法、1994 年国家赔偿法、1996 年行政处罚法、1999 年行政复议法到 2003 年行政许可法，行政立法掀起高潮，行政领域基本实现“有法可依”，行政立法指导思想实现从授权向规范的重大发展。

三是 2005 年党的十六届五中全会决定中提出，“加快建设法治政府，

全面推进依法行政，健全科学民主决策机制和行政监督机制”。全国人大及其常委会围绕法治政府建设开展行政立法工作，2005年公务员法、2006年审计法修改、2009年行政强制法、2010年国家赔偿法修改，法治政府建设法律框架更趋完备，行政法律规范内容更加丰富。四是2013年党的十八大以来，党中央提出全面推进依法治国基本方略，坚持依法治国、依法执政、依法行政共同推进，坚持法治国家、法治政府、法治社会一体建设。依法行政是依法治国的关键，能不能做到依法治国、依法执政，关键在于各级政府能不能坚持依法行政。全国人大及其常委会的行政立法工作有了更高站位、更宽视野，直面难点热点问题，突出改革创新，完善优化行政职权配置，厘清政府权力边界，取消、调整行政许可事项，释放市场活力，强化规范行政执法确保法治落地，健全完善行政监督救济机制，尊重保障人权，行政法律更加适应建设法治中国目标、更加符合当前经济社会发展需求。

（二）坚持人民主体地位，积极回应人民诉求

党的十九大报告提出，人民是历史的创造者，是决定党和国家前途命运的根本力量，必须坚持人民主体地位，把人民对美好生活的向往作为奋斗目标。行政立法取得的每一个进步，都与坚持人民主体地位，积极回应人民诉求密不可分。一是在改革开放之初，广大干部群众对“文革”时期社会混乱现象深恶痛绝，尽快实现“有法可依”成为社会共识。行政立法就是从明确行政机关职权、解决有法可依起步的。二是随着改革开放的深入推进，社会主义市场经济本质上是法治经济成为社会共识。1993年党的十四届三中全会决定提出，“国家依法保护法人和居民的一切合法收入和财产”。1997年党的十五大报告提出“尊重和保障人权”。2004年宪法修改增加规定“国家尊重和保障人权”。行政立法顺应社会发展潮流，将保护公民合法权益放在突出位置，通过合理规范行政权力，

有效解决乱处罚、乱许可、乱强制等突出问题。行政处罚法规定，行政处罚遵循公正、公开原则，对违法行为给予行政处罚的规定必须公布，未经公布的，不得作为行政处罚的依据。行政许可法规定，公民、法人或者其他组织依法取得的行政许可受法律保护，行政机关不得擅自改变已经生效的行政许可。行政强制法规定，不得在夜间或者法定节假日实施行政强制执行，不得对居民生活采取停止供水、供电、供热、供燃气等方式迫使当事人履行相关行政决定。三是党的十八大以后，社会主要矛盾发生变化，转化为人民日益增长的美好生活需要和不平衡不充分的发展之间的矛盾，大家对民主、法治、公平、正义、安全、环境等方面的要求日益增长。核安全法等法律引入相关利益方参与机制，保护公民知情权、参与权、监督权。国家安全法、国家情报法、反间谍法、反恐怖主义法、网络安全法、境外非政府组织境内活动管理法的密集出台，构建起国家安全法律体系，增强社会安全感。行政诉讼法修改完善行政诉讼制度，推动实现个案公平正义。环境保护领域立法步伐加快，修改环境保护法、水污染防治法、大气污染防治法、海洋环境保护法等法律，制定土壤污染防治法，严格环境保护制度，回应广大人民群众对良好环境的迫切需求。食品安全法、中医药法、教育法、高等教育法、民办教育促进法等一大批涉及民生的法律制定修改，有利于提高人民群众的获得感。

（三）坚持人民代表大会制度，发挥国家权力分工合作的优势

改革开放就要打开国门，迈向世界。在国际竞争中，经济竞争首当其冲，制度竞争更具战略意义。从引进资金、技术、管理，到“三来一补”“两头在外”，再到加入世贸组织、提出“一带一路”倡议、发起创办亚投行、设立丝路基金、举办首届中国国际进口博览会，我国形成全方位开放新格局，为世界贡献了中国道路、中国方案、中国智慧，中国

特色社会主义制度优势全面体现。人民代表大会制度是我国的根本政治制度，是中国共产党把马克思主义基本原理同中国具体实际相结合的伟大创造。邓小平同志讲到，“我们的制度是人民代表大会制度，社会主义国家有个最大的优越性，就是干一件事情，一下决心，一作出决议，就立即执行，不受牵扯。我们的效率是高的，这方面是我们的优势，我们要保持这个优势，保证社会主义的优越性”。我国的行政机关、审判机关、检察机关，由人大产生，对人大负责，受人大监督，在人大统一行使国家权力的前提下，各国家机关有合理分工。分工合作国家权力架构，保证了各国家机关协调高效运转。这种制度安排，与资本主义国家“三权分立、相互掣肘”完全不同，较好适应了中国实际情况，从根本上保证了中国速度，使我们有能力集中力量办大事。行政立法始终体现中国特色社会主义制度的优越性，坚决维护人民代表大会制度的比较优势和竞争优势。一是授予行政机关全面履职所必要的充分权力。宪法规定了行政机关广泛的行政权力，行政立法在宪法框架内，将行政权力具体化，为行政机关全面履职提供法治保障。现行行政法律中有关行政职权的法律占90%以上。确立了分散型行政处罚体制和行政许可体制，实行“双轨制”行政强制执行体制，保障行政机关有足够的行政手段及时纠正违法行为，保护国家利益、社会公共利益和公民合法权益。二是规范与保障并重。行政处罚法、行政许可法和行政强制法都将规范行政权的设定和实施，保障和监督行政机关有效实施行政管理作为立法目的。这三部法律在规范设定权时，都充分考虑了现行有效行政权力配置，保障行政机关开展有效的行政管理。在设置行政程序时，坚持以程序保障行政决定正确的目的，坚持必要性原则确定正当程序中最重要的程序要求，坚持繁简分流、分类管理，防止过于严苛的程序束缚住行政机关手脚，避免只讲程序不讲效率。三是在人民代表大会制度下设计严密监督制约机制。行政立法把握的原则是：监督不是为监督而监督，更不是找茬挑刺。监督制约的最终目的是将行政权力关进制度的“笼子”，纠正行政乱作为不作为，共同推进法治政府建设。监督制约严格遵循权力分工原则。人大监督政府不是大包大揽，而是通过听取和审议工作报告、法律法规实施情况的检查、规范性文件的备案审查等形式开展有力监督。法院监督政府主要通过行政诉讼制度实现，行政诉讼法坚持司法权与行政权分工界限，明确法院对行政机关的行政行为进行合法性审查，既不干预政府施政方针和重大决策，也不作合理性审查；主要裁判形式主要是撤销被诉行政行为，而不是代替行政机关作出行政行为；法院可以对规范性文件一并进行审查，认为规范性文件不合法的，不作为认定行政行为合法的依据，但不得判决撤销。

（四）坚持党的实事求是思想路线，遵循行政立法发展规律

习近平总书记指出，“实事求是是马克思主义的根本观点，是中国共产党人认识世界、改造世界的根本方法，是我们党的基本思想方法、工作方法、领导方法”。行政立法坚持实事求是，一切从实际出发，确立了中国特色的行政立法指导思想、独特发展路径和相应角色定位。一是将平衡论确立为行政立法指导思想。行政法学界曾就行政法基础理论进行过讨论，当时主要有三种观点：借鉴苏联的管理论、照搬西方资本主义国家的控权论、中国本土发展出来的平衡论。行政立法从中国国情和发展阶段出发，将指导思想确立为中国特色社会主义“平衡论”。既赋予政府必要的充分权力，又严格规范、严密监督，保障与规范并重，实现国家利益、社会公共利益与公民合法权益之间的动态平衡，为社会主义市场经济不断发展、法治政府逐步建成提供坚强法治保障。二是形成先程序后实体、以诉讼程序倒逼实体规则的发展路径。1986年，法工委成立了行政立法研究组，由实务部门和专家学者组成，最初准备起草一部类似于民法通则、刑法的行政法通则或行政法大纲，但由于当时依法行政实践刚刚开始，行政领域太多，各行政领域差别太大，因此进展并不顺

利。转而先起草行政诉讼法，通过行政诉讼制度来推动行政法的整体发展。实践证明，这一路径符合法治发展规律，是完全适应中国实际情况的。行政诉讼法规定了行政机关超越职权承担败诉责任，推动了行政职权方面法律的快速发展；将行政处罚、行政许可、行政强制等行为纳入受案范围，规定行政程序违法撤销，推动了行政处罚法、行政许可法、行政强制法的制定；规定了行政复议，推动了行政复议条例及之后行政复议法的制定；规定了行政赔偿，推动了国家赔偿法的制定。2014 年行政诉讼法修改，也是遵循这一发展路径，将行政协议纳入受案范围，明显不当定为行政违法情形，增加行政行为无效判决，推动我国行政协议、自由裁量权规范、行政行为效力等实体规则的发展完善，必将对我国行政立法和行政法理论发展产生深远意义。三是适应依法行政不同发展阶段的需要，发挥积极作用。改革开放之后较长一段时间内，依法行政理念仍停留在加强法制建设、健全行政立法的阶段，属于“静态”的制度建构，行政诉讼法确立了行政诉讼制度，行政处罚法首次规定听证程序，行政许可法开了信赖保护先河，行政强制法规定的适当原则蕴含比例原则的精髓，行政立法发挥了重要引领作用。在法治政府建设爬坡过坎阶段，行政立法总结相关行政法规成熟经验，完成行政复议制度、国家赔偿制度、行政监察制度的法律升级，行政机关出台多部重要文件，以各种方式进行自我约束，司法机关则通过司法解释和个案阐释发展行政法制度，行政立法与行政自我约束、司法监督纠正齐头并进，共同推进依法行政理念不断发展。在法治政府建设完善深化阶段，行政立法紧紧围绕全面依法治国、全面深化改革主题，更加重视改革成果和地方成熟实践，全面、及时用法律形式固定下来，食品安全法、环境保护法、水污染防治法引入约谈机制，环境保护法规定按日计罚制度。

四、展望

改革开放 40 年以来，特别是党的十八大以来，在中国特色社会主义法治理论的指导下，我国民主法治建设取得伟大成就、迈出重大步伐。行政立法作为数量最为庞大也最为活跃的法律部门，经历了从薄弱到勃发、由原则到严密的发展过程，取得了极大成就，积累了宝贵经验，前景未来可期。在“两个百年”的伟大征程中，将以更大的力度融入法治中国、中国特色社会主义法制体系建设中，坚持民主立法、科学立法、依法立法，聚焦重点领域和薄弱环节，着力协同推进和纵深发展，为法治国家、法治政府、法治社会一体建成提供坚实的法律保障。下一步行政立法可以关注四个继续：以良法促进发展、保障善治为指导思想，继续完善深化行政法律框架体系，积极推进行政组织和行政程序法律制度，扎实推进卫生、环保等民生领域立法修法，及时推进行政复议法修改；围绕改革要求，继续主动适应改革需要，及时将行之有效的改革举措上升为法律；以问题为导向，继续推动实践中突出问题的法律解决方案，研究修改行政处罚法，调整地方性法规设定权，完善行政处罚种类和实施程序；关注行政法前沿问题，继续加强行政法理论研究，深入研究软法作用，推动政府管理、社会共治、公民自治齐头并进的社会治理新格局，深入研究约谈、行政协议、行政指导、沟通协调等柔性管理方式和新型管理手段。

改革开放40年生态环境保护立法回顾和体会

改革开放40年来，全国人大及其常委会坚持党对立法工作的领导，积极发挥立法的引领推动和规范保障作用，以立法推进生态环境领域的改革，在改革中完善生态环境领域的制度。生态环境保护立法成效显著，现行有效的生态环境保护法律30余部，立足我国国情和实际、适应我国改革和发展需要的生态环境保护法律制度体系逐步形成并不断完善。特别是党的十八大以来，系统形成了习近平生态文明思想，为生态文明法制建设指明了方向。生态环境保护立法取得历史性成就、发生历史性变革，立法质量不断提升，生态环境保护法律制度体系不断完善，生态环境保护法律制度实现升级换代。现将改革开放40年，特别是党的十八大以来生态环境保护立法成就和我们的工作体会总结如下：

一、生态环境保护立法成就

（一）生态环境保护法律制度体系逐步形成并不断完善

改革开放40年，特别是党的十八大以来，党和国家高度重视生态环境保护立法，生态环境保护法律制度体系逐步形成并不断完善，这个过程可以分为以下三个阶段：

第一个阶段：生态环境保护法律制度体系初步创建（1978年至1991年）。党的十一届三中全会标志着我国进入改革开放时代，邓小平同志在中央工作会议上明确提出制定森林法、草原法和环境保护法。在这个阶段，1982年宪法规定了“国家保障自然资源的合理利用，保护珍贵的动物和植物。禁止任何组织或者个人用任何手段侵占或者破坏自然资源”“国家保护和改善生活环境和生态环境，防治污染和其他公害。国家组织和鼓励植树造林，保护林木”等有关生态环境保护的内容。1979年，制定了环境保护法（试行）（1989年修改为环境保护法）、森林法（试行）（1984年修改为森林法），首开我国制定生态环境保护法律先河。制定了海洋环境保护法、水污染防治法、大气污染防治法、水土保持法、野生动物保护法、草原法、渔业法、土地管理法、矿产资源法、水法等生态环境保护法律，刑法、民法通则等法律也对生态环境保护作了相关规定。

通过这些立法，初步创建了以污染防治、资源保护与管理等制度为主体的生态环境保护法律制度体系。这个阶段生态环境保护立法的特点：一是改革开放刚刚开启，经济发展产生的生态环境问题尚不突出，立法强调生态环境保护与经济发展相协调；二是立法形式上以新制定法律为主，生态环境保护法律制度体系具有鲜明的初步创建印记，法律规定较为原则、笼统，可操作性规定不够具体；三是污染防治以末端治理为主，治理手段较为单一。

第二个阶段：生态环境保护法律制度体系加快形成（1992年至2011年）。1992年年初，邓小平同志发表南方谈话，党的十四大提出了建立社会主义市场经济体制的目标，改革开放进入新阶段。1992年，《环境与发展十大对策》中明确指出，转变发展战略，走可持续发展道路，是加速我国经济发展，解决环境问题的正确选择。1994年，《中国21世纪议程——中国21世纪人口·环境与发展白皮书》中明确提出，完善环境和资源保护立法。1995年，党的十四届五中全会提出实施“可持续发展战略”。2003年，党中央提出坚持“以人为本，全面、协调、可持续的发展观”。2006 年，党中央作出了建设资源节约型和环境友好型社会的重大决策部署。在这个阶段，制定了环境影响评价法、固体废物污染环境防治法、环境噪声污染防治法、放射性污染防治法、防沙治沙法、海岛保护法、海域使用管理法、节约能源法、可再生能源法、电力法、煤炭法、循环经济促进法、清洁生产促进法等生态环境保护法律，修改了海洋环境保护法、水污染防治法、大气污染防治法、水土保持法、野生动物保护法、森林法、草原法、渔业法、矿产资源法、土地管理法、水法等生态环境保护法律，侵权责任法、刑法等法律也对有关生态环境保护的内容作了规定或者修改。

通过这些立法基本形成了以污染防治、资源保护与管理、能源管理、循环经济促进等制度为主体的生态环境保护法律制度体系。这个阶段生态环境保护立法的特点：一是改革开放进入新阶段，经济发展产生的生态环境问题开始显现，立法从强调生态环境保护与经济发展相协调到强调经济发展与生态环境保护协调统一转变；二是立法形式上新制定和修改并重，生态环境保护法律制度体系基本形成；三是污染防治和生态保护并重，污染防治强调源头管理、综合利用。

第三个阶段：生态环境保护法律制度体系高质量完善（2012 年至今）。党的十八大以来，改革开放进入全面深化新时代，系统形成了习近平生态文明思想，有力指导生态环境保护立法取得历史性成就、发生历史性变革，以习近平同志为核心的党中央高度重视生态环境保护立法，生态环境保护立法力度大、成效显著。在这个阶段，2018 年宪法修正案规定了“贯彻新发展理念”“生态文明”“美丽”（宪法序言第七自然段）和“生态文明建设”（宪法第八十九条“国务院行使下列职权”中第六项）等有关生态环境保护的内容，制定了土壤污染防治法、核安全法、深海海底区域资源勘探开发法、环境保护税法等生态环境保护法律，修改了环境保护法、海洋环境保护法、环境影响评价法、水污染防治法、大气污染防治法、固体废物污染环境防治法、防沙治沙法、野生动物保护法、草原法、渔业法、水法、节约能源法、电力法、煤炭法、循环经济促进法等生态环境保护法律，民法总则、民事诉讼法等法律也对有关生态环境保护的内容作了规定或者修改。

通过这些立法实现了生态环境保护法律制度体系的高质量完善。这个阶段生态环境保护立法的特点：一是改革开放进入全面深化新时代，经济发展产生的生态环境问题非常突出，成为重要的民生之患、民心之痛，成为经济社会可持续发展的瓶颈制约，成为全面建成小康社会的明显短板，立法强调经济发展与生态环境保护协调统一，坚持人与自然和谐共生、绿水青山就是金山银山、山水林田湖草是生命共同体、良好生态环境是最普惠的民生福祉、建设美丽中国全民行动等。二是立法形式上以高质量修改为主，生态环境保护法律制度体系高质量完善，生态环境保护法律制度实现升级换代；法律规定尽量具体，同时为改革留下空间；突出强调生态环境领域的改革要于法有据，为全面深化生态环境领域的改革多次修改法律。三是织严织密生态环境保护法律制度网，用最严格制度、最严密法治保护生态环境，生态环境保护融入所有立法，污染防治强调源头和全过程控制、重视风险管控。

全国人大常委会正在审议的民法典侵权责任编（草案）对生态环境损害赔偿制度作了规定。《十三届全国人大常委会立法规划》中尚未完成的生态环境保护立法项目还有：修改固体废物污染环境防治法、环境噪声污染防治法、森林法、土地管理法、环境影响评价法、草原法、渔业法、矿产资源法、电力法等生态环境保护法律，制定南极活动与环境保护法、长江保护法、原子能法、资源税法、海洋基本法、国家公园法、国土空间开发保护法、能源法等生态环境保护法律。通过这些立法将有助于进一步提高生态环境保护法律制度体系质量。

（二）生态环境保护地位、目标、理念和原则逐步明确

改革开放40年，特别是党的十八大以来，生态环境保护立法逐步明

确了生态环境保护地位、目标、理念和原则。

2014年修改的环境保护法第四条第一款规定："保护环境是国家的基本国策。"节约能源法第四条规定："节约资源是我国的基本国策……"土地管理法第三条规定："十分珍惜、合理利用土地和切实保护耕地是我国的基本国策……"这些立法明确了生态环境保护在我国的重要地位。

2014年修改的环境保护法第二十八条规定："地方各级人民政府应当根据环境保护目标和治理任务，采取有效措施，改善环境质量。"2015年修改的大气污染防治法第二条规定："防治大气污染，应当以改善大气环境质量为目标……"2017年修改的水污染防治法第十七条规定："有关市、县级人民政府应当按照水污染防治规划确定的水环境质量改善目标的要求，制定限期达标规划，采取措施按期达标。"这些立法明确了生态环境保护核心目标"改善生态环境质量"。

2014年修改的环境保护法规定了"生态文明"，此后制定或者修改的水污染防治法、大气污染防治法、土壤污染防治法、野生动物保护法、环境保护税法等生态环境保护法律均对此作了规定。1998年修改的土地管理法规定了"可持续发展"，此后制定或者修改的环境保护法、海洋环境保护法、环境影响评价法、水污染防治法、大气污染防治法、土壤污染防治法、固体废物污染环境防治法、核安全法、水土保持法、防沙治沙法、草原法、海岛保护法、水法、可再生能源法、节约能源法、循环经济促进法、清洁生产促进法等生态环境保护法律也对此作了规定。2018年宪法修正案规定了"新发展理念"。2014年修改的环境保护法规定了"人与自然和谐""经济社会发展与环境保护相协调"。这些立法明确了生态环境保护的理念。

2014年修改的环境保护法第五条规定："环境保护坚持保护优先、预防为主、综合治理、公众参与、损害担责的原则。"2018年制定的土壤污染防治法规定了"风险管控"。水污染防治法、固体废物污染环境防治法、水土保持法、防沙治沙法、循环经济促进法等生态环境保护法律还规定了“防治结合”“合理利用”“因地制宜”。这些立法明确了生态环境保护的原则。

（三）生态环境保护制度的“四梁八柱”逐步建立

改革开放40年，特别是党的十八大以来，生态环境保护立法逐步建立了生态环境保护制度的“四梁八柱”，主要包括：

一是环境监测制度。环境监测数据是客观评价环境质量状况、实施环境管理的基本依据。2014年修改环境保护法以前，环境质量监测存在以下问题：部门之间的环境监测点位（断面）存在重复设置；监测信息发布渠道过多，导致相互矛盾。针对上述问题，2014年修改的环境保护法“化零为整”，规定统一规划国家环境质量监测站（点）的设置，建立监测数据共享机制；统一发布国家环境质量、重点污染源监测等信息。2015年修改的大气污染防治法、2017年修改的水污染防治法、2018年制定的土壤污染防治法等作了类似规定。

二是环境影响评价制度。环评是环境管理的第一道闸门，对于贯彻预防为主的原则，控制污染增量无序发展发挥着极为重要的作用。党的十八大以来，生态环境保护立法加强和完善了该制度，包括强化规划环评的源头预防作用，规划的环评结论应当作为建设项目环评的重要依据；将环境影响登记表由审批制改为备案制，优化相关审批流程，提高行政效率；对“未批先建”出重拳，对“未批先建”违法行为由定额罚款修改为按照建设项目总投资额1%以上5%以下给予罚款，拒绝停建的，可给予拘留。

三是排污许可制度。2014年修改的环境保护法明确规定，国家依照法律规定实行排污许可管理制度。实行排污许可管理的排污者应当按照排污许可证的要求排放污染物；未取得排污许可证的，不得排放污染物。2015年修改的大气污染防治法、2017年修改的水污染防治法等进一步明确和扩大了排污许可范围，并增加排污许可证内容的规定。

四是总量控制和区域限批制度。重点污染物总量控制是通过向一定地区分配污染物排放量指标，将该地区的污染物排放数量控制在规定的限度内的污染控制方式和制度。总量控制的范围是化学需氧量、氨氮、二氧化硫、氮氧化物、工业粉尘、挥发性有机物等重点污染物。许多地区即使所有排污单位都实现了达标排放，但由于污染源数量等原因，区域环境质量仍然不能达到标准，因此，有必要实行排污总量控制，逐步减排污染物。环境保护法、海洋环境保护法、水污染防治法、大气污染防治法等都规定，国家对重点污染物排放（重点海域排污）实行总量控制制度，排放污染物不得超过污染物排放标准和污染物排放总量控制指标。区域限批是赋予环境保护部门监督地方政府的“尚方宝剑”，2014年修改的环境保护法在原来超总量控制指标的基础上，将环境质量目标不达标，作为省级以上政府环境保护部门暂停审批地方新增重点污染物排放总量的建设项目环评文件的条件。2015年修改的大气污染防治法、2017年修改的水污染防治法在此基础上，增加约谈地方政府主要负责人的规定，进一步强化对地方政府的约束。

五是联合防治制度。2014年修改的环境保护法明确规定，国家建立跨行政区域的重点区域、流域环境污染和生态破坏联合防治协调机制，实行统一规划、统一标准、统一监测、统一的防治措施。“四个统一”为破解地域性局限提供了全链条的切实可行的路径。2015年修改的大气污染防治法单设“重点区域大气污染联合防治”一章，规定了比较完善的具体措施。2017年修改的水污染防治法等也规定了联合防治。

六是生态保护红线制度。生态保护红线是生态保护的核心制度，是生态安全的保障线。2014年修改的环境保护法增加规定，国家在重点生态功能区、生态环境敏感区和脆弱区等区域划定生态保护红线，实行严格保护。2016年修改的海洋环境保护法进一步规定在海域划定生态保护红线。这就明确了生态保护红线的区域范围，从制度上实现一条红线管控重要生态空间，强化用途管制，确保生态功能不降低、面积不减少、性质不改变。

七是政府责任制度。地方政府是地方经济发展的推动者。生态环境保护立法的一个重点就是强化政府环境保护责任，形成倒逼机制，促使地方政府妥善处理经济发展和环境保护的关系。2014年修改的环境保护法、2015年修改的大气污染防治法、2017年修改的水污染防治法、2018年制定的土壤污染防治法等法律都规定，地方各级政府应当对本行政区域的生态环境质量负责。地方各级政府应当根据环境保护目标和治理任务，采取有效措施，改善环境质量，并将环境保护目标作为政绩考核的重要指标，加大其在考核指标体系中的权重。

八是信息公开和公众参与制度。环境问题与人们日常生活、身心健康息息相关。因此，解决好环境问题尤其需要发挥公众力量。信息公开和公众参与作为社会监督机制，有利于从源头解决社会矛盾，有利于防止行政监督缺位、失效等问题，有利于以信任化解“邻避效应”。2014年修改的环境保护法在确立公众参与原则的基础上，还就信息公开和公众参与作专章规定，明确公众获取环境信息、参与和监督环境保护的权利与方式，为公众通过法治渠道参与环境保护打开方便之门。2015年修改的大气污染防治法、2017年修改的水污染防治法等法律在环境保护法相关规定的基础上，增加了限期达标规划、约谈情况、重点排污单位名录向社会公开以及举报奖励等具体事项。

九是环境公益诉讼制度。环境公益诉讼制度是保护环境的重要武器。2014年修改的环境保护法规定，符合条件的社会组织，可以对污染环境、破坏生态，损害社会公共利益的行为向法院提起诉讼。这是在民事诉讼法原则性规定的基础上，首次具体规定了环境公益诉讼的主体、条件和内容，使环境公益诉讼制度有效落地实施，使环境公共利益切实得到保障。之后，环境公益诉讼制度又不断向前推进。2017年修改的民事诉讼法和行政诉讼法增加了检察机关提起生态环境和资源保护等公益诉讼的规定，拓展了提起环境公益诉讼的主体范围，并在环境民事公益诉讼的基础上增加了环境行政公益诉讼。

十是法律责任制度。2014年修改的环境保护法被称为“史上最严”的环境保护法，施行后打击环境违法行为方面效果显著。党的十八大以来，在生态环境保护立法过程中，各方面最集中的意见是认为环境领域“违法成本低、守法成本高”，最大的共识是加大对违法行为的处罚力度。2014年修改的环境保护法中法律责任之严主要体现在以下几个方面：（1）赋予环境保护执法部门查封、扣押等行政强制权，让执法部门制裁违法行为有措施、有手段。（2）对违法排污企业的罚款处罚实行“按日计罚”。只要违法行为不停止，处罚就可以继续，是上不封顶的处罚手段，是对违法者的极大震慑。（3）对通过逃避监管的方式排污等违法行为的责任人，可以予以拘留。（4）规定了双罚制。既罚排污单位，也对直接负责的主管人员和其他直接责任人员给予罚款。（5）对行政机关及其相关人员的违法行为明确9项特定行为的处分方式。党的十八大以来，其他生态环境保护立法对环境违法行为规定了严惩重罚。刑法也逐步从重设置环境犯罪刑事责任，民事责任也正在增加生态环境损害赔偿责任。2014年修改的环境保护法、2015年修改的大气污染防治法、2017年修改的水污染防治法以及2018年制定的土壤污染防治法等生态环境保护立法下大力气强化了污染者担责，如土壤污染防治法规定，土壤污染责任人负有实施土壤污染风险管控和修复的义务。因实施或者组织实施土壤污染状况调查和土壤污染风险评估、风险管控、修复、风险管控效果评估、修复效果评估、后期管理等活动所支出的费用，由土壤污染责任人承担。

此外，还有规划、标准、总量控制、生态环境税费、生态保护补偿、突发生态环境事件应急、河长制、土壤污染风险管控和修复、核安全监管、野生动物保护分类分级保护等制度。

与此同时，改革开放40年，特别是党的十八大以来，各方面认真贯彻落实党中央关于生态环境保护重大决策部署，全面有效实施生态环境领域的各项法律，生态环境保护成效显著：一是配套规定不断健全。有关方面制定了30余部生态环境保护行政法规，大量的生态环境保护规章、标准、规范性文件和地方性法规。二是生态环境质量持续改善。污染防治从末端治理向源头和全过程控制转变，从浓度控制向总量和浓度控制相结合转变，从点源治理向流域和区域综合治理转变，解决了一大批关系民生的突出生态环境问题，生态环境质量总体向好。三是经济发展与生态环境保护的关系逐步走向协调统一。“绿水青山就是金山银山”等理念逐步深入人心，供给侧结构性改革加快推进，单位国内生产总值能耗和水耗均下降20%以上，一大批高污染企业有序退出，正在走出一条经济增长与生态环境改善的双赢之路。四是生态环境治理水平和治理能力显著提升。组建生态环境部，统一行使生态和城乡各类污染排放监管与行政执法职责；生态环境保护执法力度显著加强，环境保护督察、考核评价、行政强制、行政处罚等多种措施并用；生态环境保护投入持续加大，有力支撑了生态环境治理能力建设。五是公众生态环境保护意识明显增强。信息公开和公众参与为全社会积极参与生态环境保护提供了制度保障，人民群众自觉守法意识明显增强，善于通过法治渠道维护自身环境权益，自觉践行绿色消费、绿色出行。

二、生态环境保护立法工作体会

（一）坚持和贯彻党中央的集中统一领导

党的领导是中国特色社会主义最本质的特征，是社会主义法治最根本的保证。坚持党对立法工作的领导，就是要在立法工作中坚定维护以习近平同志为核心的党中央权威和集中统一领导，通过国家立法全面贯彻党的基本理论、基本路线、基本方略，保证党中央重大决策部署在国家立法工作中切实贯彻和有效落实。生态文明建设关系中华民族永续发展，关系亿万中国人民的福祉。推进生态文明建设，是党中央的重要战略部署。习近平总书记指出，走向生态文明新时代，建设美丽中国，是实现中华民族伟大复兴的中国梦的重要内容。用法律夯实生态文明建设的制度基础是我们肩负的政治责任。

十三届全国人大常委会第四次会议通过的《关于全面加强生态环境保护依法推动打好污染防治攻坚战的决议》明确提出，坚持以习近平新时代中国特色社会主义思想，特别是习近平生态文明思想为指引，坚持党对生态文明建设的领导。

根据党中央修改宪法的建议，十三届全国人大一次会议通过宪法修正案，将新发展理念、生态文明、美丽中国等载入国家根本法。

环境保护法修改草案在一审之后，党的十八大召开，提出“大力推进生态文明建设”；三审之后，党的十八届三中全会召开，提出“建立系统完整的生态文明制度体系”。这为立法工作提供了政治指引。我们审时度势、乘势而上，在法律修改中全面贯彻中央的精神，为环境保护法修改从理念上到制度上的全面提升奠定了基础。大气污染防治法、水污染防治法修改，核安全法、土壤污染防治法制定过程中，全国人大常委会党组就草案中的主要问题向中央请示报告，中央对修改方案高度肯定。通过请示报告，切实保障中央重大决策部署的贯彻落实，确保了立法的正确方向。

（二）坚持以人民为中心的理念，解决损害群众利益的突出生态环境问题

必须坚持法治建设为了人民、依靠人民、造福人民、保护人民，以保障人民根本利益为出发点和落脚点。习近平总书记指出，“建设生态文明，关系人民福祉，关乎民族未来”“环境就是民生，青山就是美丽，蓝天也是幸福”“人民对美好生活的向往，就是我们的奋斗目标”“良好生

态环境是最公平的公共产品，是最普惠的民生福祉。对人的生存来说，金山银山固然重要，但绿水青山是人民幸福生活的重要内容，是金钱不能替代的”。

人民群众对生态环境问题高度关注，可以说生态环境在群众生活幸福指数中的地位必然会不断凸显。随着经济社会发展和人民生活水平不断提高，生态环境问题往往最容易引起群众不满。生态环境特别是大气、水、土壤污染严重，已成为全面建成小康社会的突出短板。根据木桶原理，必须每块木板都一样齐整没有任何破损，才能将水桶盛满，一只水桶能装多少水取决于它最短的那块木板。我们多年快速发展积累了大量生态环境问题，成为明显的短板，如各类环境污染呈高发态势，成为民生之患、民心之痛。生态环境破坏和污染不仅影响经济社会可持续发展，而且对人民群众健康的影响已经成为一个突出的民生问题，必须下大气力解决好。

“民有所呼，法有所应！”立法就是要解决人民群众反映强烈的大气、水、土壤污染等突出生态环境问题。生态环境保护立法，坚持保护优先、预防为主、综合治理的原则，强化大气、水、土壤等重点领域污染防治。大气污染防治法针对雾霾等重污染天气，着力推进燃煤、工业、机动车船、扬尘、农业污染治理；水污染防治法针对饮用水安全，着力推进城市“黑臭”水体整治、农业农村和船舶等重点领域污染防治和强化饮用水安全保障制度；土壤污染防治法针对农产品质量安全和公众健康，着力强化土壤污染的管控和修复。

（三）坚持从中国国情出发，打好污染防治攻坚战

立足国情，是我们解决生态环境问题的基本出发点。目前，我国资源约束趋紧、环境污染严重、生态质量退化的形势依然严峻，生态环境状况整体上不容乐观。一些地方和部门对生态环境保护认识不到位，责

任落实不到位；各类污染物排放量仍处高位，部分地区生态环境质量与人民期待有较大差距；多年快速发展积累的生态环境问题十分突出，生态环境承载能力已经达到或者接近上限，“高耗能、高污染、资源型（两高一资）”的粗放型发展模式已经难以为继；城乡区域统筹不够，新老生态环境问题交织，区域性、布局性、结构性生态环境风险凸显。这些问题成为经济社会可持续发展的瓶颈制约，成为全面建成小康社会的明显短板，这是我国的基本国情。因此，必须下大的决心打赢污染防治攻坚战，来扭转这种不利局面，使污染状况真正形成拐点，使人民群众切实感受到蓝天碧水，用最严格的法律制度和全过程管控使生态环境质量不断向好。

但我们也应清醒地认识到，今天生态环境问题是历史不断累积的过程和结果，生态环境质量改善不能一蹴而就，既要坚定打好污染防治攻坚战的信心和决心，稳步向前推进，也要发扬钉钉子精神，持之以恒，久久为功，守住生态保护红线、把好生态环境质量底线、用好资源利用上线，一部法律接着一部法律干，一步一个脚印向前迈进。

土壤污染防治法制定过程中，我们坚持积极稳妥，扎实推进。从我国土壤污染防治工作起步较晚、基础较弱、经验不多的实际出发，对有经验、看得准的，尽量细化，对还需要继续探索积累经验的，在法律规定上为实践留下空间。

（四）坚持从规律出发，贯彻新发展理念，正确处理好经济社会发展和环境保护的关系

党的十九大报告作出我国社会主要矛盾已经转化为人民日益增长的美好生活需要和不平衡不充分的发展之间的矛盾的重大政治判断，使发展的重点由物质生产拓展到包括经济、政治、文化、社会、生态文明“五位一体”的发展，是必须坚持“绿色发展”在内的五大发展理念的

发展。我们要紧扣主要矛盾的变化，正确处理好生态环境保护和发展的关系，也就是绿水青山和金山银山的关系，这是实现可持续发展的内在要求，也是我们推进现代化建设的重大原则。从宏观到微观始终准确把握二者之间的关系，是贯穿于整个生态环境保护立法的核心问题。

生态环境是人类生存最为基础的条件，是我国持续发展最为重要的基础。人类可以利用自然、改造自然，但归根结底是自然的一部分，必须尊重自然、顺应自然、保护自然，不能凌驾于自然之上。人类的行为方式必须符合自然规律。人与自然是生命共同体。人类只有遵循自然规律才能有效防止在开发利用自然上走弯路。

我国生态环境问题是长期压缩型、追赶型快速工业化形成的，但现在到了有条件不破坏、有能力修复的阶段，保护生态环境应当成为发展题中应有之义。在生态环境保护上应算大账、算长远账、算整体账、算综合账，不能因小失大、顾此失彼、寅吃卯粮。

习近平总书记指出，我们既要绿水青山，也要金山银山。宁要绿水青山，不要金山银山，而且绿水青山就是金山银山。我们不能以牺牲生态环境为代价换取经济的一时发展。良好生态环境是人和社会发展的根本基础。保护生态环境就是保护生产力，改善生态环境就是发展生产力。生态环境问题归根结底是经济发展方式问题。绿色发展是生态文明建设的必然要求。坚持绿色发展，就是要坚持节约资源和保护环境的基本国策，坚持可持续发展，形成人与自然和谐发展现代化建设新格局。党的十九大报告强调，我国经济已由高速增长阶段转向高质量发展阶段。要深刻把握新时代新特征，推动高质量发展，提供更多优质生态产品以满足人民日益增长的优美生态环境需要，实现经济社会发展和生态环境保护协同共进。

宪法明确规定，贯彻新发展理念，推动物质文明、政治文明、精神文明、社会文明、生态文明协调发展。环境保护法明确规定，国家采取有利于节约和循环利用资源、保护和改善环境、促进人与自然和谐的经济、技术政策和措施，使经济社会发展与环境保护相协调。并通过源头治理、生态保护红线、生态保护补偿、环境资源监测预警机制、区域限批、目标考核制等规定给予制度上的支撑。可以说，生态环境保护立法自始至终贯彻了“绿水青山就是金山银山”的理念，妥善处理了经济社会发展和环境保护的关系。

（五）以改善环境质量为核心，完善生态文明制度体系，用最严格的法律制度保护生态环境

长期以来，我国将重点污染物减排作为污染防治的目标，但重点污染物指标范围比较窄，主要是化学需氧量、氨氮、二氧化硫、氮氧化物、工业粉尘、挥发性有机物等几种，即使完成减排任务，空气质量也不能达标。因为污染是复合型的，其他污染物造成的雾霾天气、黑臭水体等仍然严重。人民群众的直观感受与减排的数据有差距。只有生态环境质量的根本改善才能真正实现天蓝、地绿、水清、土净。生态环境保护法律中明确规定了以改善生态环境质量为目标，与之相应，地方各级人民政府要对本行政区域内的生态环境质量负责。这标志着我国从单一目标即总量目标、减排目标，转变为以改善生态环境质量为核心。改善生态环境质量是整个生态环境保护基本制度的“牛鼻子”，各项制度都是围绕着这一核心目标展开的。

新修改、制定的生态环境保护法律，不但强化或调整了环境标准、总量控制、环境影响评价、“三同时”、排污许可、目标考核等制度，还增加了约谈、生态保护红线、生态保护补偿、环境公益诉讼、公众参与等制度。升级版的老制度和新制度一起，共同构建了较为完善的生态文明法律制度体系。

习近平总书记对生态环境保护非常重视。党的十八大以来，习近平总书记多次就一些严重损害生态环境的事情作出批示，要求严肃查处。

比如，分别就陕西延安削山造城、浙江杭州千岛湖临湖地带违规搞建设、秦岭北麓西安段圈地建别墅、新疆卡山自然保护区违规“瘦身”、腾格里沙漠污染、青海祁连山自然保护区和木里矿区破坏性开采、甘肃祁连山生态保护区生态环境破坏等严重破坏生态环境事件作出多次批示，要求“盯住生态环境问题不放。如果不抓紧、任凭破坏生态环境问题不断产生，我们就难以从根本上扭转我国生态环境恶化的趋势，就是对中华民族和子孙后代不负责任”“只有实行最严格的制度、最严明的法治，才能为生态文明建设提供可靠保障”。

我们按照“最严格的制度”的要求，规定了目标责任制、约谈、查封扣押、按日连续处罚、行政拘留等刚性制度。习近平总书记也对生态环境保护立法给予了高度肯定，并指出，我们组织修订环境保护有关的法律法规，在环境保护、环境监管、环境执法上添了一些硬招。通过立法对环境违法行为进行严惩和震慑，真正让制度成为刚性约束和不可触碰的“高压线”。

坚持以人民为中心　着力保障和改善民生

——改革开放40年我国社会立法成就与经验总结

改革开放40年来，党和国家坚持以经济建设为中心，不断解放和发展生产力。在经济发展取得举世瞩目成就的同时，党和国家高度重视社会建设，积极推进社会建设与经济建设、政治建设、文化建设、生态文明建设“五位一体”协调发展，真正做到发展为了人民、发展依靠人民、发展成果由人民共享。社会建设离不开法治保障。改革开放尤其是党的十八大以来，全国人大及其常委会在党中央坚强领导下，紧紧围绕党和国家工作大局，积极回应人民群众最关心、最直接、最现实的利益问题，社会立法取得突出成就，有力保障了改革发展成果惠及全体人民，促进经济社会发展朝着实现全体人民共同富裕的目标不断迈进。

一、我国社会法基本框架逐步形成并不断完善

我国社会法最初主要包括劳动和社会保障、特殊群体保护等方面的立法。九届全国人大四次会议将有中国特色的社会主义法律体系划分为7个法律部门，提出社会法是调整劳动关系、社会保障和社会福利关系的一个法律部门。随着我国经济社会快速发展和社会主要矛盾的变化，社会法的内容随着社会建设领域的扩展发生了深刻变化。党的十八大以来，

以习近平同志为核心的党中央高度重视社会建设工作，社会建设事业快速发展，社会法的调整对象和范围进一步拓宽。可以说，中国特色社会法即社会建设方面的立法。党的十九大从教育、劳动就业、社会保障、脱贫攻坚、医疗健康、社会治理等方面，对推进社会建设作了全面部署，为中国特色社会主义新时代的社会建设事业和社会法发展指明了方向，提出了更高要求。总体上看，经过40年的发展，我国社会法的基本框架已逐步形成，并在实践中不断发展和完善。

（一）教育领域立法长足发展

教育是社会主义现代化建设的基础，教育事业发展关乎国家未来和民族希望，与广大人民群众切身利益紧密相关，历来受到党和国家的高度重视。1986年制定的义务教育法确立了九年制义务教育制度，对确保实现普及教育、强制教育和免费教育，提高全民族素质，发挥了重要作用。1993年制定的教师法着力加强教师队伍建设。1995年制定的教育法作为教育领域的基本法，就涉及教育事业发展的全局性重大问题作了基本规范。此外，全国人大常委会还先后制定了职业教育法、高等教育法、民办教育促进法，不断完善我国教育法律体系，有力促进了中国特色社会主义教育事业的全面发展。

（二）食品卫生安全领域立法逐步完善

民以食为天，食品卫生安全关系到千家万户。改革开放以来，我国不断完善食品卫生安全领域立法，下大力气解决食品卫生安全问题，逐步建立起最严格的食品卫生安全监管体系。1982年制定的食品卫生法（试行），着重规范生产流通环节的食品卫生问题，切实防止污染食品和有害因素对人体的危害。1995年制定的食品卫生法进一步完善了食品卫生监督管理体制，明确了食品生产经营企业的责任，加大对食品卫生领域违法行为的处罚力度。2009年制定的食品安全法着重从制度上解决食品标准不科学、责任不明确、检验机构不规范等问题。上述立法为切实解决食品卫生安全领域存在的突出问题提供了坚强的法治保障，有效保障了广大人民群众的食品安全和身体健康。

（三）医疗卫生领域立法不断充实

医疗卫生是民生刚需，药品质量、医疗保障水平直接关系到广大人民群众的切身利益。医疗卫生领域立法向来是全国人大代表和常委委员关注的焦点问题。全国人大常委会在医疗卫生领域积极开展相关立法工作，先后制定了药品管理法、国境卫生检疫法、母婴保健法、执业医师法、精神卫生法和中医药法，有力保障和维护了广大人民群众的用药安全和生命健康。

（四）劳动就业领域立法蓬勃发展

就业是民生之本，劳动就业问题关系到民众生计和社会和谐稳定发展。为促进就业、构建和谐劳动关系，全国人大常委会先后制定和修改了一系列法律。1992年制定的工会法规定了工会的权利与义务，切实保障工会在国家政治、经济和社会生活中的地位与作用。1994年制定的劳动法确立了劳动基本制度。2007年制定的劳动合同法，进一步破除传统计划经济体制下僵化的劳动用工制度，破除妨碍劳动力流动的体制机制弊端，实现劳动力资源配置的市场化，切实维护广大劳动者的合法权益。同年制定的劳动争议调解仲裁法确立了“一调一裁两审”的劳动争议处理程序，为公正及时解决劳动争议提供了制度化机制。此外，自20世纪90年代以来先后制定的矿山安全法、职业病防治法和安全生产法等法律，有效保障了广大劳动者的职业健康和劳动安全。

（五）社会保障领域立法初见成效

社会保障是社会发展的安全网和社会稳定的防护线，社会保障立法是重要的民生立法。2010年制定的社会保险法确立了我国社会保险制度的基本框架，重点对社会保险的原则、各险种的覆盖范围、社会保险待遇和享受条件、社会保险经办机构、社会保险基金监督等内容作了规范，在考虑我国经济社会发展承受能力的同时，充分体现“广覆盖、保基本、多层次、可持续”的方针。此外，2012年还制定了军人保险法，规范了军人入伍前和退役后保险关系的转移接续，保障军人退役后享有国家规定的社会保险待遇。

（六）保护特殊群体的立法不断完善

我国历来注重对残疾人、未成年人、妇女儿童和老年人等特殊群体的法律保护，相关立法不断完善。1990年制定的残疾人保障法对残疾人权益作了全面规定。1991年制定的未成年人保护法对保护未成年人身心健康、保障未成年人合法权益发挥了重要作用。1992年制定的妇女权益保障法，有力推动了妇女解放事业发展和男女平等。1996年制定的老年人权益保障法，旨在弘扬中华民族传统美德，为保护老年人的合法权益和在全社会形成敬老、养老、助老的良好风尚提供了法律依据。2015年制定的反家庭暴力法，在预防和制止家庭暴力、维护平等和睦文明的家庭关系等方面发挥着重要作用。

（七）慈善事业发展和社会组织立法逐步加强

改革开放，特别是进入21世纪以来，我国慈善事业发展较快，慈善领域出现一些新情况、新问题，其中包括慈善组织内部治理不健全、运作不规范、行业自律机制尚未形成、全社会慈善氛围还不够浓厚等。1993 年制定的红十字会法，对红十字会开展慈善活动作了规范。为进一步引导和规范慈善组织依法开展活动，促进慈善事业健康发展，2016 年十二届全国人大四次会议通过了慈善法。慈善法是社会领域的重要法律，是慈善制度建设的基础性、综合性法律。制定慈善法是发展慈善事业、规范慈善活动的客观需要，是加强社会领域立法和全面推进依法治国的重要举措，是弘扬中华民族传统美德、培育和践行社会主义核心价值观的内在要求，有利于打赢脱贫攻坚战和全面建成小康社会目标的实现。此外，2016 年全国人大常委会还制定了境外非政府组织境内活动管理法，为规范境外非政府组织在我国境内的活动、保障其合法权益和促进对外交往合作提供了法律依据。

二、我国社会立法的经验启示

随着中国特色社会主义事业的发展，我们脚踏实地探索出一条符合中国国情的社会立法发展道路。总结 40 年来社会立法的成功经验，可以归结为以下几个方面：

一是，始终坚定不移坚持党的领导，认真贯彻落实党在各个历史时期关于社会建设的重大决策部署。党的十九大报告提出，中国特色社会主义最本质的特征是中国共产党的领导，中国特色社会主义制度的最大优势是中国共产党的领导。党的领导是我国政治稳定、经济发展的基石，是党和国家各项事业蓬勃发展的根本保障。改革开放 40 年来，社会立法工作之所以能够取得巨大成就，关键在于始终坚持党的领导，在每一项社会立法工作中深入贯彻落实党中央关于社会建设的指导思想和各项方针政策。党的十四大以来，历次代表大会报告中均明确提出加强社会建设，为全国人大及其常委会积极开展社会立法指明了方向。全国人大及其常委会紧紧围绕党在各个历史时期关于加强社会建设的具体部署，紧密结合社会建设最迫切的立法需求，将党的政策主张及时全面地贯彻落实到社会立法当中，为党提出的社会建设目标顺利实现提供了强有力的法治保障。社会法的发展和完善，充分体现了坚持党的领导、人民当家作主和依法治国的有机统一。

二是，始终坚持以人民为中心，突出强调保障和改善民生，积极回应人民群众最关心、最直接、最现实的利益问题。人民群众是历史的创造者，也是推动社会发展和进步的关键力量。改革开放40年的经验证明，人民群众是我国改革开放成果的重要贡献者和实践者，也理应是改革开放成果的享有者。我国社会立法向来坚持以人民为中心，确保广大人民群众在改革开放进程中能够共享社会发展成果，把满足人民群众的日益增长的美好生活需要作为社会立法工作的出发点和落脚点，结合重点民生需求着力抓社会建设中的重点事项、抓社会立法的薄弱环节，增强社会立法的及时性、针对性和实效性，逐步织密扎牢社会保障网，切实让全体人民的获得感、幸福感和安全感更加充实，更有保障和更可持续，激发广大人民群众为社会主义建设不断奉献、不断创造的新的奋斗热情。

三是，始终坚持从我国国情出发，不断探索与中国特色社会主义发展阶段相适应的社会法发展道路。在改革开放初期，我国社会主义建设基础弱、底子薄，急需集中财力发展九年义务教育、集中精力保障食品卫生安全等，因而把教育、食品、卫生等作为社会立法的优先考虑事项。随着经济社会发展和物质财富积累，社会建设提升到更加重要的位置，社会立法调整对象和范围不断拓宽，通过立法不断促进劳动就业、建立健全社会保障、加大对特殊群体的保护力度、积极发展慈善事业、促进社会组织规范发展等多个方面。实践证明，我国社会立法能够平衡解决好“尽力而为”与“量力而行”之间的关系，能够正确处理好“做蛋糕”与“分蛋糕”之间的关系，既及时扩大制度供给、保证立法质量，又避免脱离实际搞大跃进，较好地实现了立法与经济社会发展之间的相互协调和相互促进。

三、新时期加强社会立法的几点要求

作为“五位一体”的重要组成部分，社会建设是诠释“坚持立党为公、执政为民，全心全意为人民服务”根本宗旨的重要着力点，是“永远把人民对美好生活向往作为奋斗目标”的生动体现，事关党的“两个一百年”奋斗目标和中华民族伟大复兴中国梦的顺利实现。当前，我国社会建设及社会立法仍是社会主义建设事业和立法工作的短板、弱项。党的十九大对进一步推进社会建设作了全面部署，适应新形势、新任务、新要求，社会立法任务更加迫切、更加繁重。新时代的社会立法应结合社会建设的新特征和新要求，准确把握社会发展趋势，及时调整完善立法理念和立法思路，坚持不懈地保障好、服务好社会建设领域的新需求，积极推动和引领社会建设与中国特色社会主义建设事业整体相协调、相适应。

（一）社会立法应当主动适应当前我国社会主要矛盾的变化，重点解决社会领域存在的突出问题

党的十九大报告指出，中国特色社会主义进入新时代，我国社会主要矛盾已经转化为人民日益增长的美好生活需要和不平衡不充分的发展之间的矛盾。当前更加突出的问题是发展不平衡不充分，这已经成为满足人民日益增长的美好生活需要的主要制约因素。当前及今后一段时期，社会立法要主动适应、紧密结合新时代我国社会主要矛盾变化和社会领域立法不足的客观现实，紧紧围绕“不断满足人民日益增长的美好生活需要”的目标，着力做好“补短板”“堵缺口”工作，主动适应社会建设发展新需求，及时反映党和国家事业发展要求和人民群众期

待，加强顶层设计，为社会建设提供体系完备、内容全面、科学规范的法律制度依据，切实发挥社会立法在社会建设过程中的规范、引领和推动作用。

此外，我国仍处于并将长期处于社会主义初级阶段的基本国情没有变，作为世界最大发展中国家的国际地位没有变，社会立法要牢牢把握这个基本国情，立足社会主义初级阶段这个最大实际，分清楚轻重缓急，正确处理好完善社会立法与社会主要矛盾变化之间的关系，正确处理好建设社会公平保障体系与防止福利陷阱之间的关系，避免竭泽而渔，保持社会立法始终与经济社会发展阶段相适应。

（二）社会立法应进一步弘扬中华民族优秀传统文化，自觉培育和践行社会主义核心价值观

在历史长河中，中华民族创造了源远流长的优秀传统文化。社会立法应当从优秀传统文化中汲取丰富营养和智慧，自觉弘扬中华民族优秀传统文化，让优秀传统文化的影响力、凝聚力、感召力在社会立法中得到更加充分的展示，并实现创造性的转化、创新性的发展。社会立法既要有“硬度”，也要有“温度”，使法律的刚性与传统文化的柔性有效融合，实现法律效果和社会效果相统一。

党的十八大以来，习近平总书记高度重视培育和践行社会主义核心价值观，明确要求把社会主义核心价值观融入社会发展的各个方面，通过教育引导、实践养成、制度保障的方式将社会主义核心价值观转化为人们的情感认同和行为习惯。中央印发的《社会主义核心价值观融入法治建设立法修法规划》强调“着力把社会主义核心价值观融入法律法规的立改废释全过程，确保各项立法导向更加鲜明、要求更加明确、措施更加有力”。社会主义核心价值观内容凝练、立意深远，集中体现了中华民族梦寐以求的美好夙愿，是社会立法追求的价值目标。社会立法应进

一步明确把核心价值观作为重要指导思想，切实将核心价值观的期望和要求贯彻融合到具体立法当中，通过法律的规范性保障落实核心价值的感召性，促进国家价值目标、社会价值取向和公民价值准则的统一，为社会建设注入活力、增添动力，更好地实现社会和谐稳定发展。

（三）社会立法应当自觉遵循和把握立法规律，认真贯彻科学立法、民主立法、依法立法的要求

党的十九大报告提出，推进科学立法、民主立法、依法立法，以良法促进发展、保障善治。要达到良法善治的要求，社会立法应注重以下三个方面：一是，主动发掘、客观分析并遵循适用社会建设的发展规律。社会建设有着自身内在的发展规律，社会立法应善于发现、深入总结这些规律，克服思维惯性，全面认识当前我国地区间发展不平衡的客观现实，妥善处理好最广大人民群众的根本利益、共同利益与不同群体的特殊利益之间的关系，努力促进城乡协同发展，促进不同利益群体和谐相处。二是，贯彻落实普遍保障、公平保障、适度保障和以国家保障为主的立法原则，平衡好社会保障水平和公众合理预期之间的关系，让社会保障水平始终处于合理范围。三是，灵活运用资源配置和利益调解机制。社会立法应灵活利用市场“看不见的手”和政府“看得见的手”，积极发挥政府宏观调控作用，有效调动各种社会资源，妥善解决市场失灵问题，从而更好地实现社会立法目标。

中国特色社会法的发展与完善

——改革开放40年我国社会法发展历程回顾

改革开放40年，是中国共产党领导全国各族人民不懈努力、砥砺前行，经济社会不断发展，取得重大历史性成就的40年，也是我国民主法治恢复重建、不断发展，取得巨大进步的40年。伴随这一伟大历史过程，我国社会法也经历了不断健全完善的历程。

一、社会法在我国的起源和发端

早在20世纪初叶，孙中山先生在《民权初步（社会建设）》中，论述了“教国民行民权”的社会建设思想。1934年社会学家孙本文在《社会学原理》中，提出社会建设是依社会环境的需要与人民的愿望而从事的各种建设。这些早期的社会建设理论和思想，促使了中国社会法理论的产生和萌芽。新中国成立之前，中国共产党领导人民进行革命斗争和根据地建设，在局部地区执政政权建设和社会管理等方面提出过不少与社会建设有关的政策法规，形成了社会法的雏形。如1931年制定的中华苏维埃共和国劳动法、1942年制定的陕甘宁边区劳动保护暂行条例等，对保障劳动者基本权利、促进根据地建设起到积极作用。

新中国成立以后，从20世纪50年代开始，国家先后出台一些法律法规，探索建立与计划经济体制相适应的劳动和社会保障制度。例如，1950 年中央人民政府委员会通过了工会法，政务院批准劳动部关于劳动争议解决程序的规定，1951 年政务院颁布劳动保险条例，1956 年国务院颁布关于劳动保护的“三个规程”，即《工厂安全卫生规程》《建筑安装工程安全技术规程》《工人职员伤亡事故报告规程》。此外，国家在失业救济、生产救灾、优抚安置、扶贫济困等方面也出台了一些政策和法规。

二、改革开放以来我国社会法的发展历程

回顾改革开放 40 年来我国社会法的发展历程，大致可以划分为以下四个阶段：

（一）初创期（1978～1993 年）

1978 年党的十一届三中全会召开，我国进入社会主义现代化建设的历史新时期。1982 年宪法对劳动者享有的劳动权、休息权、获得物质帮助权、受教育权等作了较为全面的规定，为社会立法提供了宪法依据。这一时期，经济建设和对外开放是国家立法关注的重点，国有企业是我国企业的主体，计划经济时代的用工管理、劳动保障等制度得以继续适用。

20 世纪 80 年代中后期，为增强国有大中型企业的活力，国家开始改革企业劳动用工制度。1986 年国务院发布《国营企业实行劳动合同制暂行规定》等四个关于改革劳动制度的规定，提出全民所有制企业必须面向社会招工，并全部实行劳动合同制；同时，建立职工待业保险制度，逐步推行以省、市或县为单位统筹职工养老保险金。1987 年颁布《国营企业劳动争议处理暂行规定》，恢复已中断 30 年的劳动争议处理制度。

20世纪90年代初，全国人大及其常委会围绕保障残疾人和妇女儿童等特殊群体的权利制定了一系列法律：1990年提出要抓紧制定工会法以及保障妇女、少年儿童权益等方面的法律，通过了残疾人保障法、归侨侨眷权益保护法；1991年通过了未成年人保护法；1992年七届全国人大五次会议通过了工会法和妇女权益保障法。

这一时期社会法发展的特点主要有：一是国家立法围绕改革开放和建立完善社会主义市场经济展开，真正意义上的社会法立法理念尚未形成。二是开始探索与经济体制改革相适应的劳动和社会保障法制建设。例如，将与劳动和社会保障相关立法工作授权国务院行使，出台一系列行政法规，为以后制定劳动和就业方面的法律打下基础。三是开始关注特殊群体权益保护，陆续出台了残疾人保障法、未成年人保护法、妇女权益保障法等一系列法律，初步搭建了社会法的基础框架。

（二）成长期（1994～2000年）

进入20世纪90年代，以邓小平1992年南方谈话发表和党的十四大召开为标志，改革开放事业进入新的历史阶段。党的十四大报告提出，要“加强立法工作，特别是抓紧制定与完善保障改革开放、加强宏观经济管理、规范微观经济行为的法律和法规，这是建立社会主义市场经济体制的迫切要求”。[1] 在这一背景下，与市场经济密切相关的劳动立法便成为立法工作的重点领域之一。1994年全国人大常委会审议通过劳动法，通过立法推动劳动用工制度改革，保障劳动者合法权益，建立适应社会主义市场经济的劳动用工制度。劳动法的出台具有里程碑意义，标志着我国社会法发展进入了新阶段。

1997年党的十五大报告明确提出，到2010年形成有中国特色社会主

---

〔1〕 参见《加快改革开放和现代化建设步伐，夺取有中国特色社会主义事业的更大胜利》，1992年10月12日江泽民同志在中国共产党第十四次全国代表大会上所作的报告。

义法律体系。全国人大及其常委会在继续加强经济立法的同时，加快制定维护公民合法权益、促进社会事业发展等方面的法律，努力构建中国特色社会主义法律体系。1996 年通过了老年人权益保障法，补齐特殊群体权益保护方面的立法缺口；同年通过了职业教育法，发展职业教育、提高劳动者素质；1998 年通过了执业医师法和高等教育法。

到 20 世纪 90 年代中后期，国有企业改革进入攻坚阶段。全国人大及其常委会根据党的十五大报告关于建立社会保障体系、加快推进国有企业改革的要求，开始考虑制定有关社会保障制度方面的法律。但由于社会保障制度改革的复杂性和艰巨性，立法时机尚未成熟。因此，国务院通过制定行政法规、各地方通过制定地方性法规，逐步搭建起社会保障制度框架。

这一时期社会法发展的特点主要有：一是经济立法特别是市场经济等方面的立法仍然是立法工作的重点，但是对社会立法的重视程度逐步增强。二是以劳动法的出台为标志，社会立法实现了重大突破。劳动法是我国第一部全面系统规范劳动关系的基本法律，对促进劳动领域法律制度的建立与完善具有重要意义。三是围绕改革开放大局，社会保障立法从实际出发，采取了更为灵活便捷的行政法规、地方性法规的方式，初步构建起我国以社会保险为主体的社会保障制度。[1]

（三）加速期（2001～2011 年）

2001 年召开的九届全国人大四次会议，将有中国特色的社会主义法律体系划分为 7 个法律部门。社会法作为新兴而独立的法律部门，正式与民法、刑法、经济法等法律部门并列。这次会议同时提出，社会法是调整劳动关系、社会保障和社会福利关系的法律。我国已经在这方面制

---

〔1〕 参见高永宏：《改革开放 30 年我国社会法立法的轨迹与启示》，载《宁夏社会科学》2008 年第 5 期。

定了劳动法和一批保障社会特殊群体权益的法律。强调今后在社会法方面，要制定社会保险法，加快完善医疗保险、养老保险、失业保险等社会保障制度，维护社会稳定。中国特色社会主义法律体系及其基本标志的提出，表明我国社会法进入快速发展的新阶段。

2002 年党的十六大对健全我国社会保障体系及加强劳动就业工作进行了全面部署。根据中央关于社会保障、社会建设等方面的新要求，全国人大及其常委会加快社会立法步伐。2001 年制定了职业病防治法，对工会法进行修改，听取审议了国务院关于完善社会保障制度的专题工作报告。2002 年制定了安全生产法、民办教育促进法，听取审议了国务院关于妇女权益保障工作情况、就业和再就业工作情况、安全生产工作情况等专题报告。2004 年通过的宪法修正案增加了“国家建立健全同经济发展水平相适应的社会保障制度”的内容，进一步表明党和国家更加重视和统筹经济社会协调发展。2005 年全国人大常委会修改妇女权益保障法，初次审议了劳动合同法，并对劳动法、安全生产法、矿山安全法进行了执法检查。

2006 年党的十六届六中全会通过《中共中央关于构建社会主义和谐社会若干重大问题的决定》，提出要“完善发展民主政治、保障公民权利、推进社会事业、健全社会保障、规范社会组织、加强社会管理等方面的法律法规”。这一重要论述对社会立法提出了更高要求。2006 年全国人大常委会对义务教育法、未成年人保护法作了较大幅度的修改。2007 年相继通过了劳动合同法、就业促进法和劳动争议调解仲裁法。2010 年通过了社会保险法，规范社会保险关系，促进社会保险事业发展。2011 年 3 月 10 日，十一届全国人大四次会议宣布：中国特色社会主义法律体系已经形成。

这一时期社会法发展的特点主要有：一是立法速度快。在中国特色社会主义法律体系形成过程中，社会立法步伐加速推进。比如，2007 年一年之内，就通过了劳动就业领域的 3 部重要法律。二是立法数量多。

妇女权益保障法、未成年人保护法等法律的修改，彰显国家对特殊群体权益保障的重视。职业病防治法、安全生产法等法律的制定，体现国家尊重和保障人权的理念。更重要的是劳动合同法、社会保险法等起支架性作用的重要法律相继出台，作为重要法律部门的社会法“骨肉”日渐丰满，层次愈加丰富。三是立法难度大。在立法过程中，各方利益博弈不断，需要经过大量的沟通协调工作。比如，劳动合同法历经四次审议，社会各界参与程度之高、通过后的社会反响之大，在新中国立法史上实属罕见。

（四）完善期（2012 年至今）

党的十八大以来，以习近平同志为核心的党中央高度重视社会建设工作，社会建设事业进一步快速发展，社会法的调整对象和范围进一步拓宽，社会法理论研究和立法实践蓬勃发展。党的十八大报告明确提出中国特色社会主义事业“五位一体”总体布局，社会建设与经济建设、政治建设、文化建设、生态文明建设一道，成为“五位一体”总体布局的重要组成部分。

随着社会建设内涵和外延的不断发展，社会领域相关立法活动也呈现出新的特点。2012 年十一届全国人大常委会为进一步规范劳务派遣用工，对劳动合同法部分条文作了完善；针对老年人权益保障方面出现的新情况、新问题，对老年人权益保障法作了全面修改。2013 年制定了特种设备安全法，预防特种设备事故，保障人身和财产安全。2014 年对安全生产法作了修改。2015 年制定了反家庭暴力法；同年，为适应我国人口发展出现的重大变化，对人口和计划生育法作了修改。2016 年十二届全国人大四次会议通过了慈善法，为规范发展慈善组织、推动慈善事业健康发展提供法制保障；同年全国人大常委会还制定了境外非政府组织境内活动管理法。

2017年10月党的十九大胜利召开，标志着中国特色社会主义进入了新时代，法治建设开启了新征程。党的十九大报告对社会建设工作进行了全面部署，为新时代社会建设事业和社会法发展指明了方向，提出了更高要求。全国人大及其常委会全面贯彻落实党的十九大精神，以习近平新时代中国特色社会主义思想为指导，全面加强和改进新形势下的立法工作，进一步加强社会立法工作，为解决人民日益增长的美好生活需要和不平衡不充分的发展之间的矛盾提供法治保障。

这一时期，随着我国经济快速发展和社会主要矛盾的变化，社会立法进入了新的发展时期，主要特点有：一是，针对社会领域出现的新问题新情况，适应时代发展，对已有法律加快进行修改完善步伐，如对劳动合同法、安全生产法、人口和计划生育法等进行修改。二是，通过制定新的法律或将行政法规上升为法律，补齐了一些社会领域立法短板，如新制定了特种设备安全法、慈善法、反家庭暴力法等，社会法的内涵、外延和领域不断得到拓展。三是，社会立法任务越来越重，要求越来越高。党的十八大以来，党和国家高度重视民生工作，社会建设各项事业加快推进，法律制度建设需要不断跟进，特别是社会救助、学前教育等方面的社会立法显得尤为迫切。

三、改革开放以来我国社会法发展的趋势

在每个发展阶段，我国社会法都呈现出不同的特点，这是由经济社会发展的阶段性特征决定的。纵向来看，改革开放以来，我国社会法发展的历程体现出以下趋势：

（一）社会法由附属立法逐步发展成为独立的部门法

改革开放初期，经济立法是国家立法的重点。虽然劳动法的立法工

作在20世纪80年代就提上了议事日程，但当时仍将劳动法视为经济立法的内容。到了90年代，虽然制定了劳动法，但理论和实践仍将其划入经济类立法或者行政类立法。进入21世纪，劳动用工、特殊群体权益保护、社会保障方面的立法逐步推进，社会法的部门法特征逐步显现，最终发展成为独立的法律部门，并作为中国特色社会主义法律体系的重要组成部分。在这一过程中，社会法与经济法、行政法的关系也逐步厘清。通常认为，经济法在调整方法上既注重发挥市场在资源配置中的决定性作用，同时也强调更好地发挥政府作用；社会法更加注重发挥政府部门和社会组织的作用。行政法旨在调整行政主体在行使职权过程中与相对人之间的行政隶属关系；社会法为国家设定一定的积极义务，对当事人之间的关系进行调节和干预。

（二）社会法由单一类型立法逐步向多元化立法发展

改革开放初期，社会领域立法主要集中在劳动用工和社会保障方面，带有较为强烈的计划经济色彩。在相当长的一段时间内，理论和实践对社会法的认识比较局限，认为社会法等同于劳动法和社会保障法。随着改革的逐步推进，特殊群体保护、社会保险、社会组织、教育、医疗卫生等方面的立法不断增多，社会法的内涵和外延不断拓展，综合性越来越强。党的十九大党报告从教育、就业、社会保障、脱贫攻坚、医疗卫生、社会治理等多个方面，对社会建设作了全面部署，这些方面基本对应了社会法的范围。社会法作为以社会建设为调整对象的重要的部门法，必将在全面建成小康社会中发挥越来越重要的作用。

（三）社会法调整的社会关系越来越复杂，立法难度越来越大

社会法关系社会生活的方方面面，一项具体的立法往往牵扯到纷繁

复杂的制度设计。因而，综合性强、涉及面广是其最为突出的特征。早期的劳动用工、社会保障等立法，理论成熟，实践基础好，规范的社会关系单一，各方面能够较好达成共识。随着我国社会主要矛盾发生变化，公众参与立法的积极性不断增长，社会立法要积极回应人民多方面的诉求，协调各方利益关系的难度日益加大。社会法多数是“花钱”的法，在推动民生建设方面对国家投入的要求越来越高。很多社会立法直接涉及利益关系调整，在形成社会共识方面往往会遇到一些困难，给立法工作带来较大的挑战。可以说，当前我国的社会法在整个法律体系中仍属于“短板”。在今后的社会立法过程中，应当始终坚持党的领导，坚持以人民为中心，认真处理好“尽力而为”和“量力而行”的关系，妥善处理好社会立法中遇到的困难和问题，切实维护好最广大人民群众的根本利益。

四、我国社会法发展的未来展望

与民法、刑法、经济法等法律部门相比，我国社会法相对年轻，在理念原则、立法基础以及调整对象、调整方法等方面都有自身的特点，且处于不断探索完善的过程中。随着全面建成小康社会步伐不断加快，社会法在国家治理和社会建设中将发挥越来越重要的作用。习近平总书记指出：“我国现阶段存在的有违公平正义的现象，许多是发展中的问题，是能够通过不断发展，通过制度安排、法律规范、政策支持加以解决的。”[1] 未来一段时期，要按照党的十九大报告提出的“坚持人人尽责、人人享有，坚守底线、突出重点、完善制度、引导预期”等新要求，抓紧从加强立法、推动实施、完善理论等多个方面，促进社会法的不断完善发展。

---

〔1〕《切实把思想统一到党的十八届三中全会精神上来》（2013年11月12日），载《十八大以来重要文献选编》（上），中央文献出版社2014年版，第553页。

（一）加强立法，补齐社会法制度短板

一是要坚持党的领导，加强立法统筹，发挥全国人大及其常委会立法主导作用，提高立法层次，将实践证明行之有效的做法上升为法律规范，尽快形成系统完善、内部协调的社会法体系；二是要以人民为中心，紧紧围绕全面建成小康社会的薄弱环节，加强社会救助、学前教育、家庭教育、社会组织等方面的立法，着力补齐制度短板，推动民生工作，满足人民对美好生活的期望；三是要紧密结合当前我国国情和实际，科学把握社会立法规律，增强社会立法的可执行性和可操作性，确保制度刚性，完善社会领域权利救济相关法律制度。

（二）推动实施，发挥社会法制度功效

法律的生命力在于实施，社会法直接关系广大人民群众的根本利益，立法机关要会同有关方面，在推动法律实施上下功夫。一是要督促有关方面及时出台配套规定，使法律规定的主要制度落到实处。二是要加强对现有社会法律实施效果的综合评估。社会法的很多制度都涉及财政支出，要重点评估财政投入情况，以及税收支持政策的执行情况。三是要加强对有关法律实施情况的检查。社会法的实施往往涉及多个部门的通力合作，深入家庭、企业等社会的每一个具体单元，与老百姓的切身利益密切相关，需要通过检查督促，确保法律规定得到贯彻实施。

（三）加强研究，完善社会法理论体系

随着社会法的不断发展和完善，特别是劳动用工、社会保障等领域社会法的实施，为理论研究提供了肥沃土壤。社会法理论发展，反过来

又为立法和执法实践提供有力的理论支撑。加强社会法理论研究，要以习近平新时代中国特色社会主义思想为指导，紧密结合新时代新要求，紧密结合当前社会建设实践。一是要进一步研究社会法的基本概念、主要特点、框架体系和范围边界等问题，推动形成共识。二是要围绕当前人民群众普遍关心的教育、医疗卫生、劳动和社会保障、社会治理等方面的问题，特别是社会救助等立法比较薄弱的环节积极开展实证研究，推动相关学科体系繁荣发展。三是要结合互联网平台用工中的劳动关系、社会组织创新管理等新领域，进行前瞻性研究，为完善相关社会立法打好基础。

改革开放40年备案审查制度的发展成就和经验

一、人大规范性文件备案审查制度的建立和沿革

规范性文件备案审查制度是中国特色的立法监督制度，这项制度是伴随着改革开放40年来我国社会主义法治体系的不断健全而逐步确立、发展起来的。

1978年，党的十一届三中全会深刻总结历史经验教训，深刻反思民主与法制、法治与人治的关系，着重提出了健全社会主义民主和加强社会主义法制的任务，明确要求全国人大及其常委会应当把立法工作提到重要议程上来。

1979年，五届全国人大二次会议通过地方组织法，赋予地方国家权力机关立法权，规定省级人大及其常委会可以制定地方性法规，报全国人大常委会和国务院备案。用现在的眼光看，这一规定十分原则，很不完备，在当时却提供了人大开展备案审查工作的最初依据和框架，构成了今天规范性文件备案审查制度的雏形。

1982年12月4日，五届全国人大五次会议通过的现行宪法明确界定和划分了中央和地方、国家权力机关和行政机关的立法权限，规定全国人大及其常委会制定法律，国务院制定行政法规，地方人大制定地方性法规，确立了统一分层次的立法体制。宪法规定，地方性法规报全国人

大常委会备案。还规定，全国人大常委会有权撤销国务院制定的同宪法、法律相抵触的行政法规，有权撤销省、自治区、直辖市国家权力机关制定的同宪法、法律和行政法规相抵触的地方性法规；县级以上的地方各级人大常委会有权撤销本级政府的不适当的决定和命令，有权撤销下一级人大的不适当的决议。这些规定为备案审查制度的形成提供了明确的宪法依据。

1997年，党的十五大在我国多年法制建设经验的基础上，提出依法治国，建设社会主义法治国家，把依法治国确定为治国基本方略。同时提出，要加强立法工作，提高立法质量，形成有中国特色的社会主义法律体系。

2000年，九届全国人大三次会议通过了《中华人民共和国立法法》，这是我国立法制度史上一件具有里程碑意义的大事，也是备案审查制度发展沿革的一个重要节点。立法法设专章规定备案审查，规定有关国家机关、社会团体、企业事业组织和公民可以对法规提出审查要求或者审查建议，还规定了对备案法规、规章的审查程序，第一次从法律层面较为全面、系统地规范备案审查工作，标志着规范性文件备案审查制度的确立和形成。

立法法通过以后，备案审查工作进入了一个新的发展阶段。在完善备案审查制度方面，全国人大常委会委员长会议先后制定《行政法规、地方性法规、自治条例和单行条例、经济特区法规备案审查工作程序》和《司法解释备案审查工作程序》，这两个工作程序为备案审查工作的开展提供了更具可操作性的依据。

2006年，十届全国人大常委会第二十三次会议通过监督法，在法律层面上将司法解释纳入备案审查范围，规定了县级以上地方人大常委会对规范性文件的备案审查。监督法的规定使规范性文件备案审查制度进一步发展和完善。

党的十八大以来，以习近平同志为核心的党中央带领全国人民取得改革开放和社会主义建设的历史性成就，中国特色社会主义进入新时代，国家法治发展站在了新的历史起点上。党的十八届三中、四中全会提出健全法规、规章、规范性文件备案审查制度；加强备案审查制度和能力建设，把所有规范性文件纳入备案审查范围，依法撤销和纠正违宪违法的规范性文件。2015年，立法法修改，规定全国人大专门委员会和常委会工作机构可以对法规、司法解释开展主动审查，常委会工作机构可以向制定机关发出书面审查研究意见。备案审查各项制度更加成熟、定型。

2017年，党的十九大胜利召开，十九大报告提出加强宪法实施和监督，推进合宪性审查工作。合宪性审查是保证宪法有效实施、维护宪法权威的关键性制度，与备案审查制度具有十分密切的联系。党中央作出的这一重大关键决策，将为新时代备案审查制度的发展注入新的内容，提供新的广阔空间。

二、全国人大常委会开展备案审查工作的基本情况

全国人大常委会的备案审查工作早在1979年就开始了探索。这项工作由当时的全国人大常委会办公厅政法室承担，主要任务是对报备的法规进行登记、存档，并进行审查。1982年8月，全国人大常委会对自1979年11月起至1982年6月底收到的地方性法规进行了统计，并将审查中发现的问题和意见印发五届全国人大常委会第二十四次会议。这次尝试对备案审查制度的完善提供了经验。1987年，全国人大常委会办公厅和国务院办公厅联合发出《关于地方性法规备案工作的通知》，对地方性法规、自治条例和单行条例报备案的时间、内容、方式作出规定。1993年至2004年，全国人大常委会有关部门每年都对地方性法规进行审查，对存在问题的法规作了相应处理。

2004年5月，全国人大常委会法制工作委员会成立法规备案审查室。

从成立时起，法规备案审查室坚持对公民、组织提出的审查建议逐件进行登记、研究。从备案审查室成立到2014年十年间，对1132件公民、组织提出的审查建议进行了研究。对国务院报备的行政法规和“两高”报备的司法解释逐件进行主动审查。此外还对地方性法规开展了有重点的主动审查研究工作。对审查中发现的问题依法进行了纠正，取得了很多实实在在的成绩。但是由于种种原因，这段时期备案审查工作刻意保持低调，对审查中发现的问题主要通过与制定机关沟通协商，取得一致意见后，由制定机关自行纠正。对纠正的案例也不对外进行宣传报道。乔晓阳主任形象地将这一时期的备案审查工作形容为“鸭子凫水”，意思是虽然从水面上看起来鸭子保持不动，但鸭子的脚在水下还是很忙的。由于没有运用适当的方式将备案审查工作情况对外公布，长期以来社会各界对备案审查制度运行情况缺乏了解，备案审查制度的作用和效果没有以公众看得见的方式显现出来。

党的十八届三中全会以来，情况发生了很大变化，备案审查工作面临新的形势和挑战。一方面，随着全面深化改革和推进全面依法治国进程不断深入，人民群众对良法善治的需求日益提高。党的十八届三中、四中全会对健全规范性文件备案审查制度、加强备案审查制度和能力建设、将所有规范性文件纳入备案审查范围提出明确要求。另一方面，2015年立法法修改对国家立法体制作出重大调整，赋予设区的市人大及其常委会地方立法权，地方立法主体大幅增加，全国人大常委会通过备案审查制度维护法制统一的任务加重。面对新时代新形势带来的新任务新要求，全国人大常委会在不断加大审查纠正力度的同时，在完善备案审查制度和工作机制、推进备案审查信息化建设等方面作出新的探索和调整，备案审查工作取得了新的成绩。

一是备案审查各项制度和工作机制更加健全。2014年9月，法制工作委员会研究制定了《对提出审查建议的公民、组织进行反馈的工作办法》。2015年以来，积极参与建立健全与中共中央办公厅、司法部、中央军委办公厅法制局等单位之间的备案审查衔接联动机制，为实现规范性文件备案审查全覆盖提供了重要保障。2016年12月，为贯彻落实修改后的立法法，使备案审查工作进一步制度化、规范化，法制工作委员会研究制定了《法规、司法解释备案审查工作规程（试行）》，对审查建议的接收登记与移交、审查研究、处理与反馈等环节作出具体规定。2017年以来，针对各地自行制定的备案审查制度规范存在备案范围和审查标准不统一、审查程序和纠正方式不规范等问题，着手研究起草统一的备案审查工作规定，为地方各级人大常委会开展规范性文件备案审查工作提供具体指导和参照依据。

二是备案审查工作力度进一步加强。2015年以来，对公民、组织提出的2000余件审查建议进行研究。根据公民审查建议，先后对有关地方人大议事规则、道路交通管理、建设项目审计、计划生育管理、著名商标制度等方面的地方性法规和有关附条件逮捕、夫妻共同债务认定、民事诉讼监督等方面的司法解释中存在的问题提出处理意见，这些问题都得到了纠正和妥善处理。通过主动审查，推动制定机关对有关非法行医罪犯罪构成、民事诉讼拘传原告和被执行人等司法解释作出妥善处理。针对涉及预算审查监督、地方选举制度、行政审批制度改革、自然保护区等内容的地方性法规进行专项审查研究，对其中存在的问题予以纠正。

三是备案审查信息化水平大幅提升。全国人大备案审查信息平台已于2016年年底开通运行。1949年以来现行有效的行政法规、司法解释和1979年授予地方立法权以来现行有效的地方性法规已经按照统一的格式标准全部上传至备案审查信息平台。2017年1月1日以后新制定的地方性法规、2018年1月1日以后新制定的行政法规、司法解释已经逐件开展电子报送备案。大力推进省级地方人大备案审查信息平台建设，即将实现省级备案审查信息平台与全国人大之间全部互联互通。开展国家法律法规数据库（一期）建设，目前正在抓紧开展数据内部审核和数据库测试运行工作，明年年初有望建成发布。

四是实现了备案审查工作在常委会层面的显性化。2017年是备案审查工作极不平凡的一年。在法工委沈春耀主任的亲自推动下，12月，十二届全国人大常委会第三十一次会议首次听取和审议了法制工作委员会所做的备案审查工作情况报告。工作报告全面总结了十二届全国人大五年来，备案审查工作所取得的成果和进展，首次向社会公布了全国人大常委会通过备案审查制度纠正法规、司法解释的案例。这标志着备案审查作为全国人大常委会的一项重要工作正式浮出水面。在分组审议备案审查工作情况报告时，常委会组成人员对备案审查工作取得的成绩给予了高度肯定。全国人大常委会副秘书长信春鹰同志说，这个报告内容翔实，第一次向社会公布了备案审查制度的运行情况。这也是备案审查制度的一项历史性突破。备案审查制度从过去的“备而不审、审而不纠、纠而不改”，到现在的“有件必备、有备必审、有错必纠”，经历了长期的过程，经过各方面不懈努力，走到现在，实现了有意义的历史性突破。备案审查现在不是“鸭子凫水”了，是乘风破浪的一艘航船。在常委会闭幕会上，时任全国人大常委会委员长张德江同志在讲话中说，本次会议听取审议了法制工作委员会关于备案审查工作情况的报告，开了一个好头，要认真总结经验，形成制度，坚持下去。

这次向常委会报告工作，实现了备案审查在常委会层面的显性化，加强了全国人大常委会组成人员对备案审查工作的关注、理解和支持，对推动备案审查工作深入发展发挥了突出重要的作用，在地方各级人大当中也产生了极大的示范和带动作用。报告工作一年来，社会上对备案审查制度的关注度空前提高，备案审查制度的影响日益广泛。相当数量的省级、市级人大常委会也安排听取和审议了备案审查工作报告，带动了地方各级人大常委会备案审查工作的深入开展。

三、开展备案审查工作取得的几条基本经验

（一）坚持正确政治方向

人大是政治机关，人大工作不分大小，都带有鲜明的政治性。党的领导是中国特色社会主义制度的本质特征和最大优势，是做好一切工作的基础和前提。坚持政治性就是要将备案审查工作置于党的领导之下，坚决贯彻党的意志和主张，服从与服务于党和国家工作的大局。前些年，法规备案审查室陆续收到一些公民来信，提出对最高人民法院1964年作出的《关于国家经租的房屋不允许继承问题的批复》及1992年作出的《关于历史遗留的房地产纠纷受理问题的通知》中有关经租房纠纷法院不予受理的规定进行审查。法规备案审查室在研究过程中查阅了大量政策文件和历史资料。从1956年1月18日中共中央批转的中央书记处第二办公室《关于目前城市私有出租房屋基本情况及进行社会主义改造的意见》中找到了关于经租房性质的一段论述：对城市房屋私人占有制的社会主义改造……是完成城市全面的社会主义改造的一个组成部分……基本上应当按照党对资本主义工商业的社会主义改造的政策的原则进行。对城市私人房屋通过采用国家经租、公私合营等方式，对城市房屋占有者用类似赎买的办法，即在一定时期内给以固定的租金，来逐步地改变他们的所有制；同时对依靠房租作为全部或主要生活来源的房东和二房东，进行逐步的教育和改造，使他们由剥削者改造成为自食其力的劳动者。1964年1月13日国务院批转国家房产管理局《关于私有出租房屋社会主义改造问题的报告》，对国家经租房屋的性质作了进一步明确，并指出“对私有出租房屋进行社会主义改造是我国社会主义革命的一部分”，要求各地巩固私房社会主义改造的成果。在此基础上，法规备案审查室研究认为：从20世纪50年代起，国家通过采取一定政策对城市私有出租房

屋进行社会主义改造，逐渐地改变经租房屋的所有权，有着特定的历史背景，是社会主义改造的一个组成部分。最高人民法院的《批复》明确经租房屋不能允许原业主家属继承，《通知》明确历史遗留的经租房纠纷，不属于平等主体之间的纠纷，不能作为民事案件受理，这些规定涉及中央和国家政策和历史遗留问题，具有很强的政治性，不能简单地套用现行法律规定进行审查。该研究意见获得高度肯定。

（二）发挥好备案审查制度的功能

备案审查制度主要具有保证党中央令行禁止、保护公民权利、维护法制统一这三个方面的功能，这三个功能结合在一起，正是人大制度坚持党的领导、人民当家作主、依法治国有机统一的具体体现。

一是保证党中央令行禁止。中国共产党领导是中国特色社会主义最本质的特征。坚持和维护党的领导，保证党中央令行禁止，是各地方、各方面开展工作的首要政治原则。法规、司法解释制定机关如果对党中央的决策、部署、精神在理解上产生了偏差，导致制定出的法规、司法解释与党中央决策部署精神不一致，就要通过备案审查制度，及时纠正这些法规、司法解释，维护党中央的权威和集中统一领导。2017 年 6 月，党中央对甘肃祁连山自然保护区存在的突出问题及其深刻教训进行了通报。法工委第一时间组织开展专项审查，并要求各地对涉及自然保护区、环境保护和生态文明建设的地方性法规进行全面自查和清理，杜绝故意“放水”、降低标准、管控不严等问题。经过一年多持续努力，各地清理发现存在与上位法规定不一致等问题需要研究处理的法规共 1029 件，目前已修改 514 件、废止 83 件，还有 432 件已列入立法工作计划，拟抓紧修改或者废止。通过开展专项审查和清理工作，确保中央精神落实落地，执行到位。

二是保护公民权利。一切权力属于人民是我国人民代表大会制度的本质特征。这决定了人大的立法工作、监督工作都要以保障公民权利、维护群众利益为基本出发点。备案审查工作是有效保障公民合法权利，维护人民群众根本利益的一个很好机制。2017年“两会”前后，法工委集中收到几百件群众来信，提出对《最高人民法院关于适用〈中华人民共和国婚姻法〉若干问题的解释（二）》第二十四条关于夫妻共同债务认定的规定进行审查。来信的群众自称“二十四条公益群”成员，其中绝大多数是妇女。这些人中很多是离婚后被债权人起诉，要求对其配偶所欠的巨额债务承担连带清偿责任。在法工委持续推动下，2018年1月，最高人民法院发布《关于审理涉及夫妻债务纠纷案件适用法律有关问题的解释》，对夫妻共同债务的认定标准和举证责任分配进行了细化与完善，问题妥善得到解决。新司法解释发布后，法工委收到群众写来的上千件感谢信，“二十四条公益群”成员还专程送来了“履职为民使命在肩，依法行权大有可为”的书法作品，向法工委依法履行备案审查职责，为推动修改司法解释，维护公民权利作出的努力表示感谢。

三是维护法制统一。法制统一是国家统一在法律制度层面的表现形式，是全面依法治国的必然要求，也是国家治理现代化的重要标志。对违宪、违法的法规、司法解释及时予以纠正，可以有效维护社会主义法制统一。2017年5月，上海大学知识产权专业研究生银文等108人联名向法工委来信，建议对《重庆市著名商标认定和保护条例》等有关著名商标的地方立法进行审查。法工委审查后认为，著名商标制度的实质是将著名商标作为一种荣誉称号，并规定由政府有关部门进行评比认定，与中央关于处理好政府与市场关系、加快政府职能转变的要求精神不一致，存在利用政府公信力为企业背书、对市场主体有选择地给予支持、扭曲市场公平竞争关系等问题，在操作过程中也滋生和带来了一些弊端。2017年11月，法工委向有关地方人大常委会发出研究意见，认为地方著名商标制度与全面深化改革的目标和要求不符；地方立法不应再为著名商标评比认定提供依据；对有关著名商标制度的地方性法规，应当予以清理，适时废止。经清理，有8个省（区、市）、3个设区的市制定了关于著名商标的地方性法规。这些法规目前都已废止。同时，法工委还建议原国务院法制办督促各地对关于著名商标的地方政府规章进行清理。通过这些工作，在全国范围内叫停了地方认定著名商标的做法，有效维护了法制统一。

（三）把握好合法性与合理性两个审查标准

审查标准就是对规范性文件的衡量尺度，尺度的选择决定了审查的广度、深度以及审查的严格程度。审查标准主要包括合法性（包含合宪性）与合理性两个方面。

1. 合法性标准。合法性标准的含义是法规、司法解释的内容应当不与宪法、法律“相抵触”。实践中对存在合法性问题除了“相抵触”外，还有“不一致”的概念。二者之间具有共性但也存在差别。首先，“相抵触”与“不一致”，指的都不是文字表述上的不一致，而是实质的不一致，是法律规范内容的不一致，也就是对同一法律事实指向了不同的法律后果。这是二者之间的共性。其次，“相抵触”具有方向性，只能是下位法与上位法相抵触，而不能用于同位阶的法律，也不能说上位法与下位法相抵触。“不一致”则不带有方向性。最后，“相抵触”，带有法律上的否定评价色彩，需要达到一定的严重程度。“相抵触”必然“不一致”，“不一致”则未必“相抵触”。因此在起草备案审查工作规定时，将不符合合法性标准的具体情形进一步描述为“与法律规定明显不一致，旨在抵消、改变或者规避法律规定”。

2015年5月，中国建筑业协会向法工委来函，建议对部分地方性法规中有关以审计结果作为政府投资建设项目竣工结算依据的规定提出审查建议。法工委审查后认为，审计法规定，审计机关对政府投资建设项目的预算执行情况和决算，进行审计监督；审计机关在法定职权范围内作出的审计报告、审计决定，被审计单位应当执行。该规定规范的是审计机关与被审计单位之间的行政关系，不是被审计单位与其合同相对方的民事合同关系。地方性法规的规定实质上是以审计决定改变建设工程合同，该规定混淆了行政关系和民事关系这两类不同法律关系的性质，一方面扩大了审计决定的法律效力范围，另一方面限制了施工单位正当的合同权利，应认定为与法律相抵触，需要进行清理、纠正。

2. 合理性标准。与合法性标准相比，合理性标准更为复杂和具有争议。合理性原则是行政的基本原则之一，是控制行政自由裁量权的重要方式。在立法过程中，制定机关同样需要受到合理性标准的约束。合理性标准的含义，大致包括立法目的要正当，手段要与目的相匹配，权利义务的设置要平衡，对公民权利的限制要符合必要且最小的原则，规范的内容要合乎情理，等等。

有一种观点认为，全国人大常委会对行政法规、地方性法规、司法解释进行审查时，只能采取合法性标准，不应审查法规、司法解释的合理性。主要理由是，宪法规定全国人大常委会有权撤销与宪法、法律相抵触的行政法规、地方性法规。这里用的是“相抵触”。而宪法、地方组织法规定，地方人大常委会有权撤销同级政府发布的不适当的决定、命令和下一级人大及其常委会作出的不适当的决议、决定。这里用的是“不适当”。宪法中对全国人大常委会和地方人大常委会撤销规范性文件的条件分别用了“相抵触”和“不适当”这两种表述，这样的区分显然是有意而为。因此，全国人大常委会应当将审查标准局限在“相抵触”，也就是合法性标准上。

对这种观点我们有一点不同意见。首先，撤销的条件不完全等同于监督的条件。人大常委会开展备案审查的权力来源不仅仅是宪法关于全国人大常委会有权撤销法规的规定，同时也来源于宪法关于全国人大常委会监督“一府两院”工作的规定。制定规范性文件也是“一府两院”工作的一项重要内容，当然属于人大监督范围。对行政法规、司法解释的合理性开展监督，并无宪法障碍。其次，宪法第三条第四款规定，中央和地方的国家机构职权的划分，遵循在中央的统一领导下，充分发挥地方的主动性、积极性的原则。全国人大常委会是最高国家权力机关，与地方人大常委会之间是中央国家机关与地方国家机关的关系。对地方性法规的合理性进行审查也符合宪法规定的精神。再次，全国人大常委会对明显不合理的法规、司法解释进行纠正，可以不采用撤销的方式。撤销是纠正的最后手段，全国人大常委会在行使撤销权时，应当坚持"与宪法法律相抵触"的标准。但是，对存在明显不合理问题的法规、司法解释，即使不通过撤销的方式，也完全可以通过工作层面沟通、发书面意见等方式，也可以由常委会采用专题询问、质询等其他监督方式，对制定机关施加政治压力，促使制定机关自行改正。在制定机关拒不改正的情况下，全国人大常委会还可以自行立法，在法律中直接对相关内容作出规定，将合理性问题转化为合法性问题，使法规成为清理对象，进而可以由常委会予以撤销。最后，对法规、司法解释的合理性进行监督是现实需要。如果对合理性不能审查，将使一些存在严重不合理问题的法规、司法解释无法得到纠正，不利于充分发挥备案审查制度的功能。

2017年，北京大学叶静漪教授等4名学者联名来信，建议对人口与计划生育地方性法规中关于"超生即辞退"的规定进行审查。法工委审查后认为，计划生育作为一项基本国策推行了40多年，使我国人口过快增长的趋势得到有效控制，有力促进了经济发展、社会进步和民生改善，为现代化建设提供了重要保障。计划生育政策实行初期，地方立法走在了前面，在当时人口形势非常严峻的情况下，有的地方规定了较为严厉的管控措施。从历史的角度来看，地方立法的施行对落实计划生育政策发挥了重要保障作用。进入21世纪后，我国人口形势出现重要转折性变化，党中央根据我国人口发展趋势从国家战略层面对调整计划生育政策作出重大决策部署。地方立法应当积极主动适应计划生育改革发展的政策精神，用法治思维探索新形势下落实计划生育基本国策的体制机制和方式方法。地方性法规中有关企业对超生职工给予开除或者解除聘用合同的规定，虽不能认定与法律相抵触，但已与变化了的情况不再适应，需要进行调整。因此，法工委于2017年9月致函有关地方人大常委会，建议对有关地方性法规中类似的控制措施和处罚处分处理规定作出修改。

（四）坚持有错必纠的原则，同时保持适度的谦抑

有错必纠是说在审查中对规范性文件中存在的问题不应放过，发现错误就要纠正到底。保持适度谦抑有两个层面的含义：第一个层面是说，备案审查工作要保持低调，调门放低，只做不说，不显山露水。随着全面推进依法治国不断深化和情况的发展变化，这个层面的谦抑性原则现在已经不再强调了。第二个层面是说，审查中要作出法规、司法解释违宪、违法、不合理等否定性的审查结论时，尤其是要通过撤销等方式纠正时，审查机关应当保持适度的克制、慎重，不要轻易出手。这就不仅仅是调门高低的问题，而是指整个审查制度要保持实质性的适度谦抑。法律规范本身具有指引、评价和预测的功能，需要保持一定的稳定性，频繁改变的法律规范会严重破坏行为人对行为后果的预期。因此，备案审查保持适度谦抑有其独立的价值，即保护法律秩序的稳定性。正因为审查总体上保持适度谦抑，才能够集中精力纠正重大的、关键性的问题，也正因为在重大、关键性问题上“有错必纠”，倒逼制定机关提高立法质量，才能为审查继续保持谦抑创造条件。因此保持谦抑与“有备必审、有错必纠”之间是对立统一、相辅相成的关系。

法规备案审查室成立之初的几年，主要采取与制定机关沟通，提出建议，进行协商，请制定机关自行修改、废止的方式解决问题。这种方式有利于人大与制定机关减少分歧、扩大共识，协同一致开展工作，也有利于保护制定机关的积极性。但是失之于宽松软，长期来看不利于备案审查制度的发展。近年来，法工委积极探索通过督办、函询、提醒、

发书面研究意见等方式强化制度刚性，使许多过去制定机关长期拖延不办的问题得到了解决。2018 年 2 月，法制工作委员会向有关地方人大常委会发出督办函，对 2017 年法工委发出研究意见要求纠正的落实情况开展“回头看”。经过督办，涉及规定以审计结果作为政府投资建设项目竣工结算依据的 11 个省、8 个设区的市、2 个经济特区的法规，涉及规定“超生即辞退”的 7 个省的法规，以及规定著名商标制度的 8 个省、3 个设区的市的法规均已完成修改、废止工作。这次“回头看”，突出强化了法工委审查意见对制定机关的约束力，无须全国人大常委会动用撤销权，就达到了大面积纠正问题法规的结果，实现了法律效果、社会效果的统一。

党的十八届三中全会作出了全面深化改革的决定，提出全面深化改革的总目标是完善和发展中国特色社会主义制度，推进国家治理体系和治理能力现代化，为改革重整行囊再出发指明了方向和道路。党的十九大提出加强宪法实施和监督，推进合宪性审查工作，维护宪法权威。法律是治国之重器，良法是善治之前提。人大备案审查制度作为保障宪法法律实施、维护国家法制统一的宪法性制度，理应在实现国家治理体系和治理能力现代化目标进程中继续发挥重要的、不可替代的作用。

践行依法立法，维护法制统一

党的十九大报告提出："推进科学立法、民主立法、依法立法，以良法促进发展、保障善治。"这一重要论断创造性地将依法立法与科学立法、民主立法并列为立法三大基本原则，是立法认识论的一次巨大飞跃，也是立法理论的重要发展。回顾改革开放40年法制建设进程，党领导人民不断探索实践，持续深入推进科学立法、民主立法、依法立法，不断建立健全中国特色社会主义法治体系，取得历史性成就。依法立法原则与科学立法、民主立法两项原则一样，都是40年丰富立法实践经验的高度凝练，也是党在新的历史时期对立法工作提出的更高要求。

一、依法立法的确立

"科学立法、民主立法、依法立法"三项原则是在长期立法实践和理论探讨中不断深化、逐步提出的。2011年，经过长期不懈的努力，形成中国特色社会主义法律体系的立法工作目标如期完成。随着中国特色社会主义法律体系的形成，"有法可依"的问题基本解决。追求"良法"，强调"立法精细化"，要求"提高立法质量"，逐渐取代"宜粗不宜细"成为新的价值目标。2012年，党的十八大报告确立法治建设新十六字方针，提出了"科学立法"，报告在论述"全面推进依法治国"的方略时提出，“要推进科学立法、严格执法、公正司法、全民守法”。2013年2月23日，习近平总书记在十八届中央政治局第四次集体学习时指出：“人民群众对立法的期盼，已经不是有没有，而是好不好、管用不管用、能不能解决实际问题；不是什么法都能治国，不是什么法都能治好国；越是强调法治，越是要提高立法质量。这些话是有道理的。我们要完善立法规划，突出立法重点，坚持立改废并举，提高立法科学化、民主化水平，提高法律的针对性、及时性、系统性。”这一重要论述深刻诠释了“科学立法”的内涵。

党的十八届四中全会决定指出，“法律是治国之重器，良法是善治之前提”，要“完善立法体制”和“深入推进科学立法、民主立法”，增加了“民主立法”的表述。决定说明进一步明确提出：“推进科学立法、民主立法，是提高立法质量的根本途径。”这些创新思路和观点，是对中外法治文明经验的高度总结与凝练，也是扎实推进依法治国的行动指南。立法指导思想的与时俱进，对提高立法质量的执着追求，也意味着保障立法质量的制度需求日益迫切。在此背景下，为提高立法质量，实现良法善治的目标，2015年3月，十二届全国人大三次会议对立法法进行了全面修改。修订后的立法法在科学立法、民主立法的基础上，明确体现了“依法立法”的原则。

2015年9月，在第二十一次全国地方立法研讨会上，十二届全国人大常委会委员长张德江提出：“要牢固树立依法立法、为民立法、科学立法理念，尊重改革发展客观规律和法治建设内在规律，加强重点领域立法，做到立法主动适应改革和经济社会发展需要。”张德江委员长在讲到牢固树立符合立法法要求的正确立法理念时，强调的第一条就是要树立依法立法的理念，即“立法要体现合法性要求。要切实遵循不抵触原则，不违背宪法原则和精神，不违背上位法的规定，自觉维护社会主义法制的统一和尊严。”2017年，党的十九大报告提出：“推进科学立法、民主立法、依法立法，以良法促进发展、保障善治。”此后，在各类关于立法工作的文件和报告中，“科学立法、民主立法、依法立法”的立法三原则得以确立。

二、依法立法的内涵

“依法立法”立法原则虽然是新近正式提出的，但依法立法的实践开端于改革开放之初，宪法法律较早就有依法立法的依据性规定。根据党的十一届三中全会关于发展社会主义民主、健全社会主义法制的精神，1982 年宪法对我国立法体制进行了改革。宪法、全国人大组织法、地方组织法对立法权限的划分、立法程序、法律解释等问题作了基本规定，全国人大及其常委会的议事规则对法律的制定程序又进一步作了具体规定。这些规定都蕴含着依法立法的精神，实践表明，这些规定是正确的、可行的。

2000 年，针对立法实践中存在的问题，九届全国人民代表大会第三次会议通过立法法，对国家权力机关、行政机关制定法律、法规、规章的原则、立法权限、立法的基本程序、法律效力等级、立法监督等方面的基本制度作出较为全面的规定。作为“管法的法”，立法法为推进依法立法提供了有力的制度保障。其中，直接规定依法立法的有两条，即第三条关于“立法应当遵循宪法的基本原则”的规定，第四条关于“立法应当依照法定的权限和程序，从国家整体利益出发，维护社会主义法制的统一和尊严”的规定。依据宪法法律，依法立法的内涵至少包括以下三个方面：

一是按照法定立法权限立法。立法是公权力行使的表现，同样必须遵循“法无授权不可为”的公权力行使原则，按照立法职权法定的要求进行。立法职权法定包括立法主体法定和不同立法主体的立法权限法定。因此，不论是制定法律，还是制定行政法规、地方性法规、自治条例和单行条例的活动，以及国务院部门和地方政府规章，都必须依照宪法法律有关立法权限划分的规定。

二是按照法定程序立法。立法程序是具有立法权限的国家机关创制规范性法律文件所遵循的制度化的正当过程，是限制立法恣意进而使立法活动彰显和实现程序正义的制度设置，也是国家通过立法手段协调利益冲突、规制社会秩序及配置社会资源的合法路径和正当程序。立法程序明确规定了立法各环节的工作，规范了立法行为，保障了立法过程的科学化，可以防止和克服立法工作中的随意性，广泛吸纳民意、协调利益冲突，有利于提高立法的规范化水平，进而制定出具有实质性正义的法律规范。严格遵循立法程序是立法工作中坚持社会主义民主原则、保障立法体现人民意志、保障人民群众以多种途径参与立法活动的要求，也是立法行为具有合法性不可或缺的条件。所以，立法必须严格依照立法程序进行。

三是立法内容合宪合法。法律体系以宪法为统帅，以多个法律部门的法律为主干，由法律、行政法规、地方性法规等多个层次的法律规范构成。作为法律体系的组成部分，任何立法的内容都必须与其在法律体系中所处的位置相匹配。根据宪法关于国家法制统一的原则，依法立法还要求立法内容合宪合法，在“上下”、“左右”以及“新旧”多个维度，与其他法律规范保持协调一致。“上下”和谐一致，要求任何一项立法都不得与宪法以及其他上位法相抵触。除“上下”位阶的考量外，立法还须保持“左右”协调，确保相同位阶但不同社会领域、法律部门之间制度规范相互衔接一致。依法立法还要求权衡立法创新与制度守成之间的关系，处理好“新旧”衔接。坚持改革创新决策与立法决策相统一，充分发挥立法引领推动作用，坚持重大改革于法有据，及时通过开展立改废释等立法工作，保证各项改革依法有序进行。

三、依法立法的意义

不论是在过去，现在或者将来，依法立法原则都具有很强的现实针对性和实践意义。2000 年制定立法法，就是在总结 1979 年以来立法工作经验的基础上，通过制度化、规范化推进依法立法，着力解决实际中的突出问题。当年立法法草案的说明详细列举了这些问题：有些法规、规章规定的内容超越了权限；有些法规、规章的规定同法律相抵触或者法规之间、规章之间、法规与规章之间存在相互矛盾、冲突的现象；有的质量不高，在起草、制定过程中，有的部门、地方存在不从国家整体利益考虑而为部门、地方争局部利益的倾向。这些问题损害了国家法制的统一和尊严，也给执法造成困难。因此，需要根据宪法制定立法法，使立法工作更加规范化、制度化，以维护国家法制的统一，建立和完善有中国特色社会主义法律体系。

法律体系形成后，立法供不应求和结构失衡的矛盾基本解决，立法工作的重心从解决“无法可依”的规模和数量问题，转变为解决“良法善治”的质量问题。党的十八大以来，各个领域出现的新形势、面临的新任务，激发出各方面的立法需求，产生大量的立法任务，立法工作也面临新形势、新任务、新要求。但需要注意的是，立法存在的问题依然不少。沈春耀主任在第二十三次全国地方立法工作座谈会上的小结讲话指出：“近年来，国家立法主动适应改革和经济社会发展需要作出较大调整，但一些地方立法不能及时跟进，影响改革举措落地落实；一些地方立法突破、规避国家法律法规，限制公民、组织权利或者增加公民、组织义务，增加部门权力或者减轻部门责任等问题时有发生；个别地方甚至受利益驱使搞‘立法放水’，降低国家法律法规标准，造成严重后果。”依法立法依然是具有紧迫性的现实问题。

随着立法法的修改、地方立法体制的调整，尤其是设区的市享有地方立法权之后，地方立法主体大幅增加，维护法制统一的任务更加繁重，维护法制统一的难度明显增大。新增加的立法主体基本上是“新手上路”，没有多少立法经验，立法能力还在形成之中，这无疑会影响到法制的统一和立法的质量。同时，人民群众对立法的参与意识越来越强，不仅关注立法的合理性、可行性，还关注立法本身的合法性问题。科学立法体现了立法活动的科学属性，民主立法突出了立法活动的人民属性，而依法立法核心是对立法活动的合法属性予以关注，三者密不可分、相辅相成，形成严密的立法逻辑，体现了立法活动内在的科学性、民主性和合法性。因此，除了强调科学立法、民主立法，还必须突出依法立法的基础性作用，只有这样才能真正实现“良法善治”。

四、依法立法的制度保障

法定主体依照法定权限和程序开展立法活动，是依法立法的一个方面，也是依法立法最常见的情形。但还需考虑出现不依法立法的情形应当如何纠正，即如何保障依法立法得以实现的问题。在我国现有的宪法法律框架下，备案审查制度就是保障依法立法得以实现的法律制度。备案审查是指制定机关将其制定的规范性文件报送法定机关备案并依法接受审查，发现违宪违法问题及时予以纠正的法律制度，它具有规范立法活动、监督宪法法律实施、维护国家法制统一的重要作用。就其重要性而言，备案审查制度是中国特色的宪法监督制度，是宪法赋予人大及其常委会的重要监督职权。

1979年地方组织法第一次规定了地方性法规的制定和备案，确立了省级国家权力机关的立法权以及地方立法监督的基本内容。1982年宪法确立了统一分层的立法体制和立法监督制度，为规范性文件备案审查制度的建立提供了宪法依据和制度前提。2000年立法法第五章“适用与备案”规定了法律和各类规范性文件的等级效力、行使改变或者撤销权的条件和权限，明确规定公民、组织有权提出审查要求或者审查建议，规定了备案制度以及全国人大备案审查程序，成为备案审查制度建立的重要标志。2006年监督法专章对“规范性文件备案审查”作了规定，规定了对司法解释，以及立法法规定以外地方国家机关制度的决议、决定、命令等规范性文件的备案审查，进一步健全备案审查制度。2015 年立法法修改，进一步完善立法制度和备案审查制度。

与备案审查制度逐步建立健全相适应，全国人大常委会不断探索实践，积极开展备案审查工作。早在 1979 年就开始进行备案审查工作，当时备案的范围仅限于地方性法规、自治条例和单行条例，由全国人大常委会办公厅政法室承担，主要任务是对报备的法规登记、存档，并对其进行违宪违法审查。1987 年，全国人大常委会办公厅和国务院办公厅联合印发《关于地方性法规备案工作的通知》，对报备案的时间、内容、方式作出规定。1993 年至 1999 年，全国人大常委会有关部门每年都对地方性法规进行审查，对有问题的地方性法规作相应处理。2000 年，全国人大常委会委员长会议审议通过《行政法规、地方性法规、自治条例和单行条例、经济特区法规备案审查工作程序》，其后于 2003 年、2005 年两次修订。2005 年，委员长会议审议通过《司法解释备案审查工作程序》。

2004 年，为进一步充实工作力量，强化法规、司法解释审查职能，全国人大常委会在法制工作委员会内增设法规备案审查室，专门承担对行政法规、地方性法规、司法解释的具体审查研究工作，为全国人大常委会履行备案审查职责提供服务保障。法规备案审查室成立以后，积极履行备案审查工作职责，认真开展法规、司法解释备案审查各项具体工作。党的十八大以来，以习近平同志为核心的党中央高度重视加强备案审查工作。十八届三中全会提出，“健全法规、规章、规范性文件备案审查制度”，十八届四中全会提出，“加强备案审查制度和能力建设，把所有规范性文件纳入备案审查范围，依法撤销和纠正违宪违法的规范性文件，禁止地方制发带有立法性质的文件”。中央关于加强党领导立法工作的意见提出“一切违反宪法法律的法规规章和规范性文件都必须予以纠正”，要求“推动建立健全法规规章和规范性文件备案审查衔接联动机制”。贯彻落实党中央要求，全国人大常委会不断加强备案审查制度和能力建设，加快建设全国统一的备案审查信息平台，落实“有件必备、有备必审、有错必纠”，不断加大监督纠正力度，发现和纠正了一批存在与法律规定不一致问题的法规、司法解释，有效维护国家法制统一，也有力推动有关立法主体强化依法立法意识，严格依照法定权限和程序开展立法，不断提高立法质量。

五、践行依法立法的基本要求

在推进全面依法治国的新时代，践行依法立法需要着重把握好以下几个方面的基本要求：

一是坚持党的领导。党的领导是中国特色社会主义最本质的特征，是社会主义法治最根本的保证。我国宪法确认了党的执政地位，确认了党在国家政权结构中总览全局、协调各方的核心地位，从社会主义制度的本质属性角度对坚持党的领导作出规定。坚持和加强党的全面领导，确保党的长期执政，是宪法规定的明确要求，也是依法立法的应有之义。只有加强党对立法工作的领导，完善党对立法工作中重大问题决策的程序，才能始终保持立法的正确方向，才能真正破解立法工作当中的顽疾，确保立法代表最广大人民的根本利益。

二是严格依照宪法法律精神开展立法。依法立法，第一，依宪立法。宪法是国家根本法，是治国安邦的总章程，是国家各种制度和法律法规的总依据，是党和人民意志的集中体现。所有法律法规的制定和修改都必须体现宪法精神和原则，不得同宪法相抵触。要自觉以宪法为准绳，遵循宪法确立的制度和原则，落实宪法确立的制度和原则，使每一项立法都符合宪法精神。要深入贯彻宪法修改精神，抓紧开展相关法律法规的立改废释工作。第二，必须严格依照立法法开展立法。只有切实贯彻立法法，才能使立法工作依序有度，确保制定和修改的法律法规真正立得住、行得通、真管用。第三，立法要符合相关法律法规已有规定，确保不与上位法相抵触，相互之间保持协调一致，避免出现冲突或者混乱。

第四，立法应当遵循法律精神。法律精神是法律的灵魂，依法立法依循的不仅是法律规定，还包括法律的精神，体现“良法”的应然价值取向。

三是严格按照法定立法权限立法。立法法明确规定了全国人大及其常委会的专属立法权，并对各个立法主体的权限作了适当划分。除了立法法外，全国人民代表大会组织法、国务院组织法、地方各级人民代表大会和地方各级人民政府组织法等法律相关规定也涉及立法权限。此外，行政处罚法、行政许可法、行政强制法等也就行政处罚、行政许可、行政强制等行政管理措施的设定主体及权限加以明确规范。2015 年立法法修改，赋予设区的市地方立法权，其立法权限严格限定在城乡建设与管理、环境保护和历史文化保护三个方面，超越这三个方面即应被视为越权立法。

四是严格按照法定程序立法。立法法以专节的形式对全国人大及其常委会的立法程序作出规定，明确了提案、审议、讨论、表决、公布各个工作环节的具体要求。行政法规制定程序条例、规章制定程序条例明确了行政法规、规章的立法程序；地方组织法以及享有地方立法权的主体制定的地方立法相关条例也对地方立法程序作出明确规定。此外，立法必须遵守人大及其常委会的议事规则，以及根据自身情况和立法工作需要制定的有关立法工作制度（机制），这些对于确保立法工作的规范性、有序性也具有重要作用。

五是加强备案审查工作，推进合宪性审查。党的十九大提出，加强宪法实施和监督，推进合宪性审查工作，维护宪法权威。这是党中央对宪法监督工作提出的新要求。要按照“有件必备、有备必审、有错必纠”的要求，进一步明确和细化合宪性、合法性标准、适当性标准，建立健全法规备案审查沟通、函询、通报、纠正等工作机制，提升备案审查能力，加快建立全国统一的备案审查信息平台，巩固信息平台的工作功能，推动各级地方人大建设信息平台，实现互联互通，推动审查工作全流程规范化、信息化、智能化，及时发现和纠正违宪违法问题。通过全面清理、专项清理、定时清理等方式及时开展法律制定修改后地方性法规的清理工作，以消除立法冲突现象。积极稳妥地推进合宪性审查工作，严格落实“一切法律、行政法规和地方性法规都不得同宪法相抵触”的规定，依法撤销和纠正违宪违法的规范性文件。

图书在版编目(CIP)数据

我国改革开放40年立法成就概述 / 全国人大常委会法制工作委员会研究室编. -- 北京 : 法律出版社, 2019
ISBN 978-7-5197-3412-1

Ⅰ. ①我… Ⅱ. ①全… Ⅲ. ①立法-工作-中国 Ⅳ. ①D920.0

中国版本图书馆CIP数据核字(2019)第071766号

我国改革开放40年立法成就概述
WOGUO GAIGE KAIFANG 40 NIAN LIFA CHENGJIU GAISHU

全国人大常委会法制工作委员会研究室 编

策划编辑 李 群
责任编辑 李 群
装帧设计 汪奇峰

编辑统筹 法规出版分社
出版 法律出版社
总发行 中国法律图书有限公司
经销 新华书店
印刷 固安华明印业有限公司
责任印制 吕亚莉

开本 710毫米×1000毫米 1/16
印张 22.75
字数 298千
版本 2019年5月第1版
印次 2019年5月第1次印刷

法律出版社/北京市丰台区莲花池西里7号(100073)
网址/www.lawpress.com.cn
投稿邮箱/info@lawpress.com.cn
举报维权邮箱/jbwq@lawpress.com.cn
销售热线/010-83938336
咨询电话/010-63939796

中国法律图书有限公司/北京市丰台区莲花池西里7号(100073)
全国各地中法图分、子公司销售电话:
统一销售客服/400-660-6393
第一法律书店/010-83938334/8335
西安分公司/029-85330678
重庆分公司/023-67453036
上海分公司/021-62071639/1636
深圳分公司/0755-83072995

书号:ISBN 978-7-5197-3412-1
定价:88.00元
(如有缺页或倒装,中国法律图书有限公司负责退换)